Kompaktwissen Journalismus

Herausgegeben von
S. Fengler, Dortmund, Deutschland
S. Kretzschmar, Neubiberg, Deutschland

Eine neue Reihe – ein neues Konzept: Wissenschaftler und Praktiker schreiben gemeinsam Lehrbücher für die neue Journalistengeneration. Für jeden Band zeichnen mindestens zwei Autoren verantwortlich: Kommunikationswissenschaftler stellen praxisrelevante Forschungsergebnisse vor, erfahrene Journalisten geben Einblick in die Arbeitsweise ihrer Ressorts. Gemeinsam analysieren sie, welchen Herausforderungen sich Journalisten künftig stellen müssen.

Kompakt, verständlich und aktuell führen die Lehrbücher in die verschiedenen Arbeitsbereiche des Journalismus ein. Zielgruppe sind Wissenschaft und Praxis: Studierende und ihre Dozenten an Universitäten, Fachhochschulen und Journalistenschulen, Einsteiger in den Beruf des Journalisten – aber auch gestandene Praktiker mit Lust am Nach- und Querdenken.

Dr. Susanne Fengler ist Professorin für Internationalen Journalismus am Institut für Journalistik an der Technischen Universität Dortmund. Ihre Forschungsschwerpunkte liegen im Bereich der international vergleichenden Journalismusforschung, des Medien- und Politikjournalismus und der ökonomischen Theorien des Journalismus.

Dr. Sonja Kretzschmar ist Professorin für TV- und Radiojournalismus am Institut für Journalistik an der Universität der Bundeswehr München. Ihre Forschungsschwerpunkte liegen im Bereich des crossmedialen Journalismus, der Mobilkommunikation und des Medienwandels.

Herausgegeben von
Susanne Fengler,
Technische Universität Dortmund,
Dortmund, Deutschland

Sonja Kretzschmar,
Universität der Bundeswehr München,
Neubiberg, Deutschland

Christoph Neuberger • Peter Kapern

Grundlagen des Journalismus

Christoph Neuberger
Universität München,
München, Deutschland

Peter Kapern
Deutschlandfunk, Köln,
Deutschland

ISBN 978-3-531-16017-7 ISBN 978-3-531-94191-2 (eBook)
DOI 10.1007/978-3-531-94191-2

Die Deutsche Nationalbibliothek verzeichnet diese Publikation in der Deutschen Nationalbibliografie; detaillierte bibliografische Daten sind im Internet über http://dnb.d-nb.de abrufbar.

Springer VS
© Springer Fachmedien Wiesbaden 2013
Das Werk einschließlich aller seiner Teile ist urheberrechtlich geschützt. Jede Verwertung, die nicht ausdrücklich vom Urheberrechtsgesetz zugelassen ist, bedarf der vorherigen Zustimmung des Verlags. Das gilt insbesondere für Vervielfältigungen, Bearbeitungen, Übersetzungen, Mikroverfilmungen und die Einspeicherung und Verarbeitung in elektronischen Systemen.

Die Wiedergabe von Gebrauchsnamen, Handelsnamen, Warenbezeichnungen usw. in diesem Werk berechtigt auch ohne besondere Kennzeichnung nicht zu der Annahme, dass solche Namen im Sinne der Warenzeichen- und Markenschutz-Gesetzgebung als frei zu betrachten wären und daher von jedermann benutzt werden dürften.

Gedruckt auf säurefreiem und chlorfrei gebleichtem Papier

Springer VS ist eine Marke von Springer DE. Springer DE ist Teil der Fachverlagsgruppe Springer Science+Business Media
www.springer-vs.de

Inhalt

Vorwort 11

Warum dieses Buch – und diese Autoren?
Zur Einführung 13
   Wie Wissenschaft und Praxis den Journalismus sehen 14
   Welche Fragen diskutiert werden 22

Kapitel 1:
Journalismus – Was ist das? 23
Sichtweisen der Praxis 24
   Wer ist „Journalistin/Journalist"? 24
Perspektiven der Forschung 25
   Die Funktion des Journalismus 25
   Unterschiede zwischen Praxis- und Wissenschaftsverständnis 29
   Strukturen und Arbeitsplätze im Journalismus 30
Sichtweisen der Praxis 32
   Ein Tag, viele Arbeitsplätze 32
   Hörfunk-Nachrichtenredakteurin 32
   Hörfunk-Korrespondentin 33
   Freie Journalistin 35
   Hörfunk-Moderator 36
   Freier TV-Produzent und -Autor 37
   Online-Redakteur 38
   Tageszeitungs-Redakteur 40

Kapitel 2:
Darstellungsformen –
Wie bringen Journalisten ihre Texte in Form? 42
Sichtweisen der Praxis 43
   Was die Darstellungsformen unterscheidet 43
   Wahl der Darstellungsform 45
   Die Nachricht 46
   Das Feature 48
   Bericht mit Feature-Elementen 49
   Die Reportage 50

Das Interview..51
Der Kommentar..53
Weiterentwicklung der Darstellungsformen 54
Darstellungsformen im Internetjournalismus...55
Praxis-Lehrbücher..56
Perspektiven der Forschung 57
Wozu Darstellungsformen?...57
Entstehen, Wandel und Kritik der Nachrichtenform.............................58

Kapitel 3:
Macht des Journalismus – Können und wollen Journalisten
ihr Publikum beeinflussen?...63
Phänomene journalistischer Macht..63
Eklat in der Elefantenrunde...64
Sichtweisen der Praxis...66
Journalistisches Selbstverständnis:
Wie Medienmacher ihre Rolle interpretieren...66
„Richtig – schnell – neutral":
Das journalistische Koordinatensystem der *dpa*...............................67
„Die Mikros denen, die sonst nicht zu Wort kommen":
Journalismus als Anwalt der Benachteiligten 68
„Der neoliberale Kim Jong II":
Der Journalist als Meinungsmacher..70
„Right or wrong – my party!"
Politischer Journalismus in der Bonner Republik...............................73
Perspektiven der Forschung 75
Allmacht oder Ohnmacht der Medien?..75
Theorie der Schweigespirale 77
Eingebildete Wirkungen: Reziproke Effekte und Skandale.................79
Meinungsmacht und ihre rechtliche Beschränkung 81
Machtwille der Journalisten: Oberlehrer und Missionare?.................83

Kapitel 4:
Unabhängigkeit im Journalismus – Wer beeinflusst
die Journalisten? Und wie bleiben sie unabhängig?...................86
Sichtweisen der Praxis...87
Das geöffnete Schleusentor – Journalismus, PR und Werbung.....87
Die magische Nuss – ein leichtes Spiel für die PR 87
Luxus in Peking – Wie sich Journalisten der PR ergeben 90

Die Trennung von Werbung und redaktionellen Berichten –
eine erodierende Grenze 91
Vorsicht vor Maulwürfen! Die Strategien „schwarzer PR"................92
Tarnen – tricksen – täuschen:
Wie die Bahn versuchte, die öffentliche Meinung
zu manipulieren 93
Nur keine Angst! Vom Umgang mit PR im Arbeitsalltag..................95
Ein besonderes Verhältnis –
Der öffentlich-rechtliche Rundfunk und die Politik...........................97
Schlachtfeld Lerchenberg – Wie die Union
den ZDF-Chefredakteur vor die Tür setzte......................................99
Perspektiven der Forschung 101
Was beeinflusst „Mr. Gates"?...101
Die Macht von Public Relations und Werbung...............................104
Das Mediensystem zwischen Politik und Wirtschaft......................107
Pressefreiheit im internationalen Vergleich................................... 111

Kapitel 5:
Qualität im Journalismus – Was ist Qualität?
Und wie wird sie gemessen und gesichert?.............................114
Der Spiegel unter der Lupe –
Blattkritik beim Nachrichtenmagazin.. 114
Sichtweisen der Praxis..115
Viele Köche verbessern den Brei –
Die Textkontrolle beim Spiegel.. 116
Teamwork in Hochgeschwindigkeit –
Qualitätskonzept und Qualitätsmanagement bei RTL-Aktuell....... 117
Vom Stolz, der Sand im Getriebe zu sein –
Fact-Checking beim Spiegel..120
Mit Fragebogen und Interview –
Das Programm-Controlling beim WDR..123
Perspektiven der Forschung 125
Mit welchen Fragen sich die Qualitätsforschung befasst...............125
Qualitätsdefinition...127
Was erwartet die Gesellschaft?...129
Was will das Publikum?..130
Qualitätskriterien im Journalismus 133
Objektivität 134
Transparenz...134

Relevanz 136
Analyse 137
Wertung und Diskurs 139
Qualität als Wirkung 142
Qualitätsmessung 143
Qualitätssicherung 144

Kapitel 6:
Objektivität im Journalismus – Was bedeutet „Objektivität"?
Und können Journalisten objektiv berichten? 146
Sichtweisen der Praxis 147
  Objektivitätsnorm in Deutschland 148
  Objektivitätskriterien in der beruflichen Praxis 149
  Auf der Goldwaage – Worte machen Meinung 152
  Die Qual der Wahl –
  Vom Versuch, die Welt in eine Sendung zu packen 154
Perspektiven der Forschung 157
  Entstehen der Objektivitätsnorm 157
  Was ist wirklich, was ist wichtig? 158
  Ist objektive Erkenntnis möglich? 162
  Regeln für einen kritisch-rationalen Journalismus 165

Kapitel 7:
Der Journalismus und sein Publikum –
Was denkt und erwartet das Publikum?
Und wie erfährt der Journalismus davon? 169
Sichtweisen der Praxis 171
  Wenn sich der Kunde meldet –
  Wie Medien mit Publikumsreaktionen umgehen 171
  Anwalt der Leser – Prügelknabe der Redakteure:
  Erfahrungen eines Ombudsmannes 174
  Befragt und gescannt: Die angewandte Publikumsforschung ... 175
  Vom erforschten Konsumenten zum aktiven Mitspieler:
  Wie Medien ihr Publikum einbinden 180
Perspektiven der Forschung 182
  Schlechte Sichtverhältnisse 182
  Angewandte und akademische Publikumsforschung 183
  Ratlos in der Zeitungskrise 184
  Medienrezeption als Suche nach Gratifikationen 185

Print- oder Online-Zeitung? 187
Grenzen des Modells rationalen Handelns 188
Mehr als nur Mutmaßungen 190
Die Unberechenbarkeit des Journalismus 191

**Kapitel 8:
Ausblick – Vor welchen Herausforderungen
steht der Journalismus?** 193
Erfolgreich und arm –
Wirtschaftliche Krise eines Traumberufs 193
Prekarisierung: Die soziale Lage der freien Journalisten 195
Krise der Tageszeitung – Abwanderung ins Netz 196
Neue Wege im Netz 199
Ein Blog gegen die journalistische Einförmigkeit –
Wie *regensburg-digital* die lokale Öffentlichkeit aufmischt 200
Redaktionen – Neue Strukturen, neue Anforderungen 202
Avantgarde in der Provinz – Crossmediales Arbeiten
im *WDR*-Studio Bielefeld 203
Journalismus im Internet 207
Quellen im Netz – Die *Tagesschau* auf neuen Pfaden 211

Danksagung 215

Literaturverzeichnis 217

Vorwort

Wie wird man Auslandskorrespondent? Dieter Schröder, der langjährige Chefredakteur der *Süddeutschen Zeitung*, beantwortete diese Frage gerne mit einer kleinen Geschichte. Er könne sich noch gut daran erinnern, sagte Schröder dann, wie man Moskau neu besetzen musste. Nach langer Suche sei man schließlich fündig geworden. Ein Traum-Kandidat. Sprach fließend Russisch. Konnte zahllose weitere slawische Sprachen. Kannte die russische Geschichte besser als viele Professoren. Kurzum: Einen exzellenteren Korrespondenten habe man kaum finden können. Bald darauf fing der neue Mann in Moskau an. Schnell war klar, dass er in der Tat alle möglichen Sprachen konnte, nur eine leider nicht: Deutsch. Er blieb nicht lange in Moskau.

Schröders Geschichte illustriert einen Glaubensstreit, der im Journalismus seit jeher ausgetragen wird. Wer ist am Ende der bessere Journalist? Der Fachmann, der sich in jahrelanger Experten-Arbeit bis in die letzte Windung seines Gebiets eingegraben hat? Oder derjenige, der unbefangen an ein neues Thema herangeht, der es versteht, eine Geschichte spannend zu erzählen, der neugierig ist im wörtlichen Sinne, also gierig auf Neues?

Bei der *Financial Times* wechseln die Redakteure alle drei bis fünf Jahre ihr Dossier. Die Philosophie, die hinter dieser Regel steht, ist einfach: Journalisten sollten unbefangen mit einem frischen Blick auf die Dinge schauen. Zu große Nähe oder gar Abhängigkeiten werden so vermieden und Redakteure daran gehindert, ihr Thema zu monopolisieren. Ein solches Modell, das in Deutschland bislang eher die Ausnahme ist, setzt eine Redaktion voraus, deren Mitglieder alle Fähigkeiten mitbringen, die einen guten Journalisten ausmachen: Intelligenz, Neugierde, den Blick fürs Wesentliche, Kreativität, Hartnäckigkeit, ein Sinn für Geschichten.

Womit wir beim zweiten großen Glaubensstreit wären. Kann man Journalismus lernen? Man kann, sonst müsste man keine Bücher schreiben wie dieses hier. Aber ohne Begabung geht es eben auch nicht. Erfahrene Redakteure brauchen meist nur eine einzige Reportage, einen Radio-Beitrag oder einen Film, und sie wissen, ob der Autor das Zeug zum guten Journalisten hat oder nicht. Der Rest ist leicht zu lernen, Journalismus ist keine Geheim-Wissenschaft.

Wer es in diesem Job ganz nach oben schaffen will, braucht deshalb zwingend zwei Dinge: eine außergewöhnliche Begabung und die Bereitschaft, sehr hart zu arbeiten. Alle Stars der Branche sind harte Arbeiter. Dafür genießen sie das Privileg, in einem der schönsten Berufe der Welt zu arbeiten.

Schröders zweiter neuer Mann in Moskau konnte übrigens anfangs kein Wort Russisch. Aber er war ein exzellenter Journalist.

Konstantin von Hammerstein
Der Spiegel, Leiter des Hauptstadtbüros

Warum dieses Buch – und diese Autoren?

Zur Einführung

Wolf Renschke und Anne Pollmann arbeiten zwar zusammen, es trennen sie aber vierzig Jahre – und ihr persönliches Eintrittsbillett in den Journalismus. Die beiden sind sich im Frühjahr 2011 beim *Deutschlandfunk* über den Weg gelaufen. Wolf Renschke, 63, leitet dort die Deutschland-Redaktion, in der Anne Pollmann, 23, ein Praktikum absolvierte. Der heutige Redaktionsleiter hatte sich Ende der 1960er Jahre entschieden, Journalist zu werden. Damals stand er kurz vor dem Abitur, hatte aber für eine Radio-Sendung des *Hessischen Rundfunks* mit dem Namen „Literatur für Anfänger" bereits einen Text geschrieben, der mit einem Preis ausgezeichnet worden war. Nach dem Abitur nahm er ein Germanistik-Studium auf, wechselte dann aber nach wenigen Semestern bereits an die gerade neu gegründete Kölner Journalistenschule, die eine praktische Journalisten-Ausbildung mit dem Fachstudium der Volkswirtschaft kombiniert. Parallel zum Studium absolvierte Renschke – und da ähnelt sein beruflicher Werdegang dem von Anne Pollmann – eine ganze Reihe von Praktika: beim *Mannheimer Morgen*, beim *SWF*, beim *WDR*, bei der damaligen *SPD*-Parteizeitung *Vorwärts* und beim *Deutschlandfunk*. Ein Zufall, der damals gar nicht so selten war, ebnete ihm dann den Weg aus dem laufenden Studium in den Journalismus. Der *Deutschlandfunk* bot ihm eine Anstellung als Redakteur an, obwohl er weder über einen Hochschulabschluss noch über ein Volontariat verfügte. Seither ist Wolf Renschke Journalist.

Über einen so leichten Zugang zu diesem Beruf kann Anne Pollmann nur schmunzeln. Auch sie hat kurz vor dem Abitur den Journalistenberuf ins Auge gefasst. Allerdings war sie sich der Tatsache bewusst, wie schwierig es werden würde, diesen Wunsch auch zu realisieren. Deshalb hat sie sich gegen ein medienwissenschaftliches Studium und stattdessen für das Fach Politikwissenschaft an der *TU Dresden* entschieden. Sie hatte den Eindruck, mit dieser Ausbildung über mehr Optionen für ihren späteren Beruf zu verfügen. „Außerdem", fügt sie hinzu, „kann ich an den Bachelor immer noch einen journalistischen Master-Studiengang anschließen." Eines weiß sie allerdings genau: Ohne Hochschulabschluss führt – anders als vor 40 Jahren – kaum mehr ein Weg in den Journalismus. Doch selbst der allein reicht meist nicht mehr aus – hinzukommen muss in der Regel ein Volontariat. Und um ihre Chance zu verbessern, eine der raren Volontärsstellen zu erhalten, absolvierte sie in den Semesterferien ein Praktikum nach dem anderen. Zunächst bei kleinen Lokalradios und schließlich beim *Deutschlandfunk*. Anne Pollmann weiß, dass sie sich nicht sicher sein kann, den richtigen unter den zahlreichen Wegen in den Journalismus gewählt zu haben. Aber die ersten Schritte auf ihrem Weg machen sie zuversichtlich.

Wie Wissenschaft und Praxis den Journalismus sehen

Wie wird man Journalistin oder Journalist? Es gibt keine vorgeschriebene Ausbildung, der Berufszugang ist in Deutschland offen. In den Beruf führen praktische und wissenschaftliche Wege: Wer ein Volontariat oder eine Journalistenschule absolviert, bekommt vor allem das berufliche Wissen, also das journalistische Handwerkszeug vermittelt. Im Studium lernt man dagegen vor allem wissenschaftliches Wissen. Oft entsteht der Eindruck, dass beide Ausbildungswege konkurrieren. Es gibt Praxis-Lehrbücher und wissenschaftliche Lehrbücher über den Journalismus – aber fast kein Lehrbuch, das versucht, beide Arten von Wissen gemeinsam zu präsentieren; eine der wenigen Ausnahmen ist das lesenswerte Buch „Journalism – Principles & Practices" von Tony Harcup (2009).

Die Programmatik des *vorliegenden* Lehrbuchs besteht ebenfalls darin, Praxis und Wissenschaft nicht gegeneinander auszuspielen, sondern zusammenzuführen, denn beide Seiten haben Wichtiges zu sagen. Dieses Buch hat deshalb nicht zufällig zwei Autoren. Es ist aus zwei Blickwinkeln geschrieben: aus jenem der Praxis und jenem der Wissenschaft. Jede Perspektive führt zu eigenen Bildern vom Journalismus, das heißt auch: zu jeweils anderen Beschreibungen von Problemen und Lösungen. Journalistische Selbstbilder und wissenschaftliche Fremdbilder überlappen sich zwar, weichen aber auch an einigen Stellen erheblich voneinander ab.

Was zeichnet die *Praxis* aus? Sie ist der Ausgangs- und Endpunkt der folgenden Kapitel. Hier stellen sich die Fragen, und für die Praxis müssen sie beantwortet werden. Der Journalistenberuf verfügt über ein umfangreiches Wissen, das im Alltag bisher auch meistens recht gut funktioniert hat. Seitdem der Journalismus in der zweiten Hälfte des 19. Jahrhunderts ein eigenständiger Beruf geworden ist, hat er Regeln entwickelt, die das journalistische Handeln anleiten. Diese Regeln werden in Lehrbüchern gesammelt und in der Ausbildung weitergegeben. Ungelöste Probleme und neue Fragen werden in Redaktionskonferenzen, Fachzeitschriften und auf Tagungen diskutiert. Berufsverbände wie der *Deutsche Journalisten-Verband (DJV)*, die *Deutsche Journalistinnen- und Journalisten-Union (dju)* in *ver.di* sowie *Freischreiber* in Deutschland, die österreichischen Verbände *ÖJC* und *GPA-djp* sowie *SSM*, *syndicom* und *impressum* in der Schweiz vertreten nicht nur die Interessen ihrer Mitglieder, sondern setzen sich auch für die Sicherung der Qualität im Journalismus ein. Welche Mindeststandards im Journalismus gelten, kann man dem Pressekodex entnehmen. Das ist das Regelwerk, das der *Deutsche Presserat* ausgearbeitet hat.[1] Der *Presserat* in Deutschland ist eine Einrichtung der Selbstkontrolle, die von Journalisten- und Verlegerverbänden getragen wird. Auch in Österreich und der Schweiz gibt es einen solchen Presserat. Darüber, was Journalismus ist, kann, soll, darf und will, wird also im Journalismus selbst intensiv diskutiert und informiert.

Trotzdem zeigt sich besonders in Umbruchzeiten auch eine gewisse Schwerfälligkeit des Journalismus: Routinen aufzubrechen, sich in einer rasch wandelnden Umwelt zurechtzufinden und innovative Wege zu gehen, das fällt den Redaktionen sichtlich schwer – und zwar paradoxerweise vor allem deshalb, weil es im Journalismus meistens schnell gehen muss. Trägheit und Tempo sind nur scheinbar ein Widerspruch: Wenn es eilt, bleibt nicht viel Zeit zum Nachdenken und Nachbessern. Dann müssen die Abläufe eingeübt und die Journalisten ein eingespieltes Team sein, sonst wird das Blatt oder die Sendung bis zum Redaktionsschluss nicht fertig. Deshalb wird das wiederholt, was immer schon galt.

Die *Wissenschaft* kann großzügiger mit Zeit umgehen: Forscher können gründlicher, tiefer und systematischer analysieren, weil sie nicht unmittelbar zum Handeln gezwungen sind und weil sie mit Methoden und Theorien über besondere Beobachtungs- und Deutungsinstrumente verfügen. So können sie auch sichtbar machen, was dem Journalisten im Alltag zumeist verborgen bleibt: Was denkt das Publi-

---

1 http://www.presserat.info/uploads/media/Pressekodex.pdf

kum? Wie geht es mit Medien um? Welche beabsichtigten oder unbeabsichtigten Wirkungen erzielen Journalisten? Wie arbeiten Kollegen in anderen Redaktionen? In welchem Verhältnis stehen die Medien zu Politik und Wirtschaft? Wer beeinflusst hier wen und in welcher Weise? Und wie hat sich der Journalismus langfristig entwickelt?

Natürlich haben auch Journalisten Antworten auf diese Fragen parat. Doch ihre Eindrücke entstehen eher beiläufig und bleiben meist punktuell. Journalismus und Wissenschaft unterscheiden sich in einem entscheidenden Punkt, auch wenn ihr generelles Ziel ganz ähnlich ist: Beide beobachten die Realität und streben dabei nach Objektivität ihrer Aussagen (was nicht ganz einfach oder vielleicht gar unmöglich ist, wie Kapitel 6 zeigen wird). Journalisten wollen jedoch etwas über das einzelne Ereignis erfahren, das zur Nachricht wird. Sie recherchieren, prüfen und berichten deshalb die speziellen *Fakten* über Ablauf, Beteiligte und Umstände eines Ereignisses.

Dagegen will die Wissenschaft zu *allgemeinen Aussagen* gelangen, die sich in einer gründlichen Überprüfung bewährt haben. Das heißt: Sie interessiert sich letztlich nicht für den Einzelfall wie der Journalismus, sondern sie will das Typische einer Vielzahl von Fällen beschreiben und allgemeine Zusammenhänge zwischen Ereignissen, also zwischen bestimmten Ursachen und Wirkungen, ermitteln. Wenn man solche allgemeinen Zusammenhänge (Gesetze, Theorien) kennt, dann kann man nicht nur Ereignisse erklären, sondern auch Prognosen aufstellen und Regeln davon ableiten, durch deren Anwendung man eine gewünschte Wirkung erzielen kann (Popper 1993: 362-369).

Auch Journalisten benötigen zumindest Alltagstheorien, um näherungsweise erklären zu können, wie es zu einem Ereignis (Atomunfall, Wahlergebnis, Niederlage im Fußball) kommen konnte (Tsunami, unpopuläre Regierungsentscheidungen, schlechte Taktik) und was seine (künftigen) Folgen sein könnten (Strahlenschäden, Regierungswechsel, Trainerentlassung). Je besser ein Beobachter die allgemeinen Zusammenhänge überblickt, desto eher ist er in der Lage, zutreffende Erklärungen und Prognosen zu liefern. Nicht umsonst sind es deshalb auch Wissenschaftler, die von Journalisten interviewt werden, wenn sie eine fundierte Analyse brauchen.

Im Folgenden geht es um jene Wissenschaft, die den Journalismus zum Gegenstand hat. Um welche Wissenschaft geht es eigentlich? Das ist gar nicht so leicht zu beantworten: *„Kommunikationswissenschaft"* ist dafür die zwar gängige, aber nicht einzige Bezeichnung. Auch

„Publizistikwissenschaft", „Medienwissenschaft" oder „Journalistik" kommen als Namen vor. Gemeinsam ist den Hochschulinstituten, die sich so bezeichnen, die Lehre und Forschung über die *öffentliche, durch Medien vermittelte Kommunikation.* Dies betraf – bis vor kurzem jedenfalls – ausschließlich Massenmedien wie Zeitung, Zeitschrift, Hörfunk und Fernsehen. Im Internet entstehen nun auch kleine Öffentlichkeiten, vor allem in Social Media wie *Facebook, Twitter* und Blogs. Dadurch erweitert sich der Gegenstand des Faches, das außerdem fließende Übergänge zu Nachbardisziplinen hat wie zur Soziologie, Politikwissenschaft, Psychologie, Pädagogik, Ökonomie, Rechtswissenschaft und Informatik.

Wie kann nun die Kommunikationswissenschaft das berufliche Wissen der Journalisten anreichern?

◯ *Beschreiben:* Sie kann beim Beschreiben des Journalismus über den Einzelfall hinausgehen. Der Radius, den der einzelne Journalist überblicken kann, ist naturgemäß beschränkt. Vor allem das Publikum befindet sich in einiger Distanz. Mit wissenschaftlichen Methoden (wie Befragung, Inhaltsanalyse, Beobachtung und Experiment) kann dagegen umfassend, systematisch und relativ unverzerrt beschrieben werden, wer die Journalisten sind und wie sie arbeiten, worüber und wie sie berichten, welche Wirkung sie erzielen und wie das Publikum ihre Angebote nutzt und bewertet. Falls die Fälle repräsentativ ausgewählt werden, können Forscher verallgemeinernde Aussagen über die Grundgesamtheit der Journalisten, ihre Angebote und ihr Publikum treffen.

◯ *Erklären:* Das zentrale Ziel der Wissenschaft ist das Erklären von Phänomenen. „Erklären" bedeutet, dass die Ursache eines Ereignisses benannt wird. Dafür muss ein bewährtes, d. h. in empirischen Studien bestätigtes Gesetz bekannt sein, das allgemein den Zusammenhang zwischen bestimmten Ursachen und Wirkungen beschreibt. Sie zu entdecken, ist aber kein leichtes Unterfangen: Allgemeine Gesetze, die ausnahmslos, also an jedem Ort und zu jeder Zeit Gültigkeit beanspruchen können, haben sich gerade im Bereich des menschlichen Handelns bisher nicht aufspüren lassen. Möglich sind jedoch probabilistische Aussagen, die zwar nicht in jedem Fall, aber mit einer bestimmten Wahrscheinlichkeit zutreffen. Und es lassen sich Theorien aufstellen, die zwar nicht immer und überall, aber in bestimmten Epochen und Gesellschaften gültig sind (Theorien mittlerer Reichweite). Gesetze können also Ursachen und Folgen journalistischen Handelns – in bestimmten Grenzen – erklären, etwa ihre Wirkungen auf Seiten des Publikums. Und mit ihrer Hilfe können auch die bestehenden Regeln des Journalismus überprüft und verbessert werden: Haben sie tatsächlich jene positiven Folgen, die ihnen zugeschrieben werden? Damit ist bereits eine weitere Funktion der Wissenschaft angesprochen:

- *Qualität:* Forscher untersuchen, welche Erwartungen das Publikum an den Journalismus hat, welche Leistungen der Medien die demokratische Gesellschaft für ihr Funktionieren benötigt und welche Normen die Journalisten sich selbst gegeben haben. Mit diesen Maßstäben in der Hand können sie in Studien prüfen, wie „gut" oder „schlecht" Journalismus ist. Und sie können Empfehlungen geben, wie er seine Qualität selbst verbessern kann (Qualitätsmanagement) oder wie die äußeren Bedingungen dafür optimiert werden können (Regulierung).
- *Innovation:* Der beschleunigte Medienwandel zwingt die Redaktionen heute dazu, frühzeitig neue technische Möglichkeiten aufzugreifen und sich flexibel den Publikumserwartungen anzupassen. Was Zeitdruck und starre Rollenvorgaben in den Redaktionen kaum zulassen, das ermöglicht eher das Studium: Freiräume für das Austesten und Evaluieren, für den experimentellen und reflektierten Umgang mit neuen Optionen – auch in Kooperation mit Redaktionen. Hochschulen wollen künftigen Journalistinnen und Journalisten nicht nur die hergebrachten Regeln beibringen, sondern ihnen vor allem die Kompetenz vermitteln, sie kritisch zu prüfen, sich selbstständig zurechtzufinden und innovative Lösungen zu entdecken. Vor allem Masterstudiengänge in der Journalistik wie an der *Katholischen Universität Eichstätt-Ingolstadt* und der *TU Dortmund* haben sich dieser Aufgabe verschrieben.

An dieser Stelle muss allerdings eine Warnung stehen: Es ist ein Missverständnis, die Funktion der (Kommunikations-)Wissenschaft in erster Linie in der Zuarbeit für den Journalismus zu sehen. Die Fehleinschätzung, dass die Wissenschaft vor allem Dienstleister für die Praxis sein soll, ist bis heute im Journalismus anzutreffen. Was dabei übersehen wird: Die Wissenschaft ist ein eigenständiges System, das besonderen Regeln folgt und sich eigene Maßstäbe setzt. Es lässt sich also nicht vom Journalismus und auch nicht von Politik, Wirtschaft, Religion etc. sagen, was eine relevante Frage ist und was „wahr" ist. Aus ihrer spezifischen Orientierung heraus stellt sie ihre eigenen Fragen und liefert eigene Antworten nach selbst gesetzten Regeln.

Erst diese Abschottung und Autonomie gegenüber anderen Systemen macht die Wissenschaft leistungsfähig. Was in der Wissenschaftler-Community als bahnbrechende Erkenntnis gilt, ist oft weit entfernt von jeder praktischen Verwertbarkeit – und muss es auch sein. Grundlagenforschung bildet den Kern eines Faches. Und auch die Forschung, die stärker anwendungsbezogen ist, kann und will den Redaktionen keine „Patentrezepte" liefern. Was Journalisten konkret tun müssen, um besser zu werden, müssen sie letztlich selbst herausfinden. Jede Redaktion, jedes Medienunternehmen muss hier seine eigenen Antworten entdecken. Wissenschaft kann Journalisten aber irritieren, sie aus den gewohnten Denkbahnen werfen, Alternativen aufzeigen, Veränderungsprozesse anstoßen und die Ergebnisse bewerten. Kurzum: Wenn die Wissenschaft zum Nachdenken anregen soll, muss sie die Sache anders angehen als der Journalismus selbst und darf nicht nur seine Sicht verdoppeln. Deshalb sollten sich Journalisten auf das ungewohnte Denken einlassen, auch wenn der Ertrag dieses Umwegs nicht immer auf Anhieb offensichtlich ist. Zwischen den beiden Sichtweisen bestehen durchaus Widersprüche, die auch nicht unterschlagen werden sollen – etwa bei der Frage, was unter „Objektivität" zu verstehen ist (Kapitel 6).

Damit ist in einem ersten Anlauf der Unterschied zwischen den beiden Perspektiven deutlich gemacht. Wie ergänzen sie einander in den Kapiteln dieses Buches? Die Praxisabschnitte liefern die Steilvorlagen für den wissenschaftlichen Teil der Kapitel. Hier werden die Bälle angenommen und – wenn es gut läuft – mit einem satten Schuss in den Winkel befördert. Doch manchmal wird der Ball auch verstolpert oder weit über das Tor in den Himmel gejagt. Nicht auf jede Frage, die sich in der Praxis stellt, hat die Wissenschaft eine gute Antwort. Aber immerhin spielen beide in einem Team: Praktiker und Theoretiker. Und das ist noch keineswegs selbstverständlich.

Übrigens: Welche Passage eines Kapitels welcher Perspektive zuzuordnen ist, lässt sich unschwer erkennen: an den Quellen, am Stil und an der Argumentationsweise. Im Praxisteil wird vornehmlich aus journalistischen Texten und aus einer Reihe von Interviews zitiert, die Peter Kapern extra für dieses Buch mit Journalistinnen und Journalisten geführt hat. Dagegen sind Aussagen im Forschungsteil mit wissenschaftlichen Quellen belegt. Im Praxisteil werden typische Alltagssituationen geschildert, die veranschaulichen, wie Journalisten arbeiten. Journalisten kommen zu Wort, berufsinterne Debatten werden nachgezeichnet – es ist die journalistische Sicht auf sich selbst, die hier ihren Ausdruck findet. Im Praxisteil werden auch die im Journalismus geltenden Regeln eingeführt, und dort wird auch ihre Anwendung erläutert. Dagegen ist die Darstellung im wissenschaftlichen Teil abstrakter. Während sich der Praxisteil vor allem auf Einzelbeispiele stützt, die nicht umstandslos generalisiert werden dürfen, können breit angelegte wissenschaftliche Untersuchungen einen Überblick über den Journalismus geben. Außerdem zeigt die Forschung Ursachen und Folgen journalistischen Handelns auf, und sie hinterfragt die redaktionelle Praxis. Die strengen Regeln, die in der Wissenschaft für die theoretische und empirische Beweisführung gelten, führen indes dazu, dass sich ihre Ergebnisse seltener zu prägnanten Thesen oder eindeutigen Trendaussagen zuspitzen lassen, als sich das Journalisten wünschen mögen. Grundannahme ist dennoch, dass Journalismus verstanden und erklärt werden kann und deshalb auch lehr- und lernbar ist.

Die Vorstellung, dass es in erster Linie auf eine bestimmte Begabung ankommt, mystifiziert den Journalismus in unnötiger Weise. In der Praxis ist diese Mystifizierung durchaus noch anzutreffen. Sie stützt sich auf die Behauptung, dass jeder, der das Handwerk des Journalisten erlernen möchte, bestimmte Voraussetzungen dafür erfüllen, etwa stilsicher mit Sprache umgehen können muss. Das ist sicherlich richtig, allerdings gilt diese Voraussetzung auch für viele andere Berufe – schließlich ist der Journalismus nicht der einzige Beruf, in dem es auf die Fähigkeit zur Kommunikation ankommt. Auch Neugier, Aufgeschlossenheit, Improvisationsfähigkeit und die Bereitschaft, sich ständig neuen Situationen auszusetzen, gehören zu den Eigenschaften, über die man als Journalist verfügen muss. Aber auch in zahlreichen anderen Berufen sind diese Fähigkeiten gefragt.

Wenn es allerdings ein Talent gibt, das im Journalismus besonders wichtig ist, dann ist dies die Bereitschaft, sich *angreifbar* zu machen. Wer ständig Artikel mit seinem Namen in der Zeitung stehen hat, stundenlang als Moderator am Mikrophon sitzt oder vor der Kamera steht, auf prallvollen Pressekonferenzen die nötige Durchsetzungskraft entwickelt, seine Frage loszuwerden und auch beantwortet zu bekommen, wer ständig Menschen mit Fragen bedrängt – und zwar oft über ein als angenehm empfundenes Maß hinaus –, muss schon auf besondere Weise „gestrickt" sein: Es macht ihm nichts aus, im Fokus der Öffentlichkeit zu stehen, wahrnehmbar und deshalb häufig eben auch angreifbar zu sein, weil er sich der Kritik des Publikums stellen muss. Um aber dorthin zu gelangen, muss man erst einmal das Handwerkszeug eines Journalisten beherrschen.

Welche Fragen diskutiert werden

Das Anliegen dieses Buches ist es, Grundlegendes zum Journalismus zu sagen. Das heißt an erster Stelle: sich zu beschränken, nämlich auf einige zentrale Punkte. In den Kapiteln werden die folgenden Fragen behandelt:

- Was ist „*Journalismus*"? Was leistet er? Welche Teilbereiche lassen sich unterscheiden? (Kapitel 1)
- Welcher *Darstellungsformen* bedienen sich Journalisten, wenn sie einen Text verfassen? Welche Regeln gelten dafür? (Kapitel 2)
- Können und wollen Journalisten ihr *Publikum beeinflussen*? (Kapitel 3)
- Was *beeinflusst den Journalismus*? Wie kann er unabhängig bleiben? (Kapitel 4)
- Wie wird *Qualität* im Journalismus bestimmt? Und wie kann sie sichergestellt werden? (Kapitel 5)
- Was ist „*Objektivität*"? Können und wollen Journalisten objektiv berichten? (Kapitel 6)
- Was wissen Journalisten über ihr *Publikum*? Und wie können sie seinen Erwartungen gerecht werden? (Kapitel 7)
- Vor welchen Herausforderungen steht der Journalismus? (Kapitel 8)

Die Kapitel können selbstverständlich auch einzeln oder in einer anderen Reihenfolge gelesen werden. Querverweise verdeutlichen, an welchen Stellen es Zusammenhänge zwischen den Kapiteln gibt. Dieser Band kann kein Volontariat und kein Studium ersetzen – und erst recht keine Bibliothek. Deshalb werden in jedem Kapitel Quellen zitiert und Hinweise auf relevante Literatur zum Weiterlesen gegeben. Diese Titel sind vollständig im Literaturverzeichnis am Ende des Buches aufgelistet. Ausgewählte Literaturempfehlungen schließen die Kapitel ab. Für die Selbstkontrolle enthält außerdem jedes Kapitel eine Reihe von Lernzielen.

Kapitel 1:
Journalismus – Was ist das?

Jonathan Stock hat sich eine Tarnidentität zugelegt und ist zum Islam übergetreten. So konnte er in einer Hamburger Moschee das Vertrauen eines jungen deutschen Konvertiten gewinnen. Das Vertrauen eines Mannes, der nach Pakistan ging, um – wie der Verfassungsschutz vermutet – sich dort für den Dschihad ausbilden zu lassen. Er wurde verhaftet, nach Deutschland abgeschoben und lebt nun in einem Hamburger Reihenhaus. Peter – so hat ihn Jonathan Stock für sein eindringliches Portrait getauft – erzählte dem Under-Cover-Reporter von seinem Weg zum Islam, von seinem Glauben und seinem Traum, als Gotteskrieger in das Paradies einzuziehen. „Peters Traum", das war dann auch der Titel der Geschichte, die in der *Frankfurter Allgemeinen Sonntagszeitung* abgedruckt wurde (faz.net 2011).

Volker ter Haseborg und Lars-Marten Nagel haben Partei ergriffen – gegen einen Hamburger Wohnungsbaukonzern. Mit einer hartnäckigen, monatelangen Recherche, die 2011 in eine Artikelserie im *Hamburger Abendblatt* mündete, stellten sie sich an die Seite der Mieter, „kleine Leute", die in Wohnungen des Hamburger Immobilienkonzerns *GAGFAH* lebten. Jahrelang ließ der Konzern die Wohnungen vergammeln, die Mieter waren hilflos dem Schimmel an den Wänden, bröckelnden Balkonen und undichten Fenstern ausgeliefert, während die *GAGFAH* ungerührt die Miete kassierte.

Sowohl das Portrait als auch die Artikelserie waren herausragende journalistische Produkte, die im November 2011 mit einem der wichtigsten Journalismus-Preise Deutschlands dekoriert wurden: mit dem *Otto-Brenner-Preis* für kritischen Journalismus.[2] Die ausgezeichneten Journalisten stehen für sehr unterschiedliche Bereiche dieses Berufs. Stock hat sein Portrait eines Konvertiten als investigativer Reporter verfasst, ter Haseborg und Nagel ihre Artikelserie als Rechercheure, welche die Kritikfunktion des Journalismus ernst nahmen und deshalb die Rolle des Anwalts hilfloser Mieter gegen einen Großkonzern ergriffen.

Die Preisträger repräsentieren nur einen kleinen Ausschnitt aus dem Berufsfeld „Journalismus", das unterschiedliche Medien mit jeweils

---

2 http://www.otto-brenner-preis.de

spezifischen Anforderungen, sehr unterschiedliche Tätigkeitsbereiche und ebenso differenzierte Modelle des beruflichen Rollenverständnisses umfasst. Deshalb soll dieses Kapitel vorrangig eine Frage beantworten: Was ist das eigentlich – Journalismus?

Lernziele
- Was kennzeichnet den praktischen und den wissenschaftlichen Blick auf den Journalismus?
- Wie wird der Journalismus im Berufsbild des *Deutschen Journalisten-Verbandes (DJV)* charakterisiert?
- Wie definiert die Wissenschaft den Journalismus?
- Was unterscheidet ihn von Public Relations und Werbung?
- Welche Strukturen besitzt der Journalismus?

Sichtweisen der Praxis

Wer ist „Journalistin/Journalist"?

Wer als „Journalist" zählen soll, haben die Berufsvertreter selbst festgelegt. Der *Deutsche Journalisten-Verband* hat ein umfassendes Berufsbild ausgearbeitet und beschlossen, in dem sowohl das Gemeinsame als auch die vielen Facetten des Berufs beschrieben werden. Dort heißt es: „Journalistin/Journalist ist, wer (...) hauptberuflich an der Erarbeitung bzw. Verbreitung von Informationen, Meinungen und Unterhaltung durch Medien mittels Wort, Bild, Ton oder Kombinationen dieser Darstellungsmittel beteiligt ist (...)." (DJV 2008: 3) Ergänzt wird diese Definition durch die Aufzählung vieler weiterer Merkmale, die einzelne Bereiche des Berufsfelds charakterisieren:

- *Tätigkeiten:* Recherchieren, Auswählen, Bearbeiten, medienspezifisches Aufbereiten, Gestalten, Vermitteln, disponierende Tätigkeiten
- *Arbeitsverhältnisse:* Angestellte, Freiberufler
- *Arbeitsfelder:* Presse, Rundfunk, andere elektronische Medien, Nachrichtenagenturen, Bildjournalismus, Öffentlichkeitsarbeit und innerbetriebliche Information, medienbezogene Bildungsarbeit und Beratung

↻ *Anforderungen:* Allgemeinbildung, Sachwissen, Fachwissen, Vermittlungskompetenz, persönliche Eigenschaften

Das *DJV*-Berufsbild ist keine rein beschreibende Definition. Darin wird nämlich auch gesagt, welche *gesellschaftlichen Aufgaben*, vor allem für die Politik, der Journalismus erfüllen soll:

> „Journalistinnen und Journalisten haben die Aufgabe, Sachverhalte oder Vorgänge öffentlich zu machen, deren Kenntnis für die Gesellschaft von allgemeiner, politischer, wirtschaftlicher oder kultureller Bedeutung ist. Durch ein umfassendes Informationsangebot in allen publizistischen Medien schaffen Journalistinnen und Journalisten die Grundlage dafür, dass jede Bürgerin und jeder Bürger die in der Gesellschaft wirkenden Kräfte erkennen und am Prozess der politischen Meinungs- und Willensbildung teilnehmen kann. Dies sind Voraussetzungen für das Funktionieren des demokratischen Staates." (ebd.: 2)

Ähnlich lautende normative Bestimmungen finden sich auch im *Presse- und Rundfunkrecht*. Auch hier wird die „dienende Funktion" des Journalismus für die Demokratie betont, die er nur dann erfüllen kann, wenn er die Medienfreiheiten (Autonomie) genießt, die ihm in Artikel 5 des Grundgesetzes zugesichert werden.

Damit sind viele deskriptive und normative Merkmale aufgezählt, mit deren Hilfe „Journalismus" im Beruf und im Recht definiert wird. Dieses gewachsene Journalismusverständnis lässt allerdings nicht erkennen, warum Journalismus so und nicht anders definiert wird. Dass hier ein Begründungsbedarf besteht, machen vor allem *Grenzfälle* deutlich. Sind z. B. die Redakteure von Kundenzeitschriften Journalisten oder PR-Leute, die ausschließlich das Interesse des Unternehmens im Auge haben, das die Zeitschrift herausgibt? Kann das, was Blogger schreiben, auch Journalismus sein? Um solche Abgrenzungsfragen entscheiden zu können, muss man abstrakt ansetzen.

Perspektiven der Forschung

Die Funktion des Journalismus

In der Journalismusforschung gibt es eine Fülle an Journalismus-Definitionen. Dies ist für einen so zentralen Begriff nicht ungewöhnlich

– und auch nicht weiter schlimm. Die Suche nach der einen „wahren" Definition des Journalismus ist nämlich vergeblich, denn Definitionen sind nichts weiter als *Vereinbarungen* über den Gebrauch von Wörtern. Die Kommunikation vereinfacht es allerdings, wenn sie einheitlich und präzise verwendet werden. Unterschiede zwischen wissenschaftlichen Definitionen lassen sich vor allem über ihren Theoriebezug erklären. Jede Theorie fasst den Journalismus – in Abhängigkeit von ihrem Erklärungsanspruch – anders auf.

Über Definitionen und Theorien des Journalismus informiert kompakt und fundiert das Lehrbuch „Journalistik" von Meier (2011). Wer tiefer einsteigen möchte, sollte die Bände von Löffelholz (2004), Altmeppen/Hanitzsch/Schlüter (2007) und Meier/Neuberger (2012) zur Hand nehmen. Die Erträge der internationalen Forschung kann man im „Handbook of Journalism Studies" von Wahl-Jorgensen/Hanitzsch (2009) nachlesen.

Die *Systemtheorie* ist sicherlich der schwerste Theoriebrocken in der Journalismusforschung. Sie geht in ihrer heutigen Form auf den Bielefelder Soziologen Niklas Luhmann zurück und ist nach wie vor der wichtigste Ansatz der deutschsprachigen Journalismusforschung. Luhmann (1996) unterschied verschiedene gesellschaftliche Teilsysteme, die sich auf eine Funktion spezialisiert haben, die sie für die Gesellschaft erbringen. Die jeweils nach ihrer eigenen Logik operierenden Systeme verlieren einander aus den Augen. Die besondere Funktion des Journalismus besteht deshalb in der *Selbstbeobachtung der Gesellschaft*. Das heißt: Der Journalismus verschafft den *Gesamtüberblick* über das relevante und reale Geschehen. So kann die Politik erfahren, was in der Wirtschaft passiert, und umgekehrt. Der Journalismus erbringt für Teilsysteme wie Politik (Kritik und Kontrolle der Mächtigen, Förderung der freien individuellen und öffentlichen Meinungsbildung etc.) und Wirtschaft (Markttransparenz etc.) jeweils auch noch spezifische Leistungen, indem er innerhalb dieser Teilsysteme zwischen Bürgern und Politikern, zwischen Konsumenten und Unternehmen vermittelt. Was für die Teilsysteme insgesamt gilt, gilt auch für den einzelnen Mediennutzer (sprich: Rezipienten). Er will über alles Wesentliche auf dem Laufenden bleiben. Deshalb decken Tageszeitungen in ihren Sparten die wichtigen Bereiche der Gesellschaft ab wie Politik, Wirtschaft, Kultur, Wissenschaft, Bildung, Gesundheit und Sport.

Über welche Ereignisse berichtet der Journalismus? *Aktualität* ist sein übergeordneter Auswahlgesichtspunkt. Anders als im Alltagsverständnis sind damit nicht nur die Nähe eines Ereignisses zum Zeitpunkt der Berichterstattung und die Neuigkeit der Mitteilung gemeint, sondern auch ihre soziale *Relevanz* (Kapitel 5 und 6). Darunter wird die Bedeutung eines Ereignisses für das Publikum und die Gesellschaft verstanden. Negative Ereignisse erhalten z. B. mehr Aufmerksamkeit als positive. Oft betreffen Nachrichten überraschende Störungen gewohnter Abläufe. Sie müssen registriert werden, und auf sie muss reagiert werden – ein Problem muss gelöst, ein Schaden behoben, ein drohendes Unheil abgewendet werden. Der Journalismus ist damit der *Seismograf* der Gesellschaft. Daneben gibt es eine Reihe weiterer Faktoren, die den Wert einer Nachricht bestimmen (wie Betroffenheit, räumliche und kulturelle Nähe oder das Handeln von Elitepersonen und -nationen).

Der Journalismus ist außerdem eine Art *Metronom* der Gesellschaft, das die verschiedenen Teilsysteme in den gleichen Takt bringt. Der Journalismus gibt den Rhythmus vor, und zwar durch die fortlaufende Verbreitung von Nachrichten. Dabei gibt er ein hohes Tempo vor, das er im Internet sogar noch steigert. Dort fehlen die Stoppstellen: Während Presse und Rundfunk noch periodisch, d. h. in bestimmten Zeitabständen informieren, werden im Internet Nachrichten unverzüglich durchgereicht. Es gibt keinen Redaktionsschluss mehr.

Der Journalismus fokussiert sachlich und zeitlich die Aufmerksamkeit des Publikums auf wenige Themen und setzt damit die *Agenda*. Er gibt jene Themen vor, die gerade wichtig sind und über die man informiert sein sollte. Paradoxerweise kann ein Thema schon alleine dadurch, dass darüber berichtet wird, wichtig werden. Weil es über Massenmedien verbreitet wird, wird die Unterstellung wirksam, dass man sich bei diesem Thema auskennen muss, weil viele davon erfahren haben. Es zählt dann zu jenen Themen, über die man gerade Bescheid wissen muss, wenn man sich im Gespräch keine Blöße geben und mitreden können will. Der Journalismus trägt also dazu bei, dass wir *gemeinsame Vorstellungen von der Wirklichkeit* entwickeln, und er hat erhebliche Macht, selbst festzulegen, auf welche Themen das Publikum besonders achtet und was es darüber denkt (Kapitel 3).

In einer Demokratie soll der Journalismus als *Moderator* des öffentlichen Diskurses fungieren. Er soll zwar auch seine Meinung vertreten, aber mindestens ebenso wichtig ist es, dass er Streitgespräche organisiert und dabei für eine Vielfalt der Teilnehmer, einen zivilisierten Umgang und ein rationales Abwägen der Argumente sorgt. Das ist eine Aufgabe, die im Internet an Bedeutung gewinnt, da dort prinzipiell jeder mitdiskutieren kann. Das wissenschaftliche Verständnis von Journalismus lässt sich in sieben Punkten zusammenfassen:

- Die Funktion des Journalismus ist die *Selbstbeobachtung* der Gesellschaft. Dabei ist er zugleich Frühwarnsystem, Taktgeber, Agenda-Setter und Moderator. Wie er seine Funktion erfüllen kann, wird in der Qualitätsforschung konkretisiert (Kapitel 5).
- Seine Themenauswahl orientiert sich an *Aktualität* (Themen, die für viele gegenwärtig relevant sind) und *Universalität* (breites Themenspektrum).
- Seine Kommunikation kennzeichnen *Publizität* (Öffentlichmachen) und *Kontinuität* (fortlaufende Berichterstattung).
- Mit *Objektivität* (oder Faktizität) ist gemeint, dass der Journalismus einen Realitätsbezug herstellt – er will nichts Erfundenes, Fiktionales darstellen. Er befasst sich mit Ereignissen, die sich tatsächlich zugetragen haben, und er bemüht sich, sie den Tatsachen entsprechend darzustellen. Dabei sind Journalisten oft nicht selbst Augenzeuge, sondern müssen sich ihrerseits auf Quellen verlassen. Objektivität ist zumindest der Anspruch des Journalismus. Ob er ihm gerecht wird, steht auf einem anderen Blatt und wird später diskutiert (Kapitel 6).
- *Autonomie* bedeutet, dass der Journalismus möglichst weitgehend von politischen, ökonomischen und anderen Zwängen befreit sein muss, wenn er seine Funktion erfüllen soll (Kapitel 4). Wie ist das gemeint? Einerseits ist er auf die Politik (Schutz der Medienfreiheit) und die Wirtschaft (Finanzierung der Redaktionen) angewiesen. Andererseits drohen ihm aber gerade aus diesen Bereichen stets auch Einschränkungen seiner Autonomie, die zu einer verzerrten Berichterstattung führen können. Beispiele sind der Druck von Werbekunden und das Streben nach Massenattraktivität (Wirtschaft) sowie Zensur und andere Formen der Kontrolle (Politik). Die im Grundgesetz festgeschriebene Medienfreiheit gibt dem Journalismus in Deutschland rechtlich einen weiten Spielraum.

Zusammengefasst lautet dann die *Definition*: Der Journalismus ist ein gesellschaftliches Teilsystem mit der Funktion der Selbstbeobachtung der Gesellschaft. Dafür stellt er Öffentlichkeit her, indem er Themen aktuell und universell auswählt, objektiv über sie berichtet, Beiträge veröffentlicht und kontinuierlich mit Hilfe von Massenmedien an das Publikum verbreitet. Autonomie ist eine notwendige Voraussetzung für die Erfüllung dieser Funktion.

Unterschiede zwischen Praxis- und Wissenschaftsverständnis

Was unterscheidet diese wissenschaftliche Definition von der Definition des *DJV*? Der *DJV* betont die *berufliche* Ausübung des Journalismus. Inzwischen kann man sich trefflich darüber streiten, ob das Merkmal „Beruf" noch eine notwendige Voraussetzung für den Journalismus ist. Längst wird darüber diskutiert, ob Amateure im Internet (Bürgerjournalismus) Ähnliches leisten wie die Profis. Suchhilfen wie *Google News* erheben zumindest den Anspruch, dass sie die journalistische Selektion simulieren können. Wenn dies jeweils zutrifft, dann müsste die Definition auch Amateure und Algorithmen berücksichtigen. Dies würde der *DJV* allerdings nicht gerne hören, weil er die Interessen der Berufsjournalisten vertritt, etwa in Tarifverhandlungen. Ebenso fraglich ist es, ob eine *Redaktion* als zentraler Ort der Nachrichtenproduktion, in der man Mitglied sein muss, noch notwendig ist, wenn Bürgerjournalisten ihre Arbeit auch über das Internet koordinieren können.

Noch ein Unterschied zum Berufsbild des *DJV* fällt auf: Der Journalistenverband rechnet auch die Öffentlichkeitsarbeit und innerbetriebliche Information zum Journalismus. Er nimmt also auch z. B. den Pressesprecher eines Unternehmens und den Redakteur der Mitarbeiterzeitschrift als Mitglied auf. Dagegen wird der Journalismus in der Wissenschaft klar von der *Öffentlichkeitsarbeit (Public Relations)* und auch von der *Werbung* abgegrenzt. Beide Bereiche trennt ein fundamentaler Unterschied: Der Journalismus orientiert sich am Publikum und an den Erwartungen der Gesellschaft. Dagegen orientieren sich PR- und Werbe-Leute an den partikularen Interessen ihrer Auftraggeber. Sie wollen z. B. das Image ihres Unternehmens verbessern, den Verkauf eines Produkts ankurbeln oder Wählerstimmen für einen Politiker gewinnen. Während die Werbung den Medienzugang erkauft

(Anzeigenfläche, Sendezeit für Werbespots) und als Werbung in der Regel auch für die Umworbenen erkennbar ist, verkleidet sich die PR: Sie gelangt über den Journalismus in die Medien, weil Redaktionen auf die Informationen von Unternehmen, Verbänden, Parteien und anderen Organisationen angewiesen sind. Dabei laufen sie Gefahr, die einseitige Haltung der Auftragskommunikation zu übernehmen, wenn z. B. nicht genügend Zeit bleibt, das Eigenlob in einer Pressemitteilung zu prüfen und durch kritische Hinweise anzureichern. Die beschönigende Selbstdarstellung einer Organisation wird dann unter der Hand zur journalistischen Fremddarstellung, die von der hohen Glaubwürdigkeit des Journalismus profitiert. Deshalb hat der Journalismus ein ambivalentes Verhältnis zu Public Relations und Werbung: Einerseits ist er auf sie als Informations- und Erlösquelle angewiesen, andererseits begibt er sich aber in eine Abhängigkeit, die seine Qualität beeinträchtigen kann. Diese Frage wird in Kapitel 4 weiter diskutiert.

Strukturen und Arbeitsplätze im Journalismus

Ein dritter Unterschied ist schließlich der Umfang: Während sich die wissenschaftliche Definition in wenigen Zeilen mit den zentralen Merkmalen begnügt, liefert der *DJV* mit seinem Berufsbild eine differenzierte Beschreibung des Berufsfelds. Diese besonderen *Ausprägungen des Journalismus* sind auch Gegenstand wissenschaftlicher Analysen. Unterscheiden lassen sich die folgenden Strukturen:

⊃ *Medien:* Für welches Medium Journalisten berichten, ist eine erste wichtige Unterscheidung. Ob sie sich nur mit Text und Bild wie in der Presse oder auch mit Ton und Bewegtbild wie im Rundfunk ausdrücken können, beeinflusst nicht nur die Gestaltung der Angebote, sondern auch den Nutzen und die Wirkungen auf der Seite des Publikums. So kann das Fernsehen einen authentischen Eindruck von Ereignissen und Personen vermitteln. Es ist deshalb auch besser als die Tageszeitung zur Unterhaltung geeignet. Immer häufiger kommt es indes vor, dass Redaktionen nicht nur für ein Medium, sondern für mehrere Medien produzieren. Oft wird das Internet als neuer Verbreitungsweg neben einem traditionellen Medium mitbedient (Kapitel 8). Medien lassen sich nicht nur nach der Technik unterscheiden, sondern auch nach rechtlichen und ökonomischen Gesichtspunkten: Die Presse und der private Rundfunk arbeiten unter Marktbedingungen. Dagegen wird der auf das Gemeinwohl verpflichtete öffentlich-rechtliche Rundfunk weitgehend durch Gebühren finanziert, die alle Rundfunknutzer entrichten müssen.

- *Sparten und Ressorts:* Der Journalismus lässt sich weiterhin nach dem „Wirklichkeitsausschnitt" differenzieren, dem sich Journalisten widmen. Diese Unterscheidung spielt sowohl in der Gliederung der Angebote (Sparten) als auch bei der Unterteilung der Redaktionen (Ressorts) eine Rolle. Die klassischen Ressorts sind Politik, Wirtschaft, Kultur, Sport und Vermischtes. Außerdem gibt es mit dem Lokalen und Regionalen räumlich abgegrenzte Berichterstattungsgebiete. Um die immer spezielleren Interessen des Publikums abzudecken, kommen weitere Lebensbereiche (Bildung, Wissenschaft, Gesundheit etc.) und Zielgruppen (Frauen, Männer, Jugendliche, Kinder) hinzu, über und für die zwar nicht täglich, aber regelmäßig berichtet wird.
- *Berichterstattungsmuster:* Auch die „Wirklichkeitsperspektive" kann sich unterscheiden. Am weitesten verbreitet ist der Nachrichtenjournalismus, der sich an Regeln wie Objektivität, Neutralität, Sachlichkeit und Schnelligkeit orientiert. Der Boulevardjournalismus beispielsweise der *Bild-Zeitung* hebt das Emotionale hervor. Der Ratgeberjournalismus zeigt dem Rezipienten, ob er von einem Problem betroffen ist und wie er damit umgehen kann. Der investigative Journalismus deckt gegen den Widerstand der Mächtigen Skandalöses auf.
- *Arbeitsrollen:* Oft sind Journalisten auf einzelne Aufgaben im redaktionellen Produktionsprozess spezialisiert: Reporter und Korrespondenten sammeln Informationen und berichten vom Ort des Geschehens. Redakteure wählen die Themen aus, beauftragen Mitarbeiter und sorgen für das Gesamtprodukt. Präsentatoren und Moderatoren sitzen am Mikrofon oder stehen im Fernsehstudio.
- *Arbeitsverhältnis:* Journalisten können angestellt oder freiberuflich tätig sein, wobei es hier viele Zwischenformen gibt.

Wie verteilen sich die Journalistinnen und Journalisten auf die einzelnen Bereiche? Den besten Überblick über den Journalismus in Deutschland geben die Ergebnisse einer repräsentativen Befragung von 1.536 Berufsvertretern aus dem Jahr 2005, die Siegfried Weischenberg, Maja Malik und Armin Scholl (2006) durchgeführt haben. Sie bezifferten die Zahl der hauptberuflichen Journalistinnen und Journalisten mit 48.000. Damit war ihre Zahl – wider Erwarten – gegenüber der Vorläuferstudie aus dem Jahr 1993 um 6.000 gesunken. Dieser Verlust ging alleine auf das Konto der freiberuflichen Journalisten: Sie stellen nur noch ein Viertel (12.000) der Berufsvertreter. Hier, so vermutet das Forscherteam, arbeiten inzwischen viele Personen berufsübergreifend, also z. B. in Journalismus und Public Relations. Deshalb fielen sie durch das Sieb der Befragung. Die meisten Journalisten schreiben für Zeitungen (17.000) und Zeitschriften (9.000). Radio (8.000) und Fernsehen (7.000) folgen danach als Arbeitgeber. Das stärkste Ressort ist „Lokales/Regionales" (26 Prozent); danach folgen „Politik und Aktuelles" (15 Prozent). Dies sind – wie gesagt – Zahlen für das Jahr 2005. Neuere Zahlen liegen derzeit nicht vor, sie dürften sich mittlerweile geändert haben.

Sichtweisen der Praxis

Ein Tag, viele Arbeitsplätze

Begriffe und Zahlen – aber was steckt dahinter? Wer sind die Menschen, die im Journalismus tätig sind? Welche Anforderungen stellen sich ihnen? Welche Fähigkeiten bringen sie mit, um diesen Anforderungen gerecht zu werden? In Redaktionen wird rund um die Uhr gearbeitet. Wir schauen einen Tag lang Journalistinnen und Journalisten über die Schulter:

Hörfunk-Nachrichtenredakteurin

Mitternacht. Es ist still im Funkhaus. Tagsüber arbeiten hier mehrere hundert Menschen, jetzt ist es gerade einmal eine Hand voll. Der Pförtner, der Nachrichtensprecher, der Techniker im Schaltraum. Und zwei Redakteurinnen im Großraumbüro in der zweiten Etage. Eine von ihnen ist Susanne Hirte, die gerade ihren Rechner hochfährt. Auf ihrem Schreibtisch steht ein altmodischer Weltempfänger, den sie eingeschaltet hat, um die Nachrichten zu hören. *„Deutschlandfunk.* Mittwoch, 25.

Sichtweisen der Praxis 33

Januar, Null Uhr. „Die Nachrichten", so meldet sich der Sprecher gerade zu Wort. Dann liest er die Meldungen vor. Fünf an der Zahl, dazu die Wettervorhersage für den neuen Tag. Diese Nachrichten hat der Kollege geschrieben, den Susanne Hirte gerade abgelöst hat. Für alle folgenden Nachrichtensendungen bis sechs Uhr morgens ist sie jetzt zuständig. Sie ist die „Dienstleiterin Nachrichten", so heißt die Funktion, die sie während dieser Nachtschicht übernimmt. Ihre Kollegin sitzt am Schreibtisch am anderen Ende des Raums. Sie kümmert sich um all jene Sendungen, für die die Nachrichtenredaktion zusätzlich verantwortlich ist. Vor allem um die Presseschauen, in denen Kommentare deutscher und ausländischer Zeitungen zusammengefasst werden.

Tag für Tag wertet die Nachrichtenredaktion etwa 8000 Agenturmeldungen aus. Jetzt, in den Nachtstunden, ebbt der Strom der Neuigkeiten aus aller Welt deutlich ab. Etwa 500 Meldungen laufen zwischen Mitternacht und sechs Uhr früh über Susanne Hirtes Bildschirm. Sie sind nicht die einzige Quelle für die Nachrichten, die die Dienstleiterin in dieser Nacht schreibt. Zwei Stunden nach ihrem Dienstbeginn hält der US-Präsident in Washington eine wichtige Rede, die auch die Menschen hierzulande interessiert. Susanne Hirte wartet nicht, bis die ersten Agenturmeldungen eintreffen. Sie verfolgt live bei *CNN*, was der Präsident sagt, und formuliert eine Meldung. Genauso wie über den Handel an der Börse in Tokio, der auf Hochtouren läuft. Als Dienstleiterin muss Susanne Hirte nicht nur stilsicher Nachrichten formulieren können. Sie muss vor allem die aktuelle Nachrichtenlage beurteilen: In der Wirtschaft oder im Sport – vor allem aber in der Politik: Die Grundlinien großer politischer Entwicklungen und Konflikte überall auf der Welt sind ihr geläufig. Sie muss in Sekundenschnelle entscheiden, welche Ereignisse als Nachrichten über den Sender laufen werden – und welche nicht. Sie muss wissen, welche Sportereignisse so bedeutsam sind, dass sie in die *Deutschlandfunk*-Nachrichten gehören. Und sie kennt sich auch in der Wirtschaft aus. Kurzum: „Dienstleiter Nachrichten" – das ist ein Job für erfahrene Journalisten.

Hörfunk-Korrespondentin

Vier Uhr 15. Der Nachrichtenredakteur beim *NDR* greift zum Telefon. Kurz darauf klingelt das Handy in Sabina Matthays Tasche. Sie will gerade frühstücken. In Neu Delhi, wo sie als Korrespondentin für den ARD-Hörfunk arbeitet, ist es jetzt Viertel vor acht. Ihr Berichtsgebiet umfasst acht Länder und erstreckt sich von der iranisch-afghanischen Grenze bis nach Bangladesh. Mehr als 1,5 Milliarden Menschen, hunderte von Sprachen. Ihr wichtigstes Thema allerdings ist ein Krieg in ihrem Berichtsgebiet. Und der ist auch der Grund für den Anruf. In Kabul ist gerade ein Bombenanschlag verübt worden. Die Nachrichtenagenturen, deren Korrespondenten in der afghanischen Hauptstadt arbeiten, berichten darüber. Der Redakteur in Hamburg hat die Meldungen gelesen und alarmiert Sabina Matthay. Jetzt beginnt für sie ein Rennen gegen die Uhr. In 45 Minuten beginnen bei einigen Sendern der ARD bereits die Frühsendungen. Bis dahin muss sie ihren ersten Beitrag überspielt haben: In einer so genannten Nachrichtenminute muss sie die wichtigsten Fakten zusammenfassen. Per Skype kontaktiert sie ihren „Stringer" in Kabul. Das ist ein junger afghanischer Journalist, der Sabina Matthay zuverlässig und regelmäßig mit Nachrichten aus dem Land versorgt und ihr zuarbeitet, sobald sie ihn anruft. Sie kann sich auf ihn verlassen. Mit seiner Hilfe trägt sie in Windeseile alle verfügbaren Details zusammen. Wann hat sich die Explosion ereignet? Wo? Wie viele Opfer? Was ist über den oder die Täter bekannt? Sabina Matthay braucht 30 Minuten. Dann ist ihr Beitrag nach Deutschland überspielt, gerade noch rechtzeitig zum Beginn der Frühsendungen.

Doch Sabina Matthay ist gedanklich schon bei der nächsten Deadline. Sie muss jetzt einen längeren Beitrag mit Original-Tönen liefern. Der Stringer ist mit einem Aufnahmegerät an den Anschlagsort gefahren und hat Reaktionen von Augenzeugen eingefangen, Polizisten und einen Sprecher des Militärs befragt. Keine Stunde später ist das Material nach Neu Delhi überspielt, wo Sabina Matthay dann ihren Beitrag mit O-Tönen produziert. Als der nach Deutschland überspielt ist, hat sie endlich Zeit für eine Tasse Tee – die erste an diesem Tag.

Sabina Matthay hat es schon immer in die Ferne gezogen. Studiert hat sie in England und Italien. Danach hat sie bei der BBC gearbeitet, später dann als ARD-Korrespondentin in London. Gleichzeitig hat sie sich immer für die Länder des Nahen und Mittleren Ostens interessiert. Und sie hat mehrere Fremdsprachen gelernt, sogar das afghanische Persisch. Das hilft ihr derzeit enorm, denn alle sechs Wochen bereist die deutsche Korrespondentin Afghanistan für zehn bis 14 Tage. Da-

Sichtweisen der Praxis 35

neben versucht sie, die übrigen sieben Länder ihres Berichtsgebietes nicht aus dem Blick zu verlieren. Phasenweise führt sie deshalb ein Leben aus dem Koffer.

Freie Journalistin

Sechs Uhr. Melanie Longerich hat sich einen Kaffee gemacht und setzt sich im Arbeitszimmer ihrer Wohnung vor den Bildschirm. Nachdem Sie den Rechner hochgefahren hat, besucht sie die Online-Angebote der wichtigsten deutschen Zeitungen – immer auf der Suche nach Kommentaren, die ganz Europa interessieren könnten. *Eurotopics*, so heißt die werktägliche europäische Presseschau, die das Netzwerk für Osteuropa-Berichterstattung, kurz *n-ost*, im Auftrag der *Bundeszentrale für politische Bildung* betreut. Jeden Morgen werten Melanie Longerich und ihre europäischen Kollegen die Kommentarspalten von insgesamt 300 Zeitungen aus 28 Ländern aus. In jedem der Länder hat *n-ost* einen Korrespondenten mit dieser Aufgabe betraut. Melanie Longerich ist für die deutschen Zeitungen zuständig. Kommentare lesen, bewerten und in Auszügen zu einem Text von maximal 1.000 Zeichen zusammenstellen, das ist der Job, den sie innerhalb der kommenden zwei Stunden erledigen muss. Danach macht sie sich auf in ihr Büro in der Kölner Südstadt. Sieben Journalisten teilen sich hier eine Büroetage in einem Hinterhof. Sie alle arbeiten vor allem für den Hörfunk – mit unterschiedlichen Themenschwerpunkten: Bildung, Wissenschaft, Politik oder Kultur. Melanie Longerichs Hauptabnehmer ist die Redaktion Innenpolitik beim *Deutschlandfunk*. Dabei hat die Kölnerin viele Jahre vor allem für Tageszeitungen gearbeitet, bei einer auch volontiert. Doch die Krise der Tageszeitungen traf viele freie Printjournalisten. Auch Melanie Longerich. Deshalb entschied sie sich dafür, das Medium zu wechseln – und arbeitet heute für verschiedene politische Hörfunksendungen. Nichtwähler in sozialen Brennpunkten, der Alltag von Hartz IV-Empfängern oder der Wegfall der Studiengebühren in NRW: Ihr Themenspektrum ist groß. Den Rest dieses Vormittags hat sie sich dafür reserviert, eine Buchrezension zu schreiben. Am Nachmittag wird sie dann ins Funkhaus radeln, um den Beitrag dort zu produzieren. Eine gute Gelegenheit, wieder einmal persönlich in der Redaktion vorbeizuschauen. Kontakte gehören zum wichtigsten Kapital freier

Journalisten. Anschließend geht sie noch auf Themensuche: Für den Abend hat sie sich deshalb mit einem Kölner Landtagsabgeordneten verabredet. Sie will hören, welche politischen Initiativen seine Fraktion gerade plant. Es wird also ein langer Arbeitstag.

Hörfunk-Moderator

Zehn Uhr. Jasper Barenberg stürmt in den Newsroom des *Deutschlandfunks*. In der täglichen Redakteurskonferenz hat er gerade die Themen vorgestellt, die in der Mittagssendung laufen werden: viel Politik und Zeitgeschehen, ein wenig Sport. Insgesamt zehn Beiträge und zwei Interviews. Zwei Stunden und zehn Minuten sind es noch bis zum Beginn der Sendung, die von drei Redakteuren vorbereitet wird. Einer kümmert sich um die Beiträge: Er telefoniert mit Korrespondenten, überprüft deren Berichte, sobald sie nach Köln überspielt sind, und organisiert die Gesprächspartner, die in der Sendung befragt werden sollen. Sein Kollege übernimmt die Ablaufregie der Sendung. Dafür bereitet er den sogenannten „Schedorg" vor, den „Schedule Organizer", ein Computerprogramm, mit dem der Ablauf der Sendung gesteuert wird. Jasper Barenberg wird die Sendung moderieren. Er blickt auf die Uhr. Stress. Er muss die Moderationstexte für zehn Themen ausarbeiten, sich dann noch auf zwei Interviews vorbereiten. Dafür liest er sich innerhalb kürzester Zeit in die Agenturlage ein und recherchiert im digitalen Zeitungsarchiv. Und er kann sich stets mit einem kurzen Anruf auf die Expertise aller Fachredaktionen im Funkhaus stützen. Kurz vor Beginn der Sendung geht er die zwanzig Schritte ins Studio, nimmt vor dem Mikrophon Platz und setzt sich die Kopfhörer auf. Das Rotlicht geht an. Auch wenn die vergangenen zwei Stunden noch so hektisch waren: Von diesem Moment an wird Jasper Barenberg Ruhe ausstrahlen. Hochkonzentriert führt er die Hörer durch die Sendung – immer zugewandt und kompetent. Das darf sich auch nicht ändern, wenn der geplante Sendungsablauf platzt, weil etwa ein aktueller Korrespondentenbeitrag noch mitgenommen werden muss oder ein Interviewpartner nicht – wie verabredet – zum besprochenen Zeitpunkt ans Telefon geht. Jasper Barenberg hält sich an die Grundregel für jeden Moderator: Was auch vor der Studiotür passiert, er darf sich von der Hektik nicht anstecken lassen. Dafür braucht man die Routine vieler Sendungen, Sprachgewandtheit – und gute Nerven.

Freier TV-Produzent und -Autor

14 Uhr. Ein Redaktionsbüro beim privaten Fernsehsender *Vox* im Kölner Norden. Fünf Journalisten haben sich vor einem Fernsehgerät versammelt. Ein sechster steht neben dem Gerät und hält einige Zettel in der Hand. Die fünf Journalisten vor dem Fernseher, das sind die Redakteure, die das wöchentliche Magazin *Auto Mobil* betreuen. Der Mann neben dem Bildschirm heißt Paul Reifferscheid. Er ist freier Produzent und Autor. Seit Jahren arbeitet er für diese Redaktion. Die Festen und der Freie schätzen einander – keine Selbstverständlichkeit in Zeiten, in denen Redaktionen über Arbeitsverdichtung und Autoren über Honorarkürzungen klagen. Auf dem Bildschirm läuft Paul Reifferscheids noch unvertonter Bericht für die nächste Sendung. Auf den Zetteln steht der Text, den er dazu geschrieben hat. Laut liest er vor. Die Redakteure schauen konzentriert auf den Bildschirm: Filmabnahme. Kritische Blicke, danach detaillierte Diskussionen über das Bildmaterial, über den Schnitt, den Text. Im Beitrag geht es um das mit 1,6 Kilometern längste Parkhaus Europas. Der Kern der Story: Das Parkhaus ist zur Rennstrecke für Raser geworden. Deshalb hat der Parkhausbetreiber ein Radargerät angeschafft. Mit seinem Kamerateam hat Paul Reifferscheid einen halben Tag in dem unterirdischen Labyrinth zugebracht, anschließend einen Tag lang im Schnitt gesessen. Jetzt muss er sich der Abnahme stellen. Von Anfang an hatte der erfahrene Fernsehjournalist dabei ein ungutes Gefühl. Denn er kennt die Schwachstelle seines Beitrags. Es ist ein Bericht über Raser im Parkhaus – aber leider ohne Raser. Denn während der halbtägigen Dreharbeiten war es seinem Team in dem riesigen Parkhaus nicht gelungen, einen rasenden Autofahrer auf frischer Tat zu ertappen. Berufspech eines Journalisten, der neben der Nachricht eben auch noch das perfekte Bild verkaufen muss. So gut die Bilder auch gedreht und montiert sind: Die Schwäche des Films fällt natürlich auch den Redakteuren auf. Es hilft alles nichts: Paul Reifferscheid muss nochmals raus zum Dreh.

Rein ökonomisch betrachtet ist das für ihn ein Desaster – denn für den Beitrag erhält Paul Reifferscheid lediglich ein zuvor festgelegtes Pauschalhonorar. Als freier Produzent muss er nun noch einmal Kameramann und Tontechniker für eine Tagespauschale engagieren. Auch der Schnittplatz für einen weiteren halben Tag ist nicht billig. Allzu oft kann sich ein freier Produzent so etwas nicht leisten. Schon gar nicht in Zeiten, in denen die Honorare für Beiträge kontinuierlich gekürzt werden.

Etliche Kollegen von Paul Reifferscheid haben in dieser Situation längst Skrupel und journalistische Standards über Bord geworfen. Wenn sie Bilder von einem Raser in einem Parkhaus bräuchten, dann würden sie eben in ihr Auto steigen, Vollgas geben und den Kameramann drehen lassen. Doch diese Arbeitsweise entspricht nicht Paul Reifferscheids journalistischem Selbstverständnis. Er will die Wirklichkeit nicht inszenieren, sondern abbilden. So sehr ihn seine Einstellung ehrt – das Überleben seiner Ein-Mann-Firma sichert sie nicht. Was also tun? Paul Reifferscheid wagt den Kompromiss und hilft dem Zufall auf die Sprünge: Mit seinem eigenen Auto fährt er genau so schnell durch das Parkhaus, wie es erlaubt ist, mit exakt zehn Stundenkilometern. Nach ein paar Minuten hat er einen wild hupenden Drängler hinter sich, der schließlich an einer Fahrbahnverbreiterung mit quietschenden Reifen an Paul Reifferscheids Auto vorbeischießt – exakt an der Stelle, wo er die Kamera postiert hat. Ist so ein Vorgehen noch zu vereinbaren mit den journalistischen Standards, die Paul Reifferscheid lange vor der Einführung des Privatfernsehens in Deutschland gelernt hat? Hat er Realität inszeniert? Oder hat er sie dokumentiert? Fragen, die ihn beschäftigen. Die Abnahme des Fernsehberichts ist jetzt kein Problem mehr.

Online-Redakteur

18 Uhr. Ein schwerer Verkehrsunfall auf dem Kölner Autobahnring. Der Polizeireporter des *Kölner Stadtanzeigers* ist bereits unterwegs. Im Gepäck hat er das übliche Reporterwerkzeug: Stift, Block, Fotoapparat. Und neuerdings auch eine kleine Videokamera. Seinen Kollegen Tobias Kaufmann hat er bereits telefonisch über seinen Einsatz informiert. Kaufmann ist CvD – Chef vom Dienst – beim Onlineportal des *Stadtanzeigers*, kurz: ksta.de. Sein Arbeitsplatz ist der Newsroom im Verlagshaus des *Stadtanzeigers*, ein Großraumbüro im dritten Stock. Den Raum dominiert ein langer Tisch, an dem sich die Redakteure gegenübersitzen. An dem einen Kopfende hängen 22 große Bildschirme. Auf ihnen können die Redakteure verfolgen, wie die wichtigsten Zeitungsseiten des nächsten Tages entstehen. Ganz vorn vor den Bildschirmen sitzt Tobias Kaufmann. Als CvD steuert er die redaktionelle Arbeit am Online-Angebot des *Stadtanzeigers*. Bei ihm kommen alle Informationen an – auch die des Polizeireporters, der gerade am Unfallort eingetroffen ist und sich einen Überblick über

die Lage verschafft. Seine Meldung wird Tobias Kaufmann mit einem kleinen Videoclip von der Unfallstelle kombinieren, den der Reporter vor Ort drehen wird. Außerdem hat er entschieden, dass die Berichterstattung über den Unfall, der zwei Menschen das Leben gekostet hat, herausgehoben im Online-Angebot präsentiert wird: im sogenannten Projektor. Das ist die oberste Leiste des Nachrichtenportals, in der die vier wichtigsten Nachrichten präsentiert werden, um den Nutzern einen schnellen Überblick über die aktuelle Nachrichtenlage zu geben.

Als CvD hat Tobias Kaufmann ein sicheres Gespür dafür, mit welchem Medium sich ein Thema besonders gut darstellen lässt: Der Videoclip von der Unfallstelle auf der Autobahn zeigt Polizei und Rettungskräfte bei der Arbeit. Außerdem ist zu sehen, wie viele Fahrzeuge in den Zusammenstoß verwickelt waren. Schwere Unfälle auf dem Autobahnring rund um Köln sind leider fast an der Tagesordnung, dass sie den Verkehr kollabieren lassen, ist keine Seltenheit. Alltag für viele Nutzer des Online-Angebots des *Kölner Stadtanzeigers*. Deshalb entscheidet Tobias Kaufmann, zusätzlich zum Bericht und zum Video vom betreuenden Redakteur eine Bildergalerie erstellen zu lassen. Thema: die schwersten Unfälle der letzten Jahre auf dem Autobahnring.

Doch damit ist das Repertoire der unterschiedlichen Medien, die Tobias Kaufmann einsetzen kann, um die Nutzer des Online-Angebots auf den Seiten zu halten, noch nicht ausgeschöpft. Er kann zum Beispiel auf sogenannte Flash-Graphiken zurückgreifen, die Nachrichtenagenturen anbieten. Klickt der Leser bestimmte Stellen einer solchen Graphik an, bekommt er zusätzliche, vertiefende Informationen geliefert. Außerdem hat Kaufmanns Redaktion Zugriff auf kurze Videos über das globale Nachrichtengeschehen, die von der Online-Marketinggesellschaft der deutschen Zeitungsverlage, kurz *OMS*, angeboten werden. So ist der jüngste Tornado auf Jamaika ebenso auf *ksta.de* zu sehen wie die Tagung des Volkskongresses in Peking.

Tobias Kaufmann kennt das Zeitungsgeschäft, obwohl er seine Karriere beim Fernsehen gestartet hatte. Diese Erfahrung kommt ihm heute zugute. Denn als Online-Chef muss er das Handwerk beider Medien beherrschen. Genauso wie die Regeln, die für seine Online-Redaktion gelten. Die wichtigste davon lautet: „Online first!" Was der Leser der Druckausgabe des *Kölner Stadtanzeigers* morgens liest, ist für den Leser der Online-Ausgabe zum Teil bereits kalter Kaffee. Er hat diese Informationen schon am Vortag bekommen. Das Online-Angebot ist der Printausgabe also fast immer einen Schritt voraus.

Tageszeitungs-Redakteur

22 Uhr. Um Björn Schmidt ist es in den vergangenen zweieinhalb Stunden einsam geworden. Um 19.30 Uhr ist der Druck für die Postausgabe des *Kölner Stadtanzeigers* angelaufen. Das ist die Ausgabe, die den weitesten Weg zum Leser am nächsten Tag zurückzulegen hat. Dorthin, wo die Austräger des *Stadtanzeigers* nicht mehr unterwegs sind. Das Blatt wird stattdessen vom Briefträger geliefert. Alle späteren Ausgaben des *Stadtanzeigers* basieren auf der Postausgabe. Allerdings wird das Fußballspiel am Abend noch mit aufgenommen, genauso wie das Ergebnis der *SPD*-Klausursitzung in Berlin, die bis 21 Uhr dauert. Dafür ist aber keine Redaktion in voller Besetzung mehr nötig. Ein Redakteur nach dem anderen hat sich deshalb in den letzten zweieinhalb Stunden in den Feierabend verabschiedet. Björn Schmidt trägt nun die alleinige Verantwortung für etwaige Aktualisierungen des Blattes bis zum letzten Andrucktermin. Den großen Newsroom teilt er sich jetzt nur noch mit zwei Kollegen. Der eine hat den Spätdienst bei *ksta.de*, der andere steuert die Produktion der Druckausgabe. Er achtet darauf, dass alle Änderungen, die Björn Schmidt an der Zeitung vornimmt, auch an der richtigen Stelle in der Druckerei ankommen.

Bei Dienstbeginn hat sich Schmidt auf den aktuellen Stand bringen lassen. Vor den 22 Bildschirmen im Newsroom hat er sich erklären lassen, was die Aufmacher des nächsten Tages sind, welche Geschichte auf welcher Seite läuft. Vor allem aber haben die Kollegen Björn Schmidt erklärt, welcher Artikel im Zweifel verzichtbar ist, welcher Dreispalter durch eine kurze Meldung ersetzt werden kann, wenn er unbedingt Platz schaffen muss für etwas Aktuelles. Und das kommt nicht so selten vor. Der überraschende Rücktritt eines Politikers, ein großes Unglück, ein wichtiges Sportereignis, aber auch die Premierenkritik einer bedeutenden Neuinszenierung: All das soll der Leser erfahren, wenn er am nächsten Morgen die Zeitung aus dem Briefkasten zieht. Bis Mitternacht kann Björn Schmidt das Blatt noch aktualisieren,

Sichtweisen der Praxis 41

dann ist Redaktionsschluss. Was auch immer jetzt noch in der Welt geschieht: In der Ausgabe des neuen Tages wird sich davon nichts finden. Aber zum Glück gibt es ja das Radio. Sieben Kilometer Luftlinie vom Verlagshaus des *Kölner Stadtanzeigers* entfernt hat sich Susanne Hirte gerade den ersten Kaffee eingeschenkt. Ihre Nachtschicht in der Nachrichtenredaktion des *Deutschlandfunks* beginnt.

Zusammenfassung

Der Journalismus ist ein heterogenes Berufsfeld. Für seine Bestimmung zählt der *Deutsche Journalisten-Verband* u. a. Tätigkeiten, Arbeitsfelder und rechtlich zugeschriebene Aufgaben auf. Abstrakter setzen wissenschaftliche Definitionen an. Aus der Sicht der Systemtheorie ist der Journalismus ein gesellschaftliches Teilsystem mit der Funktion der Selbstbeobachtung der Gesellschaft. Dafür stellt er Öffentlichkeit her, indem er Themen aktuell und universell auswählt, objektiv über sie berichtet, Beiträge veröffentlicht und kontinuierlich an das Publikum mit Hilfe von Massenmedien verbreitet. Autonomie ist eine notwendige Voraussetzung für die Erfüllung dieser Funktion. Der Journalismus lässt sich nach Sparten und Ressorts, Medien, Berichterstattungsmustern, Arbeitsrollen und -verhältnissen differenzieren.

Literaturempfehlungen

Deutscher Journalisten-Verband (DJV) (2008): Berufsbild Journalistin – Journalist. Stand: April 2008. Berlin: DJV.
http://www.djv.de/fileadmin/user_upload/Infos_PDFs/Flyer_Broschuren/Berufsbild_Journalistin_Journalist.pdf (28.08.2012).
Meier, Klaus (2011): Journalistik. 2., überarbeitete Auflage, Konstanz: UVK/UTB.
Weischenberg, Siegfried/Malik, Maja/Scholl, Armin (2006): Die Souffleure der Mediengesellschaft. Report über die Journalisten in Deutschland. Konstanz: UVK.

Kapitel 2:
Darstellungsformen –
Wie bringen Journalisten ihre Texte in Form?

Um 11.45 Uhr wird es eng in Jasper Barenbergs kleinem Büro im *Deutschlandfunk*, wo sich eine Gruppe Redakteure trifft. Es geht um die Frühsendung des kommenden Tages, die Jasper Barenberg moderieren wird. Aufgabe der Runde ist es, die Themen der Frühsendung des kommenden Tages zu definieren und sie innerhalb der vierstündigen Sendung zu platzieren.

Im Sendungsraster sind bestimmte Sendeplätze für bestimmte Darstellungsformen reserviert. So lässt sich einerseits ein abwechslungsreicher Sendungsablauf sicherstellen, und andererseits betont die herausgehobene Funktion einer bestimmten Form, nämlich des Live-Interviews, mit welchem Alleinstellungsmerkmal der Sender in den Wettbewerb mit anderen Magazinsendungen zieht. Ziel dieser Interviews ist es, bereits frühmorgens die Meinungen hochkarätiger Gesprächspartner einzufangen. Meistens sind dies Politiker, häufig aber auch andere Meinungsträger, die im gesellschaftlichen Diskurs von Bedeutung sind, z. B. der Geschäftsführer eines Wirtschaftsverbandes, ein Gewerkschaftschef oder ein Vertreter der Kirchen. Sie sollen mit ihren Interviewäußerungen eine aktuelle Debatte befeuern – und sicherstellen, dass der *Deutschlandfunk* Themen setzt, die andere Medien dann aufgreifen. Für diese Interviews sind deshalb drei herausgehobene Sendeplätze während der „Prime Time" reserviert: um 6.50 Uhr, 7.15 Uhr und 8.10 Uhr.

Der Sendeplatz morgens um 7.40 Uhr ist einem Gespräch mit einem Korrespondenten vorbehalten. Er soll im Dialog mit dem Moderator komplizierte Sachverhalte erklären und deuten: Gibt es eine Wende im außenpolitischen Kurs der Türkei? Hat der Ministerpräsident eines Bundeslandes Chancen, die parteiinterne Revolte unbeschadet zu überstehen? Und um 7.50 Uhr ist der Sendeplatz für eine Reportage reserviert. Diese unterschiedlichen Darstellungsformen bilden – gemeinsam mit den Berichten der Korrespondenten, den Presseschauen und den Nachrichten im Halbstunden-Rhythmus – das Programm des *Deutschlandfunks* zwischen fünf und neun Uhr morgens. Welches Thema? An welcher Stelle? In welcher Darstellungsform? Drei Fragen, die fünfmal wöchentlich um 11.45 Uhr in einem Büro des *Deutschlandfunks* beraten werden.

Die Darstellungsformen sind jener Bereich des Journalismus, über den man sich in der Praxis am meisten Gedanken gemacht hat. Zahlreiche Lehrbücher erläutern die Gestaltung von Pressetexten und Rundfunkbeiträgen. In diesem Kapitel werden zunächst die Regeln für die wichtigsten Formen vorgestellt. Danach wird aus wissenschaftlicher Sicht gefragt, was generell die Funktion von Darstellungsformen ist. Am Beispiel der Nachricht wird sodann erläutert, wie eine solche Form entsteht und wie geprüft werden kann, was sie für die Journalisten und ihr Publikum leistet.

Lernziele
- Welche journalistischen Darstellungsformen lassen sich unterscheiden? Welche Funktion haben sie?
- Nach welchen Kriterien wählt ein Redakteur eine Form für seinen Text aus?
- Warum müssen Kommentare gekennzeichnet werden?
- Wie ist die Nachrichtenform entstanden?
- Was leistet die Nachrichtenform für Journalisten und Publikum? Und welche Schwächen hat sie?

Sichtweisen der Praxis

Was die Darstellungsformen unterscheidet

Journalisten können unter einer Vielzahl von Darstellungsformen auswählen. Die Wahl hängt davon ab, was sie ausdrücken wollen, welche Art von Aussagen eine Form bestimmt. Die gängige Unterscheidung ist jene zwischen tatsachenbetonten, informierenden Formen auf der einen Seite, meinungsbetonten, kommentierenden Formen auf der anderen Seite. Diese eindimensionale Klassifizierung ist allerdings wenig befriedigend, da dann so unterschiedliche Textsorten wie Meldung und Reportage in einen Topf geworfen werden. Ein anderer Vorschlag ist in der folgenden Grafik dargestellt. Er lehnt sich an eine Einteilung des Journalistik-Professors Michael Haller an, Autor mehrerer Lehrbücher über Darstellungsformen. Hier werden zwei Dimensionen unterschieden: die objektive und die subjektive Ebene sowie die Tatsachen- und die Deutungsebene.

Dimensionen der Darstellungsformen

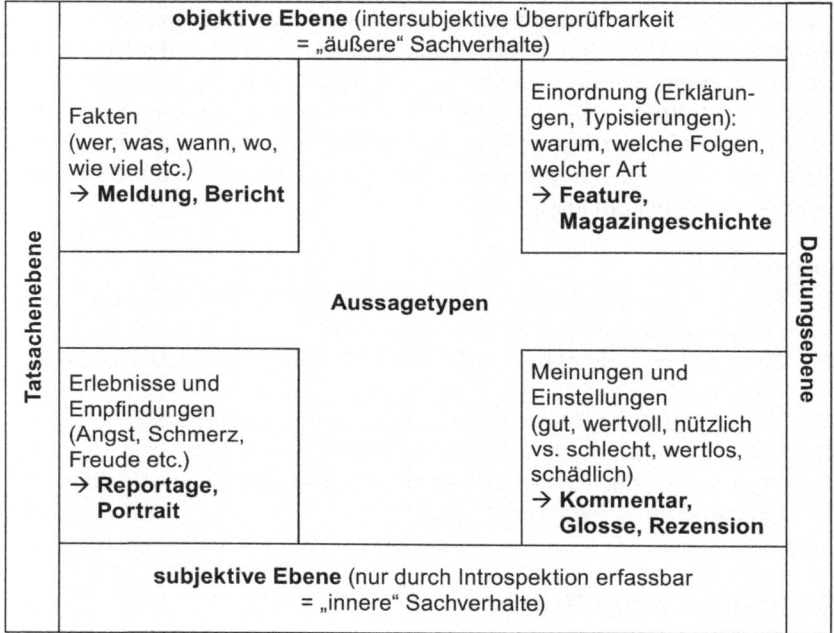

Der objektiven Seite werden Aussagen über äußere Sachverhalte zugeordnet, die von verschiedenen Beobachtern intersubjektiv geprüft werden können. Dagegen sind innere Eindrücke, Erlebnisse und Empfindungen nur jener Person zugänglich, die sie hat. Sie lassen sich vom Betreffenden zwar artikulieren, sie sind aber für außenstehende Beobachter dennoch kaum überprüfbar. Der subjektiven Seite werden auch Einstellungen und Meinungen zugeordnet, die zwar artikuliert werden können, auf deren Aussagegehalt aber kein Anspruch auf Objektivität erhoben werden kann (Kapitel 6). Einzelne äußere und innere Fakten gehören zur Tatsachenebene. Sie bilden den Rohstoff für Deutungen: Tatsachen werden durch Erklärungen, Typisierungen oder Wertungen eingeordnet. In der zweidimensionalen Grafik sind die wichtigsten Darstellungsformen platziert, und zwar danach, welche Aussagen sie schwerpunktmäßig enthalten.

Wahl der Darstellungsform

„Der Wurm muss dem Fisch schmecken, nicht dem Angler!" Eine Feststellung so ganz nach Art des früheren *RTL*-Chefs Helmut Thoma. Der wollte damit aber kein Erfolgsrezept für Angler formulieren, sondern eines für Fernsehmacher, die den Publikumszuspruch suchen. Nun kann man darüber streiten, ob es sprachlich geglückt ist, Sendungen als Wurm und den Zuschauer als Fisch zu bezeichnen. Fest steht aber: Die Zuwendung des Publikums zu einem Medium ergibt sich nicht von allein. Wer eine Zeitung verkaufen oder Hörer binden will, der muss nicht nur entscheiden, welche Themen er für wichtig und interessant hält. Er muss auch wissen, wie er sie präsentiert, welche Form geeignet ist, das Interesse des Publikums zu wecken und seinen Erwartungen zu entsprechen. Die Wahl der Darstellungsform ist immer ein „Brückenschlag" (Mast 2008: 260) zwischen Redaktion, Medium, Thema und Publikum:

- *Relevanz des Themas:* Je größer die Relevanz eines Themas ist, desto größer ist auch die Zahl der Darstellungsformen, welche die Redaktion bei der Aufarbeitung einsetzt. Eine Bundestagsentscheidung über eine Erhöhung der Mehrwertsteuer betrifft sicherlich mehr Menschen als eine Abstimmung über eine marginale Reform der Strafprozessordnung. Deshalb ist es naheliegend, die Mehrwertsteuererhöhung in allen Facetten zu beleuchten und dafür unterschiedliche Formen zu nutzen: Bericht, Interview und Kommentar. Die Reform der Strafprozessordnung hingegen ist außerhalb einer juristischen Fachzeitschrift mit einer Meldung angemessen gewichtet.
- *Art des Themas:* Katastrophen und Konflikte verlangen nach Reportern, die stellvertretend für den Leser an den Ort des Geschehens reisen. Der neue Ministerpräsident verdient es, in einem Portrait unter die Lupe genommen zu werden, damit die Bürger erfahren, was für ein Mensch sich hinter der lächelnden Fassade des Landesvaters verbirgt. Und eine kontrovers diskutierte Entscheidung wie eine Steuererhöhung braucht einen Kommentar, damit der Leser erfährt, wie ein solcher Schritt zu bewerten ist.
- *Medium:* Eine Redaktion wird immer bemüht sein, ihrem Publikum eine gute Mischung aller möglichen Darstellungsformen anzubieten und dabei die Besonderheiten des jeweiligen Mediums zu

berücksichtigen. In einer Zeitung werden deshalb zwei Wortlautinterviews auf einer Seite ebenso selten zu finden sein wie eine ganze Seite voller Meldungen. Das Radio als Medium des gesprochenen Wortes und des akustischen Dokuments bevorzugt Formen wie Interviews, Korrespondentengespräche sowie Berichte und Features mit Original-Tönen.

Die Nachricht

Dienstag, 1. Juni 2010. Björn Schmidt hat heute Spätdienst in der Redaktion des *Kölner Stadtanzeigers*. Es ist 22.30 Uhr. In der vergangenen Stunde hat er alle wichtigen Ereignisse des Abends in die Zeitung des nächsten Tages aufgenommen. Jetzt steht er noch bis Mitternacht bereit für den Fall der Fälle. Und der tritt kurz nach 22.30 Uhr ein. „Starke Explosion in Göttinger Innenstadt", so lautet die Eilmeldung, die in diesem Moment die erste Agentur auf seinen Bildschirm wirft. Im Minutentakt ziehen andere Nachrichtenagenturen nach. Zu den ersten, noch dürren Informationen kommen immer mehr Details. Immer genauer wird das Bild von dem, was in Göttingen geschehen ist: Ein Blindgänger aus dem Zweiten Weltkrieg, der auf einer Baustelle in der Göttinger Innenstadt entdeckt worden war und entschärft werden sollte, ist explodiert. Drei Mitarbeiter des Kampfmittel-Räumdienstes verloren ihr Leben, sechs weitere wurden verletzt. Björn Schmidt ist klar: Dieses Ereignis muss ins Blatt. Aber in welcher Form? Und auf welcher Seite? Kurz entschlossen schafft er Platz auf der Titelseite für eine knappe Meldung: 16 Zeilen, die die wichtigsten Informationen liefern. Darunter verweist Schmidt auf einen ausführlichen Bericht weiter hinten im Blatt. Ein Vierspalter fasst dort alle Informationen zusammen, die bis zum Redaktionsschluss verfügbar sind. Dazu ein großes Foto, das Sanitäter und Hilfskräfte in gelben Westen und orangefarbenen Hosen vor der Kulisse dutzender Rettungsfahrzeuge zeigt. Ein eindringliches Bild, das die Ausmaße der Katastrophe dokumentiert.

Die Nachricht bemüht sich um ein hohes Maß an Faktenorientierung und Sachlichkeit. Sie stellt ein aktuelles Ereignis dar und verzichtet dabei auf Wertungen. Die Nachricht hat zwei Ausprägungen, die sich in der Länge unterscheiden: Die *Meldung* ist die kürzere Form und bis zu dreißig Zeilen lang, der *Bericht* ist länger und ausführlicher. Beide sind streng hierarchisch aufgebaut. Sie erzählen Ereignisse nicht chronologisch, sondern sind nach dem sogenannten „Prinzip der umgekehrten Pyramide" verfasst: *Das Wichtigste kommt zuerst.* Danach nimmt die Bedeutung der Informationen ab. Damit ist sichergestellt, dass der Redakteur sie von hinten kürzen kann, ohne das Wichtigste zu streichen. Was aber ist das Wichtigste? Um dies zu beurteilen, orientieren sich Journalisten an den *W-Fragen*:

Wer?	Beteiligte
Was?	Art des Ereignisses, Ablauf des Geschehens
Wann?	Zeitangabe
Wo?	Ortsangabe
Wie?	genauere Erläuterung des Geschehens
Warum?	Ursachen des Ereignisses
Welche Folgen?	Wirkungen
Woher?	Quellenangabe

Eine Nachricht muss die W-Fragen beantworten, damit ihr Verfasser behaupten kann, die wichtigsten Informationen geliefert zu haben. Dabei wird er auf jene W's im Einstiegssatz (Lead) eingehen, denen er die größte Bedeutung beimisst. Die Meldung, die Björn Schmidt am späten Abend des 1. Juni auf der Titelseite des *Kölner Stadtanzeigers* platziert hat, beantwortet nach der Ortsmarke zuerst die „Was?"-Frage:

Göttingen. Bei der Explosion einer Fliegerbombe in Göttingen sind am Dienstagabend drei Menschen ums Leben gekommen.

Der *Bericht* ist der große Bruder der Meldung. Er ist umfangreicher, sein Aufbau ist aber ebenfalls hierarchisch. Allerdings: Im Bericht nimmt die Bedeutung der Informationen eher von Absatz zu Absatz ab als von Satz zu Satz. Der Autor hat die Möglichkeit, zusätzliche Informationen zum Hintergrund des Geschehens zu berücksichtigen, die Vorgeschichte eines Ereignisses aufzugreifen oder wörtliche Zitate von Beteiligten einzufügen. Er kann ausführlicher die Fragen nach den Ursachen und Folgen erörtern.

Der Bericht über die Bombenexplosion auf Seite 15 der *Stadtanzeiger*-Ausgabe vom 2. Juni 2010 beschränkt sich auf die reinen Fakten. Allerdings liefert er zahlreiche Details, die in der Meldung auf der Aufmacherseite keinen Platz gefunden haben. Die Leser erfahren, wo die Fliegerbombe gefunden wurde und dass die Evakuierung des Stadtviertels zum Zeitpunkt des Unglücks noch nicht vollständig abgeschlossen war. Ein Sprecher des Katastrophenstabes wird als Quelle angeführt. Er liefert weitere Einzelheiten, z. B. dass der zehn Zentner schwere Blindgänger einen Säurezünder hatte und dass eine vergleichbare Bombe eine Woche zuvor problemlos entschärft werden konnte. Es ist ein ausführlicher Bericht, der alle Informationen zusammenfasst, die zu diesem Zeitpunkt kurz vor Redaktionsschluss verfügbar sind. Aber eines schafft er nicht: Er vermittelt den Lesern – abgesehen vom Foto – keine Impressionen vom Ort des Geschehens, die Dramatik des Unglücks bleibt abstrakt.

Das Feature

Das Feature wird nicht einheitlich definiert. Will man es klar von der Reportage abgrenzen, dann bietet sich diese Definition an, die Michael Haller (2006: 86; H. i. O.) vorgeschlagen hat: Das Feature setzt sich das Ziel, „abstrakte Sachverhalte durch Anschaulichkeit ins Konkrete der Alltagserfahrung zu *übersetzen*". Um dieses Ziel zu erreichen, bedient sich der Autor eines Kunstgriffs: Er versucht, den Kern seines Themas anhand eines konkreten Beispiels darzustellen. Dafür muss er aber wissen, was dieser Kern ist, oder anders ausgedrückt: worin das unverwechselbare Charakteristikum, das – so die englische Übersetzung – Feature seines Themas besteht. Meist sind es Szenen oder Beschreibungen von Einzelpersonen, die als „Übersetzung" dieses Charakteristikums in den Text eingebaut werden. Beides dient dazu, die Komplexität eines schwierigen, wenig überschaubaren Themas zu reduzieren. Die Schilderung von Personen und Szenen soll im Feature nicht deren Einmaligkeit herausstellen. Sie dienen nur als Beispiele und sind deshalb austauschbar. Mit ihnen wird das Repräsentative oder Typische verdeutlicht. Die allgemeine Darstellung stützt sich dagegen auf Statistiken und die Aussagen von Experten, die das Thema überblicken und deuten können: Was sind die Ursachen und Folgen? Welche Lösungsvorschläge gibt es? Das Feature wechselt zwischen der Ebene des Allgemeinen und der Ebene des Besonderen. Der Autor deutet das recherchierte Material und zieht Schlüsse daraus.

Sichtweisen der Praxis 49

Der Stadtrat hat beschlossen, die Zuschüsse für die Freien Theater zu kürzen. Nun muss der Redakteur der Lokalzeitung seine Leser über die Ratsentscheidung und ihre Folgen informieren. Lediglich die Zahlen zu nennen, den Bürgermeister und die Opposition zu zitieren und dazu den Kulturdezernenten zu Wort kommen zu lassen, wäre trocken und langweilig. Also beschließt er, eines der Freien Theater der Stadt zu besuchen. Er beobachtet, wie die Kulissen für die Vorstellung am Abend aufgebaut werden und die letzten Proben laufen. Er redet mit dem Besitzer des Theaters und stellt sich neben die Abendkasse, um die Meinung der Theaterbesucher einzufangen. Am Ende des Tages ist sein Recherchematerial komplett: Er kennt die Finanzlage der Stadt, kennt die Argumente der Politiker und die der Verwaltung – und er weiß, wie es in einem der Freien Theater der Stadt zugeht und was eine Streichung der städtischen Subventionen für diese Bühne wirklich bedeuten würde. Der Redakteur entscheidet sich deshalb, sein Feature mit einem Kassensturz zu beginnen. Er erzählt, wie die Mitarbeiterin an der Kasse gleich nach Vorstellungsbeginn die Einnahmen zählt. Danach schildert er, welches Ergebnis der Kassensturz des Finanzdezernenten der Stadt erbracht hat. Bis zum Ende oszilliert die Geschichte nun zwischen beiden Polen: zwischen den Menschen und Szenen aus dem Theater einerseits und der Stadt und ihren Entscheidungsträgern andererseits. Das Ziel seiner Geschichte hat er erreicht: die komplizierte Materie der Sanierung des städtischen Haushalts am Beispiel eines kleinen Theaters deutlich zu machen. Dabei hätte er sich genauso gut für den Besuch eines anderen Freien Theaters entscheiden können. Ihm ging es bei diesem Feature nicht darum, dieses spezielle Theater vorzustellen, sondern die Probleme aller Freien Theater an einem Beispiel aufzuzeigen.

Der Bericht mit Feature-Elementen

Gerne spricht man auch in kuriosem „Denglisch" vom „angefietscherten" Bericht: ein Bericht, angereichert mit den stilistischen Mitteln des Features. Entstanden ist er beim Versuch, dem Publikum den Zugang zu einem Bericht zu erleichtern. Dessen Aufbau folgt nicht dem Prinzip der „umgekehrten Pyramide", er erhält stattdessen einen featureartigen Einstieg. Heute kommt weder eine Nachrichtensendung im Fernsehen noch der Politikteil einer Zeitung ohne den „angefeatureten" Bericht aus. Ein Beitrag in den *Tagesthemen* über die vom Kabinett beschlossene Rentenreform beginnt also mit einer Rentnerin, die stellvertretend für alle von der Reform Betroffenen steht.

Die Reportage

Zurück zur Berichterstattung des *Kölner Stadtanzeigers* unmittelbar nach der Bombenexplosion. Ihr fehlte die authentische Schilderung vom Ort des Geschehens. Etwas, das den Leser nicht nur über die Ereignisse informiert, sondern ihn teilhaben lässt an der Dramatik des Unglücks. Dies ist die Aufgabe der Reportage, der Königsdisziplin des Journalismus, und ihres Verfassers, des Reporters. Vom Redaktionsschreibtisch aus kann er diese Arbeit nicht leisten. Der Reporter muss – stellvertretend für sein Publikum – am Ort des Geschehens sein. Seine Augen, seine Nase, seine Ohren müssen all jene Sinneseindrücke sammeln, die er später dann seinen Lesern, Hörern oder Zuschauern vermitteln möchte. Die Reportage will „die Zuhörer/Leser *am Geschehen geistig und emotional teilhaben, sie miterleben lassen durch die authentische Erzählung.*" (Haller 2006: 72; H. i. O.) Sie gewährt Einblicke und überwindet dabei soziale Barrieren und Sichtbeschränkungen, aber auch räumliche Distanzen und zeigt Fernes und Fremdes. Und damit sind wir schon bei einem wesentlichen Unterschied zwischen Feature und Reportage: Während Personen und Szenen im Feature exemplarischen Zwecken dienen, das Allgemeine im Besonderen verdeutlichen sollen, geht es in der Reportage um das Einmalige der beschriebenen Personen und Ereignisse. Der Reporter ist auf der Jagd nach dem Besonderen, dem Speziellen, dem Einzigartigen, das er für sein Publikum aufstöbert.

Die Arbeit des Reporters beginnt im Archiv oder Internet. Bevor er sich auf den Weg zum Ort seiner Reportage macht, trägt er alle sein Thema betreffenden Informationen zusammen, die er erhalten kann. Die Details aber sammelt er vor Ort. Jedes einzelne davon kann wichtig sein. Der Reporter muss den Menschen, die er trifft, nicht nur zuhören. Er muss auch ihre Gesten lesen und interpretieren, muss erfassen, wie die Menschen auf ihn wirken.

Zurück am Schreibtisch sichtet und selektiert der Reporter sein Material. Dabei hat er im Blick, dass jede Reportage zweierlei beinhalten muss: Zum einen braucht sie szenische Schilderungen oder Beschreibungen von Orten und Personen. Beim Verfassen verdichtet der Reporter seine gesammelten Eindrücke, damit ein Bild im Kopf des Lesers entsteht. Der Leser soll vor seinem inneren Auge sehen, was der Reporter in der Realität beobachtet hat. Zum anderen hat jede Reportage auch Passagen, in denen Fakten vermittelt werden, die sich nicht am Reportageort finden lassen. Das sind Textteile, in denen der Autor das Hintergrundwissen weitergibt, das für das Verständnis der Geschichte notwendig ist. Die Komposition der Reportage ist die schwierigste aller Reporter-Aufgaben. Das Wechselspiel von szenischen Schilderungen einerseits und faktenorientierten Passagen andererseits muss Spannungsbögen entstehen lassen, die den Leser animieren, an der Geschichte dran zu bleiben.

Das Interview

Der Journalist fragt, der Gesprächspartner antwortet. Fertig ist das Interview. Dann muss das Ganze nur noch gedruckt oder gesendet werden. Nein, so einfach ist es nicht. Die Erstellung eines Interviews lässt sich in drei Phasen aufteilen (Haller 2001):

- Die *Vorbereitung* umfasst die Auswahl des Themas und des passenden Gesprächspartners. Außerdem gehört die inhaltliche Vorbereitung dazu. Der Journalist arbeitet sich in das Thema ein, trägt – wenn es ein personenbezogenes Interview werden soll – zusammen, was über den ausgewählten Interviewpartner in Erfahrung zu bringen ist und erstellt ein Konzept für das Gespräch, das während des Interviews als strukturelles Gerüst dient.
- Den *Verlauf* des Interviews steuert der Journalist ganz wesentlich mit seinen Fragen. Er kann dem Gesprächspartner mit einer Motivationsfrage einen angenehmen Einstieg in das Gespräch verschaffen, durch offene Fragen, die keinen engen Rahmen für eine mögliche Antwort setzen, seinen Redefluss steigern, ihn mit geschlossenen Fragen, die nur einen engen Antwortkorridor eröffnen, zu einer pointierten Aussage oder mit einer unterstellenden Frage zu einer Rechtfertigung bewegen. Es braucht einiges an journalistischer Übung, um das gesamte Spektrum der zu Verfügung stehenden Frageformen nutzen zu können. Diese Übung ermöglicht es dem Journalisten auch, unbeabsichtigte Signale des Gesprächspartners zu registrie-

ren. Dazu gehört sowohl die Körpersprache des Befragten als auch seine Wortwahl, die vermitteln können, dass sich der Interviewte in seiner Rolle unwohl fühlt. Ein erfahrener Journalist kann sich solche Hinweise zunutze machen und die Gesprächsatmosphäre steuern wie die Raumtemperatur an einem Heizungsventil.

◯ Ist das Interview geführt, folgt – außer im Falle eines Live-Interviews – in der Regel eine *Bearbeitung*. Dabei geht es darum, das Gespräch in ein sende- oder druckfähiges Produkt umzuwandeln. Das Spektrum der Möglichkeiten, ein Interview zu verwerten, ist groß: Auszüge davon lassen sich als Zitate oder O-Töne im Rahmen von Artikeln oder Beiträgen verwenden. Sogenannte „Wortlaut-Interviews" geben nie das reale Gespräch wieder, sondern eine Druckfassung, die gekürzt und in Schriftsprache übertragen worden ist. Deshalb ist es wichtig, den Interviewpartner noch vor dem Gespräch darüber zu informieren, in welcher Form das Interview verwertet werden soll. Genauso wichtig ist es, die Aussagen des Interviewten durch die Kürzungen nicht zu verfälschen, weil dies ein unredlicher Umgang mit dem Material und damit ein scharfer Vertrauensbruch gegenüber dem Gesprächspartner wäre.

Weil zum Umgang zwischen Journalisten und Gesprächspartnern auch eine Portion Misstrauen gehört, einigen sich beide häufig auf eine *Autorisierung* der Printfassung. Das bedeutet: Der Interviewpartner oder – besser gesagt – sein Pressesprecher lässt sich das bearbeitete Interview vor der Veröffentlichung vorlegen. Er hat dann die Möglichkeit, seinerseits Textpassagen so zu verändern, dass sie der Intention des Interviewten entsprechen. Wenn die bearbeitete Form des Interviews nicht gravierend vom tatsächlich geführten Gespräch abweicht, ist ein solches Vorgehen nicht anrüchig. Manchmal aber hat das autorisierte Resultat nicht einmal mehr den Hauch einer Ähnlichkeit mit dem ursprünglich geführten Interview. Es ist von allem gesäubert, was nach Ansicht des Pressesprechers allzu präzise, prägnant und eindeutig ist und somit irgendwann einmal seinem Chef vorgehalten werden könnte. Das Ergebnis: ein weichgespültes Interview, dessen Abdruck Papierverschwendung wäre. In einem solchen Fall ist es angebracht, die Reißleine zu ziehen. Angesichts der Tatsache, dass der Gesprächspartner ja ein Interesse am Abdruck seines Interviews hat, sollte ein Journalist deutlich machen, bis zu welchem Punkt er

Eingriffe in seinen Text akzeptiert. Ein Hinweis darauf, dass das Interview auch verzichtbar sein könnte, kann Wunder wirken.

Der Kommentar

Bei den bislang erörterten Darstellungsformen stand die Information des Publikums im Vordergrund. Ihr vorrangiges Ziel ist es, Fakten zu liefern oder Dinge zu deuten. Im Kommentar, den es in verschiedenen Spielarten wie Leitartikel, Kritik oder Glosse gibt, ist die dezidierte, explizite Meinung des Verfassers erlaubt und gefordert. Damit der Rezipient die Formen auseinander halten kann, sind kommentierende Beiträge als solche unbedingt zu *kennzeichnen*. Dafür gibt es unterschiedliche Verfahren. Der Moderator des *Heute-Journals* im *ZDF* etwa kündigt einen Kommentar grundsätzlich als solchen an. Im *Deutschlandfunk* sind die Kommentare eigenen Sendungen vorbehalten, in denen ausschließlich Meinungsbeiträge ausgestrahlt werden. Und die meisten Zeitungen verfügen für ihre Autoren über eine eigene Meinungsseite. Mit solch wertenden Stellungnahmen verbinden sich wichtige Aufgaben des Journalismus: Kritik und Kontrolle gegenüber den Mächtigen in Politik und Wirtschaft zählen ebenso dazu wie die Orientierung der Bürger bei der Meinungsbildung.

Auf kaschierte, nicht deklarierte Meinungsbeiträge reagieren mündige Leser, Zuschauer und Hörer ungehalten. Dort wittern sie dann nicht Orientierung, sondern Bevormundung. Keine andere Darstellungsform sorgt für ein so unmittelbares Publikumsecho wie ein Kommentar. Der Grund dafür liegt auf der Hand: Im Kommentar vertritt der Autor seine Meinung. Hier sagt er, was er für richtig hält und was für falsch. Und eine solche Positionierung provoziert Widerspruch. Denn im Kommentar wird der Autor als Person für sein Publikum erkennbarer als bei jeder anderen Darstellungsform. Und deshalb muss er sich auch auf persönliche Kritik gefasst machen. Kurzum: Der Kommentar ist die kürzeste Verbindungslinie zwischen einem Journalisten und seinem Publikum.

Kommentare können sich nicht auf die reine Meinungsäußerung des Autors beschränken, sondern müssen den Sachverhalt, um den es geht, auch erklären. Und zwar zumindest so detailliert, dass der Kommentar auch dann verstanden wird, wenn das Publikum keine weiteren Informationen zum Thema hat. Darüber hinaus muss jeder Kommentator seine Meinung begründen. Er muss Argumente anführen, die die vertretene Auffassung stützen. Und schließlich gibt es Grenzen der Kritik: Auch der harscheste Kommentar, der durchaus polemische Züge tragen kann, darf nicht beleidigen, verächtlich machen oder schmähen.

Weiterentwicklung der Darstellungsformen

Die Darstellungsformen im Journalismus sind einer stetigen Fortentwicklung unterworfen. Vor allem die Boulevardisierung des Journalismus und seine stärkere Serviceorientierung schlagen sich in neuen Formen nieder. So will die Presse den Lesern einen leichteren Zugang zum angebotenen Lesestoff ermöglichen. Richtungsweisend war in Deutschland das Nachrichtenmagazin *Focus*, das seine Texte um Bilder, Grafiken und Kästen mit Zusatzinformationen herum konstruiert, um Rezipienten möglichst viele Leseeinstiege zu bieten. So muss ein *Focus*-Leser eine Geschichte nicht mehr vollständig vom Anfang bis zum Ende lesen. Auch bei vielen Tageszeitungen ist der Einsatz von Farbe, Grafiken, Bildern und modularem Umbruch mittlerweile üblich. Im Fernsehen sorgten Infotainment-Formate anfangs noch für Aufsehen. So wurde heftig über die Frage diskutiert, ob Spielszenen in Fernsehdokumentationen eingebaut werden dürfen. Mittlerweile sind nachgestellte Szenen ein gängiges Mittel. Für diese Darstellungsform ist auch längst ein neues Wort erfunden worden: Doku-Fiction.

Immer mehr Radiowellen, insbesondere Programme, die sich an jüngere Hörer wenden, setzen fast nur noch auf eine einzige Darstellungsform: das *Gespräch zwischen Moderator und Korrespondent*. Diese Darstellungsform erinnert mit ihrem Zusammenspiel von Fragen und Antworten stark an die Form des Interviews. Doch in Wirklichkeit ist das vermeintliche Korrespondentengespräch ein Bericht. Anders als beim Interview führt nämlich in einem solchen Gespräch nicht der Fragesteller die Regie, sondern der Antwortgeber. Denn in der Regel informiert er den Moderator in einem Vorgespräch, welches die wichtigsten Neuigkeiten sind und welche Fragen er stellen soll. Gegen solche Korrespondentengespräche ist an sich nichts einzuwenden. Ihr Nachteil besteht jedoch darin, dass Moderator und Korrespondent für dieses Gespräch zu einem bestimmten Zeitpunkt zusammenfinden müssen – ganz gleich, ob es live gesendet oder aufgezeichnet wird. Um diesem Zwang zu entgehen, hat sich das Format der „Drei Fragen, drei Antworten" eingebürgert. Dabei überspielen Hörfunk-Korrespondenten der Redaktion die Tonaufnahme dreier Antworten zu einem bestimmten Thema. Die Fragen zu diesen Antworten werden zeitgleich schriftlich übermittelt. Der Moderator kann nun, wann immer es in den Sendungsablauf passt, die Fragen vor dem Mikrofon vorlesen. Die Regie spielt dann die jeweils passende Antwort des Korrespondenten aus der Konserve ein. Beim Hörer kommt auf diese Art ein Gespräch an, das in der Realität nie stattgefunden hat. Deshalb handelt es sich um eine Darstellungsform, die die Grenzen der Seriosität berührt, wenn nicht gar überschreitet.

Darstellungsformen im Internetjournalismus

Manches ist im Internet anders – aber nicht alles: Die Unterscheidung zwischen informierenden und kommentierenden Formen gilt auch hier. Durch die – immer noch weit verbreitete – Zweitverwertung des Materials, das eigentlich für Presse und Rundfunk geschaffen wurde, werden viele der alten Formen ins Internet „eingeschleppt", ohne dass sie den besonderen Möglichkeiten und Erfordernissen des Mediums gerecht werden. Was gilt es hier zu beachten?

Texte müssen in die Struktur der Website eingepasst werden. Das heißt: Auf der Startseite beginnt der Beitrag in der Regel mit dem sogenannten „Teaser", dem Anreißer. Ein Link führt von dort zum Haupttext auf einer untergeordneten Seite. Weitere Seiten können folgen, wenn der Haupttext noch einmal aufgeteilt ist oder Extras wie Videos und Grafiken ergänzt werden. Wegen dieser Modularisierung muss sich der Autor genau überlegen, wie er das Thema portioniert und wie er die Elemente durch Überleitungen und Hinweise verknüpft. Die Informationsstücke sollten sich wie in einem Puzzle ergänzen. Und es sollten die Stärken der verschiedenen Darstellungsmöglichkeiten an den passenden Stellen ausgespielt werden. Hier bietet das Internet mehr Möglichkeiten als jedes andere Medium:

- *Multimediale* Formen können Text, Foto, Video, Audio und (animierte) Grafiken umfassen. Das Internet vereint also das, was zuvor Presse, Fernsehen und Hörfunk nur getrennt vermochten.
- *Partizipative* Formate erlauben den Nutzern, sich selbst an der Kommunikation zu beteiligen. Sie können beispielsweise in ei-

nem Forum mitdiskutieren oder an einer Abstimmung teilnehmen. Manchmal werden die Nutzer auch aufgefordert, sich selbst an der redaktionellen Produktion, z. B. durch Fotos, Videos und Augenzeugenberichte („Leserreporter"), zu beteiligen.
⊃ Und in *selektiven* Formen kann sich der Nutzer durch Anklicken selbst fortbewegen, z. B. in Bildergalerien, Slideshows (mit und ohne Tonspur) oder in animierten Grafiken. Oder er kann durch Eingaben in eine Datenbank individuell Informationen abrufen.

Praxis-Lehrbücher

Zu allen Darstellungsformen, die hier nur in aller Kürze vorgestellt werden konnten, gibt es Lehrbücher, in denen erfahrene Journalisten und Journalistenausbilder ihr Wissen ausführlich weitergeben. Zu empfehlen sind die folgenden Titel (die genauen Angaben sind im Literaturverzeichnis am Ende des Buches zu finden):

⊃ Nachricht (Hruska 1999; Weischenberg 2001; Schwiesau/Ohler 2003; Weise 2005)
⊃ Kommentar und Glosse (Hoppe 2000; Linden/Bleher 2000; Schalkowski 2011)
⊃ Reportage und Feature (Fey/Schlüter 2006; Haller 2006)
⊃ Portrait (Egli von Matt et al. 2008)
⊃ Interview (Haller 2001)

Mit neuen Formen in der Presse befasst sich der Sammelband von Bleicher/Pörksen (2004). Weitere Lehrbücher sind den speziellen Formen in einzelnen *Themengebieten* wie Lokales (Kretzschmar/Möhring/Timmermann 2008), Politik (Fengler/Vestring 2008), Wirtschaft (Heinrich/Moss 2006), Feuilleton (Reus 1999; Porombka 2006), Justiz (Branahl 2005) und Ratgeberjournalismus (Fasel 2004) gewidmet. Auch mit *Sprache und Stil* befassen sich mehrere Werke (Ahlke/Hinkel 2000; Kurz et al. 2000; Häusermann 2005; Reiter 2006). Zwar stehen die Formen der Presse zumeist im Vordergrund, doch werden mittlerweile auch die Formen in *elektronischen Medien*, also in Hörfunk (Zehrt 2005; La Roche/Buchholz 2009; Wachtel 2009a), Fernsehen (Ordloff 2005; Ordloff/Wachtel 2009; Wachtel 2009b) und Internet (Meier 2002a; Wieland/Spielkamp 2003; Hooffacker 2010; Heijnk 2011; Hohlfeld/Jakubetz/Langer 2011) in Lehrbüchern erörtert. Neben solchen Anleitungen liefern auch Sammlungen hervorragender journalistischer Texte lehrreichen Lesestoff.

Perspektiven der Forschung

Wozu Darstellungsformen?

Der Journalismus verfügt also über eine Vielzahl von Formen. Und das Lernen der Regeln, die bei ihrer Anwendung zu beachten sind, ist ein wesentlicher Bestandteil der Ausbildung. Dies lässt sich auch an der Fülle der Praxis-Lehrbücher ablesen, die diesen Formen gewidmet sind. Die *Begründung*, weshalb man diesen Regeln folgen sollte, fällt in den Lehrbüchern allerdings meistens recht dünn aus (Heijnk 1997). Hier kann die Forschung einspringen: Sie kann eine allgemeine Begründung liefern, weshalb überhaupt Darstellungsformen existieren, und sie kann spezielle Begründungen für einzelne Formen geben. Zunächst die *allgemeine* Begründung:

Warum greifen Journalisten immer wieder auf die gleichen Formen zurück, wenn sie einen Text schreiben oder einen Beitrag für Radio und Fernsehen produzieren? Darstellungsformen *entlasten*, sie reduzieren Unsicherheit und helfen, Zeit zu sparen. Walter Lippmann (1964: 241), ein bekannter US-Publizist, bemerkte einmal: „Ohne Standardisierung, ohne Stereotypen, ohne Routineurteile, ohne eine ziemlich rücksichtslose Vernachlässigung der Feinheiten stürbe der Redakteur bald an Aufregung." Die knappe Zeit bis zum Redaktionsschluss und die Vielzahl der Themen, die Tag für Tag bearbeitet werden müssen, lassen gar nichts anderes zu. Zumindest der tagesaktuelle Journalismus basiert deshalb in hohem Maße auf Routinen. Dies ist auch an der Nachrichtenform ablesbar, für die es genaue Formvorschriften gibt. Zeit und Muße für die freie Textgestaltung haben eher Reportage- oder Feature-Autoren. Auch das Feuilleton oder Publikumszeitschriften bieten Freiräume für Kreativität und Formexperimente.

Von festen Formen profitiert auch das Publikum, das dadurch zuverlässig und schnell erfährt, was es von einem Text erwarten kann und wie er zu interpretieren ist. Kommentare in einer Tageszeitung haben z. B. in der Regel einen festen Platz und eine besondere Typografie, oft sind sie auch durch einen Kasten abgetrennt. Formen dienen damit auch – und das ist ihre zweite Funktion neben der Routinisierung – der *Abstimmung der Erwartungen zwischen dem Journalismus und dem Publikum.* Rezipienten kennen die Standardformen des Journalismus, sodass wenige Signale ausreichen, damit sie wissen, wie sie einen noch unbekannten Text einordnen müssen. Nur wenn der Leser eine Glosse richtig identifiziert, wird er die Ironie nicht missverstehen. Auch Fernsehprogrammzeitschriften stützen sich in ihren Programmankündigungen auf solches Formenwissen ihrer Leser. Sie verlassen sich z. B. darauf, dass der Leser versteht, was mit „Actionfilm" oder „Liebeskomödie" gemeint ist. Formen unterstützen also die wechselseitige Anpassung der Erwartungen zwischen den Journalisten und ihrem Publikum. Denn wenn das Publikum die gängigen Formen kennt und auch nachfragt, wissen Journalisten, wie sie ihre Beiträge gestalten müssen. So lässt sich auch der Erfolg einigermaßen gut prognostizieren. Solche Rezepte haben allerdings keinen Ewigkeitswert, da sie ihre Funktion verlieren können.

Entstehen, Wandel und Kritik der Nachrichtenform

Der Kanon der Darstellungsformen ist, zumindest in der Presse, schon seit längerer Zeit im Kern unverändert. Diese Formen wurden von einer Journalistengeneration an die nächste weitergegeben, ohne dass sie groß in Frage gestellt wurden. Taugen sie noch als Lösungen für kommunikative Probleme? Diese Frage soll hier am Beispiel der *Nachrichtenform* diskutiert werden.

Der Dortmunder Journalistik-Professor Horst Pöttker (2003) hat nach den Ursachen für das Entstehen des Prinzips der „umgekehrten Pyramide" geforscht. Er prüfte mehrere Vorschläge zur Erklärung des Ursprungs der Norm im 19. Jahrhundert in den USA. Am häufigsten in Lehrbüchern anzutreffen ist die technologische Erklärung. Danach war die Störanfälligkeit der Telegrafenverbindungen während des Bürgerkrieges (1861-1865) in den USA dafür verantwortlich. Weil oft nur der Anfang eines Gefechtsberichts die Redaktion erreichte, wäre bei einem chronologischen Aufbau der Nachricht das Wesentliche, nämlich der Schluss mit dem Ausgang nicht beim Adressaten angekommen. Deshalb übermittelten Reporter die Nachricht in zwei Abschnitten: zunächst im Lead eine Zusammenfassung des Wichtigsten, anschließend im Body die detaillierten Zusatzinformationen. Pöttker hält diese (und andere) Erklärung(en) aber für wenig plausibel. Er vertritt dagegen die *ökonomische* These. Danach sprachen ökonomische Vorteile für die Nachrichtenform: Hohe Übertragungskosten für telegrafierte Meldungen zwangen die Zeitungen dazu, möglichst viele Informationen in wenig Text zu packen. Mit dem Entstehen der Telegrafendienste etablierten sich auch Nachrichtenagenturen, deren Meldungen die Zeitungen nun bezogen. Dadurch ließen sich eigene Korrespondenten einsparen. Und auch die Schnelligkeit bei der Produktion der Zeitung war ein wichtiger Wettbewerbsfaktor: Texte konnten rasch von hinten gekürzt werden. Ebenfalls plausibel ist eine wahrnehmungspsychologische Erklärung, die zur These der *Professionalisierung* führt: Das Lead-Prinzip vereinfacht die Auswahl und Aufnahme der Informationen durch das Publikum. Es ermöglicht ein zeitsparendes Lesen, weil es die selektive Wahrnehmung fördert und die Aufnahme des Wichtigen auch bei flüchtiger Lektüre erlaubt. Ökonomisches Kalkül und journalistische Professionalität gehen also Hand in Hand: Ihr gemeinsames Ziel ist das Erreichen möglichst vieler Menschen.

Pöttker ist der Frage auch in einer empirischen Studie nachgegangen: Er untersuchte im Zeitraum von 1855 bis 1920, ob Artikel im *New York Herald* nach dem Prinzip der „umgekehrten Pyramide" verfasst worden sind. 1895 stieg der Anteil der Artikel, in denen das Wichtigste am Anfang stand, im Vergleich zu 1875 rapide an, nämlich von 16 auf 36 Prozent (ebd.: 423). Dieses Ergebnis spricht für Pöttkers Erklärung und gegen die technologische These: Der Bürgerkrieg war längst Vergangenheit, als sich die Nachrichtenform verbreitete. Erst 1894 erwähnte das erste Lehrbuch das Prinzip der „umgekehrten Pyramide". In Deutschland fasste der Nachrichtenjournalismus erst nach dem Zweiten Weltkrieg richtig Fuß, als die westalliierten Besatzungsmächte die Regeln des angelsächsischen Journalismus zur Leitlinie machten.

Die Nachricht hat sich seit dem 19. Jahrhundert weiterentwickelt. Kevin G. Barnhurst und Diana Mutz (1997) haben die Nachrichten eines Jahrhunderts (1894-1994) in drei Tageszeitungen in den USA untersucht. Dabei stellten sie einen Wandel von einem eher deskriptiven zu einem stärker analytischen Journalismus fest. Ihre Erhebungskategorien waren die W-Fragen. Die Nachrichten aus den drei Themenbereichen Unfälle, Verbrechen und Arbeit gaben auf die Fragen nach dem „Warum?", „Wo?", „Wann?" und „Wer?" zunehmend Antworten, die auch den Kontext eines Ereignisses berücksichtigten. Auch sie erklären ihr Ergebnis mit einer zunehmenden Professionalisierung und Publikumsorientierung des Journalismus. Entstehen und Wandel der Nachrichtenform (Barnhurst/Nerone 2001) begründen noch nicht ihren Nutzen. Dieser Nutzen lässt sich aus der Perspektive des Journalismus und des Publikums bewerten: Die Regeln des Nachrichtenschreibens (Neutralität, W-Fragen, Quellennennung, Prinzip der „umgekehrten Pyramide", Trennung von Nachricht und Meinung) erlauben dem *Journalismus* ein hohes Maß an ökonomischer, organisatorischer und professioneller Effizienz, stellte Siegfried Weischenberg (1983: 356-361) fest, Journalistik-Professor in Hamburg und ehemaliger *DJV*-Vorsitzender: Mit geringem Aufwand kann ein großes, heterogenes Publikum erreicht werden. Die Produktion ist planbar und lässt sich routinisieren, und die Regeln lassen sich leicht lernen. Außerdem erwecken professionelle Standards den Eindruck von Objektivität.

Allerdings kritisierte Weischenberg am Nachrichtenjournalismus, dass „nicht Validität der Berichterstattung, sondern ökonomische Logik" (ebd.: 360) den Vorrang habe. Die Nachrichtenform führe zu einer „stark vergröbernden Realitätsbetrachtung" (ebd.: 356). Verdeckt durch die Ideologie der Neutralität, bevorzuge der Nachrichtenjournalismus offizielle Standpunkte, Ereignisse, die von einflussreichen Institutionen kontrolliert und inszeniert werden, sowie leicht beobachtbare und eindeutige Fakten, die aus dem Kontext gerissen und der Komplexität des Geschehens nicht gerecht würden (Neuberger 1996: 133-135). Der „Vorwurf der Oberflächlichkeit" (Schmidt/Weischenberg 1994: 230) richtet sich vor allem gegen den Mangel an tiefergehender und kritischer Recherche.

Und wie ist die Nachrichtenform aus der Sicht des *Publikums* zu bewerten? Verglichen mit dem chronologischen Aufbau, liegt die Stärke der Form zweifellos darin, dass sie die selektive Wahrnehmung unterstützt. Der Leser kann rasch entscheiden, ob er einen Text zu Ende lesen will oder nicht. Und auch wenn er nur den Anfang gelesen hat, ist er über das Wichtigste informiert. Es ist allerdings fraglich, ob die Reihung nach Wichtigkeit auch das Verstehen fördert. Es zeigt sich vielmehr, dass der Aufbau, bei dem – zeitlich sortiert – Ursache, Ereignis und Folgen dargestellt werden, zu einem besseren Verständnis führt (Brosius 1995: 55). Thomas Kropf (1999: 208) hat von einem „Verstehens-Stau" gesprochen, wenn man mit der Tür ins Haus fällt, also gleich mit dem Höhepunkt beginnt und erst anschließend jene Informationen nachreicht, die notwendig sind, um die Neuigkeit begreifen zu können. Er hat deshalb einen „Andock"-Leadsatz vorgeschlagen: Erst wird der Rahmen geliefert, also die Vorgeschichte und der sonstige Hintergrund, dann folgt das aktuelle Ereignis. Allerdings verhindert diese Reihenfolge die rasche Aufnahme von Neuigkeiten. Ein Kompromiss besteht darin, dass der Rahmen nur in jenen Fällen vorangestellt wird, in denen das Publikum noch nicht aus der Berichterstattung der Vortage über das Thema informiert ist.

Diese Kritik der Nachrichtenform belegt, dass die scheinbar ehernen Regeln des Journalismus nicht fraglos übernommen werden sollten. Sie sollten auf den Prüfstand gestellt und auf ihren Schaden und Nutzen hin abgeklopft werden. Journalisten machen sich natürlich Gedanken darüber, wie sie ihr Publikum am besten erreichen, wie sie dessen Interesse wecken und Verstehen fördern können. Ob die dafür zur Verfügung stehenden Formen für ihr Publikum wirklich geeignet sind, ist jedoch weithin offen. Darauf kann nur die Forschung eine Antwort liefern – Kollegenlob und -schelte reichen dafür nicht aus. Letztlich kommt es auf das Publikum an. Und dafür sollten sich Journalisten nicht auf ihr Bauchgefühl verlassen. Allerdings hat sich die Kommunikationswissenschaft bisher – sieht man einmal von der Nachrichtenform ab – noch wenig mit Nutzen und Wirkung der Darstellungsformen befasst.

Zusammenfassung

Der Journalismus verfügt über zahlreiche Darstellungsformen für die Vermittlung von Fakten über aktuelle Ereignisse, für ihre Erklärung, das Miterleben und die Kommentierung. Deren Regeln zu beherrschen, gehört zum grundlegenden Rüstzeug junger Journalistinnen und Journalisten. Allerdings – so zeigt die Diskussion der Nachricht – sollten die Regeln nicht unkritisch übernommen werden. Sie sind keine Allzwecklösungen, sondern bedürfen der kritische Prüfung, die sich vor allem an der Frage orientieren sollte, welchen Nutzen das Publikum hat. Eine Weiterentwicklung der Formen lässt sich derzeit in allen Medien beobachten. Vor allem das Internet bietet neue Optionen, die allerdings noch kaum ausgeschöpft werden.

Literaturempfehlungen

Haller, Michael (2001): Das Interview. Ein Handbuch für Journalisten. 3., überarbeitete Auflage, Konstanz: UVK.

Haller, Michael (2006): Die Reportage. Ein Handbuch für Journalisten. 5., überarbeitete Auflage, Konstanz: UVK.

La Roche, Walther von (2008): Einführung in den praktischen Journalismus. 18., aktualisierte und erweiterte Auflage, Berlin: Econ.

Pöttker, Horst (2003): Nachrichten und ihre kommunikative Qualität. Die „Umgekehrte Pyramide" – Ursprung und Durchsetzung eines journalistischen Standards. In: Publizistik. 48. Jg., H. 4, S. 414-426.

Schmidt, Siegfried J./Weischenberg, Siegfried (1994): Mediengattungen, Berichterstattungsmuster, Darstellungsformen. In: Merten, Klaus/ Schmidt, Siegfried J./ Weischenberg, Siegfried (Hrsg.): Die Wirklichkeit der Medien. Eine Einführung in die Kommunikationswissenschaft. Opladen: Westdeutscher Verlag, S. 212-236.

Kapitel 3:
Macht des Journalismus –
Können und wollen Journalisten
ihr Publikum beeinflussen?

Phänomene journalistischer Macht

Zwischen der Tanzfläche und seinem Bett stand für Lothar Matthäus der Bahnhofskiosk. Jeden Samstagabend, so berichtete er einmal aus seiner Zeit als Jungprofi bei *Borussia Mönchengladbach*, legte er auf dem Heimweg von der Disco einen Zwischenstopp am Hauptbahnhof ein, um die druckfrische *Bild am Sonntag (BamS)* zu kaufen. Denn ohne die Noten zu kennen, welche die Sportredakteure der *BamS* den Bundesligaspielern nach jedem Spieltag geben, konnte und wollte Matthäus nicht einschlafen. Ihr Bewertungssystem mag den Profis auch lange nach der Schulzeit noch vertraut vorkommen: Die „glatte Sechs" erhält der Spieler, der nach Meinung der Redakteure sein Geld nicht wert ist, während eine Eins ihn als „Weltklasse" adelt. „Die Noten in der *BamS* waren für mich am Anfang meiner Karriere das Maß aller Dinge", hat Matthäus einmal verraten (zitiert nach: Köster 2009). Was auf den ersten Blick als Eitelkeit eines allzu medienaffinen Spitzensportlers abgetan werden könnte, offenbart auf den zweiten vor allem das Maß an Einfluss, den Journalisten auf die Bewertung menschlichen Handelns besitzen. So sind die Spielernoten Teil des Machtanspruchs, den die Sportredakteure von *Bild* und *Bild am Sonntag* über den deutschen Profifußball erheben. Sie entscheiden – in sorgfältigen und abwägenden Prozessen, wie sie beteuern –, welcher Kicker eine gute Leistung gebracht hat und welcher als Versager gebrandmarkt wird.

Die ganze Wucht dieser speziellen Art journalistischer Machtausübung wird offensichtlich, wenn man sich den November 2009 in Erinnerung ruft, als sich Robert Enke, der Nationaltorwart, das Leben nahm. Seit Jahren hatte er unter schweren Depressionen gelitten. Dem Dauerdruck der Medien, den Schlagzeilen und Bewertungen hatte er sich nicht entziehen können. „Er versuchte, es nicht persönlich zu nehmen", schrieb Ronald Reng (2010: 333), Enke-Freund und Sport-Journalist, in seiner Biographie des Torhüters. Gelungen ist das Enke nicht.

Genauso wenig wie es der Schriftsteller Günter Grass geschafft hat, eine gelassene Distanz zu seinem wichtigsten Kritiker im Feuilleton zu wahren. So kam es 1995 zu einem öffentlich ausgetragenen und bis heute nicht beigelegten Streit zwischen dem Schriftsteller und dem nach wie vor einflussreichsten deutschen Literaturkritiker, Marcel Reich-Ranicki. Der hatte in einem im Nachrichtenmagazin *Der Spiegel* abgedruckten offenen Brief nicht nur Grass' neuen Roman „Ein weites Feld" verrissen. In einer Fotomontage auf dem Titelbild riss Reich-Ranicki das Buch des Nobelpreisträgers auch noch höchstpersönlich in Stücke – und ließ damit alte Wunden wieder aufbrechen: Grass beschuldigte Reich-Ranicki, viele Jahre zuvor schon seinen Roman „Die Rättin" durch seine Kritik „getötet" zu haben (zitiert nach: Spiegel Online 2002).

Doch selten hat die Frage nach dem Einfluss und der Macht der Medien und nach dem möglichen Missbrauch dieser Macht so sehr im Fokus der Öffentlichkeit gestanden wie am Abend des 18. September 2005, dem Tag der Bundestagswahl.

Eklat in der Elefantenrunde

Der Streit war schon vorprogrammiert, als die Moderatoren Nikolaus Brender und Hartmann von der Tann ihre erste Frage an die *CDU*-Kandidatin und Herausforderin Angela Merkel richteten – und nicht an Bundeskanzler Gerhard Schröder, der ihr im Studio gegenüber saß. Der grinste höhnisch und betrachtete gelangweilt seine Fingernägel, während die *CDU*-Chefin antwortete. Das Lächeln schwand, als Brender, der damalige Chefredakteur des *ZDF*, mit der Anrede „Herr Bundeskanzler" das Wort erstmals an Schröder richtete. „Schön, dass Sie mich auch schon ansprechen!", attackierte Schröder bissig. Das war der Auftakt zur bisher bemerkenswertesten Elefantenrunde, die im deutschen Fernsehen an einem Wahlabend ausgestrahlt wurde. Er werde Bundeskanzler bleiben, giftete Schröder weiter und zündete dann den Sprengsatz: „Auch wenn Sie dagegen anarbeiten!" Ein brachialer Vorwurf nicht nur an die Adresse Brenders und von der Tanns, sondern eine Breitseite gegen eine ganze Reihe großer Medienhäuser. Die Hochrechnungen an diesem Abend wiesen für die *SPD* deutliche Verluste aus, und allen zur Schau gestellten Triumphgesten während der Sendung zum Trotz musste Schröder wenige Wochen später das Kanzleramt räumen. Dafür machte er einen Teil der Medien verantwortlich, denn sie hatten seiner Auffassung nach ihre journalistische Macht missbraucht, um eine Kampagne gegen ihn und seine rot-grüne Bundesregierung zu inszenieren.

Die Diskussionsrunde der Spitzenkandidaten befeuerte nach der Bundestagswahl vom 18. September 2005 die Debatte über die Rolle des politischen Journalismus in der Demokratie. Verfolgen Journalisten eine eigene politische Agenda, statt sich auf die Berichterstattung über Politik zu beschränken? Manipulieren Journalisten ihr Publikum, anstatt es möglichst neutral zu informieren? Beanspruchen Sender, Zeitungen und Zeitschriften eine politische Gestaltungsmacht, die ihnen gar nicht zusteht? Zwar gibt es unter Journalisten durchaus unterschiedliche Auffassungen darüber, welche Rolle in der Gesellschaft sie spielen wollen und sollen. Doch die wenigsten begreifen sich als Meinungsmacher jener Couleur, die Gerhard Schröder mit grobem Pinselstrich in der Elefantenrunde gezeichnet hat. Oder als „getarnte Elefanten", wie die Publizistikprofessorin Elisabeth Noelle-Neumann (1977: 125f.) bereits in den 1970er Jahren vermeintlich manipulationswillige Fernsehjournalisten bezeichnet hat, die – und da deckt sich das Urteil der Wissenschaftlerin mit dem des „Medienkanzlers" – willens und in der Lage seien, Bundestagswahlen zu entscheiden. Der Eklat in der Elefantenrunde und der sich daran anschließende Diskurs über die Rolle des politischen Journalismus in der Gesellschaft deuten eher auf die Enttäuschung über die Auflösung traditioneller politischer Bindungen in dem Milieu hin, in dem Politiker und Journalisten gemeinsam wirken. Aber dazu später mehr.

Lernziele

➲ Was versteht man unter „Macht" im Journalismus?
➲ Über wie viel Macht verfügt der Journalismus?
➲ Welches Rollenverständnis besitzen Journalisten? Wollen sie Macht ausüben, oder bemühen sie sich um Neutralität?
➲ Setzen Journalisten ihre Macht zu Gunsten von Parteien ein, oder verfolgen sie eigene Interessen?
➲ Wie wird rechtlich eine zu starke Meinungsmacht einzelner Medien beschränkt, um Vielfalt zu sichern?

Sichtweisen der Praxis

Journalistisches Selbstverständnis: Wie Medienmacher ihre Rolle interpretieren

Sollen Journalisten politische Macht ausüben, Wahlen beeinflussen, sich als „Parapolitiker" betätigen, wie es der ehemalige Leiter des Spiegel-Hauptstadtbüros und heutige *Handelsblatt*-Chefredakteur Gabor Steingart formulierte? (zitiert nach: Hachmeister 2007: 130) Wollen sie die Wähler missionieren? Von links, wie es Noelle-Neumann (1977: 233) in den 1970er Jahren pauschal den damals noch ausschließlich öffentlich-rechtlichen Fernsehjournalisten unterstellte? Oder von rechts, wie der Schweizer Journalist Frank A. Meyer ebenso pauschal urteilte, als er die Meinungsführer des deutschen Hauptstadtjournalismus nach der Bundestagswahl 2005 – mit Blick auf eines der damals umstrittensten Wahlkampfthemen – der Klasse der „Flat-Tax-Journalisten" (zitiert nach: Hachmeister 2007: 17) zurechnete? Sollen es Journalisten eher mit Hanns-Joachim Friedrichs halten, der seinem Berufsstand die Äquidistanz empfahl? Also Neutralität als Berufsprinzip, weil sich ein guter Journalist eben nicht mit einer Sache gemein mache, auch nicht mit einer guten Sache?

Ausgerechnet eine Trägerin des *Hanns-Joachim-Friedrichs-Preises* konterkarierte die Position dieser Ikone des deutschen Journalismus, nämlich Anne Will. Sie vertrat die Überzeugung, dass Journalisten „ihre Mittel nutzen" müssten im Interesse einer guten Sache. So begründete sie ihren journalistischen Einsatz beispielsweise als Fürsprecherin der Armen in Afrika (zitiert nach: Lilienthal 2010: 34). Nicht Fürsprecher einer Seite, sondern vermittelndes Element zu sein – das ist es, was stattdessen Meyer (2006: 31) seinen Kollegen empfiehlt. Das aber wirft die Frage auf, ob Journalisten sich unter dem Regime einer solchen Selbstbeschränkung nicht zum zahnlosen Tiger entwickeln, zum harmlosen „News-Manager" nämlich, der Nachrichten zwar präsentiert, aber nicht mehr gewichtet und bewertet. Genau diese Gefahr sieht der einstige *taz*-Mitbegründer und *Spiegel*-Redakteur Tom Schimmeck heraufziehen, der zu den wichtigsten Medienjournalisten zählt. Ihm zufolge leidet der Journalismus derzeit vor allem darunter, dass er zu wenig Biss hat.

Sichtweisen der Praxis

„Unser Problem ist (...) die Nicht-Einflussnahme, die Nicht-Kritik" (Jellen/ Schimmeck 2010: 3).

Die Antworten, die Journalisten in ihrem Arbeitsalltag auf solche Fragen nach dem eigenen Rollenverständnis geben, fallen höchst unterschiedlich aus. Sie reichen von einem ausgeprägten Machtanspruch, der den Journalismus als Akteur auf der politischen Bühne definiert, bis hin zum exakten Gegenteil, nämlich zur selbstverordneten Beschränkung auf die Funktion eines neutralen Informationsvermittlers. Unternehmen wir einen Abstecher in drei verschiedene Redaktionen, um uns einen Eindruck von dieser Spannbreite zu verschaffen.

„Richtig – schnell – neutral": Das journalistische Koordinatensystem der *dpa*

„Agentur-Journalisten sind anders", sagt Wolfgang Büchner, und er meint damit: anders als die Stars der Branche, die so gern ins Rampenlicht der Talkshows drängen. Er meint aber auch: angenehmer, wenn nicht gar: besser. Das jedoch würde Büchner so nie sagen. Stattdessen sagt er: „Agenturjournalisten sind wunderbar unprätentiös, sie wollen nicht selbst im Rampenlicht stehen, sondern sind vorrangig an der Sache interessiert." Er muss wissen, wovon er redet, denn Büchner ist seit Mitte 2009 Chefredakteur der *Deutschen Presseagentur (dpa)*. Der Wunsch, im Hintergrund zu bleiben, ist in Zeiten, in denen manche Journalisten durch ihre Dauerpräsenz in den politischen Talkshows der Republik den Bekanntheitsgrad von Politikern übertreffen, durchaus bemerkenswert. Er drückt nicht nur den freiwilligen Verzicht auf die eigene Prominenz aus, sondern auch das berufliche Selbstverständnis der *dpa*-Journalisten. Sie sehen sich nicht als Wettbewerber im politischen Diskurs, die Politikern und Interessenvertretern ihre eigenen politischen Konzepte entgegensetzen. Ihr beruflicher Wertekanon ist im redaktionsinternen *dpa*-Kompass zusammengefasst. Wer hier arbeitet, heißt es da, sei der Neutralität und der Wahrheit verpflichtet.

Die *dpa*-Journalisten verstehen sich als gewissenhafte Beobachter, die im Dienste ihrer Kunden Ereignisse und Prozesse verfolgen und sie präzise wiedergeben. Die möglichst vollständige und möglichst schnelle Information über das wichtigste Weltgeschehen ist ein weiteres Ziel ihrer Arbeit. Genauso wie etwas, das in den vergangenen

Jahren deutlich an Gewicht gewonnen hat: die Analyse und Erklärung von Zusammenhängen, die in den Augen der Leser immer komplizierter werden. Ob Globalisierung oder demographischer Wandel, Finanzkrise oder Integration: Die Kundschaft verlangt nach Aufklärung und Verständnisvermittlung. Deshalb ist bei der *dpa* dieser Teil der Berichterstattung in den letzten Jahren kontinuierlich ausgebaut worden. Die Agentur liefert umfangreiche Hintergrund-Berichte, Portraits, Wortlaut-Dokumentationen, Stichwörter, Chronologien und Themenpakete, kurzum alles, was die Begleitberichterstattung, wie das Standardangebot aus aktuellen Meldungen und Berichten im Agentur-Jargon heißt, um erklärende und vermittelnde Komponenten ergänzt. Ganz eindeutig nicht zu den Aufgaben der *dpa*-Journalisten zählt die Kommentierung von Ereignissen. Die würde, so erklärt *dpa*-Chef Wolfgang Büchner, den Anspruch der Neutralität konterkarieren. Doch diese deutliche Positionierung beim Umgang mit den journalistischen Darstellungsformen ist im Alltag auch bei der *dpa* nicht leicht umzusetzen. Denn von den Korrespondenten und Redakteuren wird durchaus erwartet, dass sie die Ereignisse, über die sie berichten, auch einordnen, um so dem Leser Orientierung zu verschaffen. Wenn also z. B. die Bundesregierung ein Sparpaket verabschiedet, dann muss ein *dpa*-Journalist selbstverständlich die Qualität und die Wirksamkeit dieses Sparpakets erläutern. Wo aber verläuft genau die Grenze zwischen dem gewollten Einordnen und dem der Neutralität widersprechenden Kommentieren, wo hört das eine auf, und wo fängt das andere an (Kapitel 6)? Dies im Einzelfall zu unterscheiden, sei eine tägliche Gratwanderung, sagt Wolfgang Büchner. Die Verpflichtung auf den Grundsatz der neutralen Berichterstattung schlägt sich auch im Sprachstil nieder, der bei der *dpa* gepflegt wird. Die Mitarbeiter gehen mit wertenden Begriffen vorsichtig um: „Einen Politiker als ‚Scharfmacher' zu bezeichnen, mag bei Zeitungen und Magazinen akzeptabel sein", sagt Wolfgang Büchner, „in einem *dpa*-Bericht aber nicht."

„Die Mikros denen, die sonst nicht zu Wort kommen": Journalismus als Anwalt der Benachteiligten

Der Gründungskonsens war schnell formuliert: Antikapitalistisch, systemoppositionell und außerparlamentarisch – so wollten sich die vier Journalisten positionieren. Das war 1983, als Karl Rössel, Hans

Nakielski, Werner Balsen und Rolf Winkel ihr Journalistenbüro in der Kölner Südstadt gründeten. Und damit kein Zweifel aufkommen konnte, nannten sie es *Rheinisches JournalistInnenbüro (RJB)* – in Erinnerung an die *Neue Rheinische Zeitung*, die Karl Marx in derselben Stadt im Revolutionsfrühling 1848 gegründet hatte. Die *Neue Rheinische Zeitung* überlebte nicht einmal ein Jahr – das *Rheinische JournalistInnenbüro* brachte es immerhin auf 29 Jahre, auch wenn im Laufe der Zeit ein Teil der Partner wechselte.

Die Kölner Südstadt. Nur ein paar Schritte vom Chlodwigplatz entfernt öffnet eine Toreinfahrt den Blick in einen der vielen Hinterhöfe. Hier, hinter einer Fassade aus rot-braunem Ziegelstein und Glas, logierte das *RJB* bis Ende 2011: Ein verwinkeltes Loft mit offenen Zwischenetagen, in denen sich Regalschluchten voller Bücher abwechselten mit Schreibtischen, einem Sofa und anämischen Topfpflanzen. Das *RJB* war ein Journalistenbüro, dessen Konzept nicht nur aus einer anderen Zeit, sondern aus einer anderen Welt zu stammen schien. Am besten festmachen ließ sich das am Geld: Alle Honorare, welche die Mitglieder des Büros verdienten, flossen auf ein gemeinsames Konto. Jeden Monat erhielt jeder von ihnen ein Einheitsgehalt ausgezahlt, dessen Höhe zuvor im gemeinsamen Gespräch festgelegt worden war. Denn das *RJB* verstand sich nicht primär als ökonomisches, sondern als politisches Projekt. Wer hier arbeitete, wollte die Welt verändern.

Von Anfang an, so erzählt Karl Rössel, einer der Gründer des Büros, habe sich das *RJB* vor allem um zwei Themenbereiche gekümmert: zum einen um die Sozialpolitik – im weitesten Sinne. In diesem Bereich haben die Mitglieder beispielsweise Bücher geschrieben mit Tipps für Arbeitslose, sie haben Hörfunkreportagen aus der Arbeitswelt geliefert, haben etwa darüber berichtet, wie Arbeitgeber die Wahl von Betriebsräten verhindern. Als zweiten Schwerpunkt ihrer Arbeit nennen die Kölner Journalisten den Internationalismus, der sich im publizistischen Engagement für Themen, Regionen und Menschen außerhalb Deutschlands ausdrückt, die ansonsten in den Medien kaum Beachtung finden. Birgit Morgenrath, seit 1989 im *RJB*, hat sich seit vielen Jahren auf das südliche Afrika spezialisiert. Mit Reportagen über den damaligen Apartheidstaat am Kap hat sie sich in diesem Themengebiet einen Namen gemacht, ebenso wie ihr Kollege Gerhard Klas, dessen Schwerpunkt der indische Subkontinent ist. Mit ihrer Arbeit wollten die Journalisten des *RJB* eindeutig Position beziehen. Zugunsten derjenigen, die ansonsten in der öffentlichen Diskussion kein

Gehör finden. Sie sehen sich als Anwälte der Ausgegrenzten, wollten jenen die Mikrofone überlassen, die ansonsten nicht zu Wort kommen. Kurzum: Sie wollten eine Gegenöffentlichkeit schaffen – gegen das, was sie als Mainstream der politischen Berichterstattung empfinden. Objektivität in der Berichterstattung sei nichts anderes als eine „Fata Morgana", davon ist Karl Rössel überzeugt. Deshalb wollten die Journalisten vom *RJB* auch gar nicht erst vorgeben, objektiv zu sein. Natürlich, so betont Rössel, hörten er und seine Kollegen bei ihren Recherchen auch immer die Gegenseite – und doch ließen sie am Ende nie einen Zweifel daran, auf wessen Seite sie stehen. Wollten die *RJB*-ler mit ihrem journalistischen Konzept Einfluss nehmen, sogar Macht ausüben? Die Journalisten wiegen den Kopf, formulieren vorsichtig: „Wenn Journalisten in Berlin es schaffen, einen Politiker über einen Skandal stürzen zu lassen, dann halten sie sich für mächtig. So ein Rücktritt führt aber nur zu einem Personalwechsel, der in Wahrheit gar nichts ändert", sagt Gerhard Klas und schaut ernst. Es ist nicht schwer zu erkennen, dass ihm an dieser Form journalistischer Machtausübung nicht gelegen ist. „Für uns wäre es aber ein Erfolg, wenn wir zu einem Bewusstseinswandel bei den Menschen beitragen könnten." Im Dezember 2011 löste sich das *Rheinische JournalistInnenbüro* auf. Die Mehrzahl der Kollegen, insbesondere die aus der Gründergeneration, steuerte auf das Rentenalter zu. Die Suche nach neuen, jüngeren Partnern, die sich für das Konzept eines linken, anwaltschaftlichen Journalismus begeistern ließen, gestaltete sich überaus schwierig. Also beschlossen die *RJB*ler, mit einer großen Party einen Schlusspunkt hinter die Geschichte ihres Projekts zu setzen.

„Der neoliberale Kim Jong Il": Der Journalist als Meinungsmacher

„Natürlich will ich als Journalist Politik machen", sagt Gabor Steingart und lächelt dabei maliziös. Denn ihm ist klar, dass er damit mal wieder ein Zitat geliefert hat, das seinen zahlreichen Gegnern die Zornesröte ins Gesicht treiben wird. Der Chefredakteur des *Handelsblatts* und frühere Leiter des *Spiegel*-Hauptstadtbüros mag die gezielte Provokation. Ein Journalist, der seine politischen Ambitionen offen eingesteht? Der nicht einen Moment lang erwägt, eine Grenze zu ziehen zwischen der Aufgabe der Politik und der des Journalismus? Zwischen Akteur und

Sichtweisen der Praxis 71

Kontrolleur? „Politik wird schließlich nicht nur von Politikern gemacht", fügt er hinzu, um ja nicht missverstanden zu werden – und noch ein wenig nachzulegen. Vor ein paar Minuten hat er noch mit dem Korrespondenten in Zürich über die Stoßrichtung des Leitartikels der nächsten Ausgabe gesprochen. Per Telefon, die Füße auf dem Schreibtisch in seinem düsteren Büro. Nadelstreifenanzug und offener Hemdkragen: In Talkshows und Diskussionsrunden, in denen Steingart regelmäßiger Gast ist, sieht er nicht anders aus als hinter seinem Schreibtisch. Zwanzig Jahre lang hat Steingart für den *Spiegel* gearbeitet, sechs Jahre lang hat er dessen Hauptstadtbüro in Berlin geleitet. Dann hat er den Arbeitgeber gewechselt, hat das „Sturmgeschütz der Demokratie", wie Gründungsherausgeber Rudolf Augstein sein Magazin einst bezeichnete, verlassen und ist umgezogen in die Düsseldorfer Kavalleriestraße, von wo aus er nun als Chefredakteur des *Handelsblatts* seine Salven abfeuert.

Sein Verständnis von politischem Journalismus? Steingart muss nicht lange überlegen: „Ein politischer Journalist ist nicht neutral", sagt er. Seiner Ansicht nach bewegen sich politische Journalisten „auf Augenhöhe" mit der Politik: „Am öffentlichen Meinungskampf sind beide gleichberechtigt beteiligt", betont er. Sein Anspruch dabei: Ein Journalist muss die Agenda beeinflussen, Themen setzen und Entscheidungen herbeiführen, die er für richtig hält. Diesen Anspruch vertrat Steingart schon zu seiner Zeit im Hauptstadtbüro des *Spiegel*. 2005 kündigte er der rot-grünen Bundesregierung die publizistische Gefolgschaft auf, was den damaligen Außenminister Joschka Fischer dazu veranlasste, Steingart als „Kim Jong Il des deutschen Journalismus" zu brandmarken. Als Chefredakteur des *Handelsblatts* nimmt er nun nicht nur Politiker, sondern im Bedarfsfall auch die Chefetagen von Unternehmen ins Visier. Auch mit deren Vorständen, so betont Steingart, bewegen sich die Journalisten auf Augenhöhe – was selbstverständlich das Recht einschließe, schlechte Unternehmensführer zum Rücktritt aufzufordern.

Dass ihm sein journalistisches Rollenverständnis zuweilen den Vorwurf der „Meinungsmache" einträgt, störe ihn nicht, sagt Steingart. Meinungsbildung und Meinungsmache – letztlich gebe es da keinen Unterschied: „Außer, dass der Begriff ‚Meinungsmache' von denen verwendet wird, die anderer Meinung sind."

Die porträtierten Journalisten stehen für unterschiedliche Auffassungen darüber, wie Journalisten ihre Rolle interpretieren: als Chronist,

Anwalt der Benachteiligten oder Meinungsmacher. In den letzten beiden Rollen wollen Journalisten mehr sein als nur neutrale Berichterstatter: Sie wollen in der Politik mitmischen. Der Wahlkampf des Jahres 2005 hatte die Medienlandschaft in der Tat gravierend verändert. Dass die von Rot-Grün unter der Überschrift „Agenda 2010" geleistete Reformarbeit nicht ausreichen würde, Deutschland durch die Wirtschaftskrise und den demographischen Wandel zu führen, war eine Auffassung, die seit langem von einem Teil der Medien vertreten wurde. Neu in diesem Wahljahr war allerdings, dass nun auch Medien, die traditionell seit Gründung der Bundesrepublik Teil des linksliberalen Lagers waren, diese Position vertraten – und damit auf Distanz zu Schröder gingen. Vor allem der *Stern* und der *Spiegel*, aber auch die *Süddeutsche Zeitung* und *Die Zeit* gingen kritisch mit der Regierung um (Brauck 2005: 18; NZZ 2005: 50; Prantl 2005: 4). Diesen Moment der Auflösung der traditionellen Lagerbildung in der Medienlandschaft bezeichnete Gabor Steingart (2007) später als „Selbstbefreiung des Journalismus". Steingart und andere Journalisten, die nicht länger die Fesseln tradierter politischer Lagerbindungen tragen wollten, wurden daraufhin als „neoliberal" gebrandmarkt – und zwar von jenen Berufskollegen, die dem Schema der Bonner Republik folgend dem linksliberalen Spektrum die Treue gehalten hatten.

Die publizistische Landschaft sei zu Bonner Zeiten eine Kopie der politischen Landschaft gewesen, urteilte Steingart:

> „*WDR*-Rotfunk gegen Springerpresse, wenn die *Süddeutsche Zeitung* liberal kommentierte, hielt die *FAZ* aus Prinzip dagegen. *Stern* und *Spiegel* kämpften Seit' an Seit' gegen alles, was konservativ war, von Adenauer bis Kohl." (ebd.)

Das wurde nicht anders, als Gerhard Schröder 1998 Helmut Kohl ablöste. Steingart berichtet, wie der Kanzlerkandidat der *SPD* kurz vor der Bundestagswahl 1998 im kleinen Kreis führende Mitarbeiter des Hamburger Nachrichtenmagazins darum bat, der *Spiegel* möge ihm beistehen, sonst sei „der Kohl nicht zu packen". Damals bekam Schröder die Rückendeckung der traditionell linksliberalen Medien – sieben Jahre später aber nicht mehr. Kein Wunder also, dass er dem Eindruck erlag, es habe 2005 eine Medienkampagne gegeben mit dem Ziel, ihn „weg zu schreiben".

„Right or wrong – my party!"
Politischer Journalismus in der Bonner Republik

Als die junge Praktikantin Anfang der 1990er Jahre zu ihrem ersten Arbeitstag in das Bonner Studio eines öffentlich-rechtlichen Senders kommt, findet sich sofort ein erfahrener Kollege, der ihr Orientierung verschafft. „Ich bin hier für die *FDP!*", stellt er gleich zur Begrüßung klar. Und diese Feststellung hatte drei Dimensionen: Zum einen war der Kollege seit langer Zeit und als einziger Mitarbeiter des Studios für die Berichterstattung über die *FDP* zuständig. Zum Zweiten gab er sich damit auch unumwunden als Anhänger der *FDP* zu erkennen. Und drittens fühlte er sich zudem von der *FDP* beauftragt, die Interessen der Partei im Biotop des Studios und darüber hinaus im Programm des Senders zu vertreten. Das Bekenntnis zu einer Partei war zu Zeiten der Bonner Republik ein fester Bestandteil des Hauptstadtjournalismus. Die politische Orientierung vieler Zeitungen war bekannt, und die Journalisten, die für sie arbeiteten, wurden unter der jeweiligen Parteifärbung des Blattes verbucht. Nicht eindeutig parteipolitisch zuordnen ließen sich lediglich Zeitungen, die sich auf die Tradition eines „Generalanzeiger"-Konzepts beriefen, die also Wert legten auf parteipolitische Unabhängigkeit – ein Anspruch, den sie einzulösen versuchten, indem sie in ihren Parlamentsbüros Journalisten unterschiedlicher parteipolitischer Orientierung versammelten.

Noch komplizierter war der Fall beim öffentlich-rechtlichen Rundfunk, der dem Binnenpluralismus verpflichtet ist. Der wurde sichergestellt, indem die Korrespondentenstellen in den Bonner Studios der einzelnen Sender nach einem den Wahlergebnissen folgenden Parteienproporz besetzt wurden. Das Bekenntnis zu einer Partei lieferten die Journalisten häufig freiwillig und höchstpersönlich ab: Sie ließen sich beim Sprecher der Partei ihrer Wahl als Mitglied oder zumindest als Sympathisant registrieren. Der Parteisprecher hatte dann ein wachsames Auge darauf, ob die Journalisten seines Vertrauens dieses auch wirklich verdienten. Taten sie es nachhaltig, winkten attraktive Posten als Belohnung, etwa der Job eines Büro- oder Studioleiters. Gab es einen solchen Posten zu verteilen, wurde die Journalisten-Liste von den Medienpolitikern der Partei, die das Zugriffsrecht für sich beanspruchten, nach geeigneten Kandidaten durchforstet.

Häufig funktionierte der Mechanismus aber auch anders herum: Dann meldeten Journalisten, die lange Zeit treu im Blatt oder im Programm die Fahne ihrer Partei hochgehalten und ihr so gedient hatten, eben dort, bei der Partei, ihr Interesse an einer neuen beruflichen Herausforderung an. Erste Risse erhielt diese enge Symbiose im Milieu von Parteipolitik und Journalismus mit dem Einzug der *Grünen* in den Bundestag. Deren politischer Erfolg war nicht zuletzt Ausdruck eines gesellschaftlichen Wandels, zu dem auch die Auflösung festgefügter Milieus, der Bedeutungsverlust von gesellschaftlichen Organisationen, die einzelnen Parteien nahestehen („Vorfeldorganisationen"), und der Aufstieg des Wechselwählers zählten. Dieser graduellen Emanzipation der Gesellschaft von den Parteien hat sich auch der Hauptstadtjournalismus nicht entzogen – zu vollständiger parteipolitischer Unabhängigkeit ist er aber noch nicht gelangt.

Und damit zurück zur Elefantenrunde des Jahres 2005. Der Streit um die vermeintliche Medienkampagne gegen Rot-Grün war ein weiterer Beitrag zur Diskussion über die Rolle des politischen Journalismus, die bis zum heutigen Tag anhält. 2009, nach einer weiteren Bundestagswahl, erhielt diese Debatte eine neue Wendung. Diesmal ging es nicht um die parteipolitische Positionierung der Hauptstadtpresse, sondern um ihr Verhalten gegenüber der Politik als Ganzes. Viele Journalisten, darunter auch *Zeit*-Chefredakteur Giovanni di Lorenzo (2009), warfen der eigenen Zunft vor, sich mittlerweile dem allgemein herrschenden Politikverdruss der Bürger angeschlossen zu haben – und mehr noch: ihn zu verstärken, anstatt dem Publikum die Bedingungen von Politik zu erklären. In der Tat: Wenn es im Bundestagswahlkampf 2009 ein omnipräsentes Topos der Berichterstattung gab, dann war es die Feststellung, er sei langweilig gewesen. Das „Fernseh-Duell" der Spitzenkandidaten Angela Merkel (*CDU*) und Frank Walter Steinmeier (*SPD*) wurde als „Duett" verhöhnt. Und die *Financial Times Deutschland* schrieb vom „Valiumwahlkampf" (Delfs 2009). Die Medien erhoben, so die rückblickende Kritik, damals den Anspruch, „dass ihr Politiker für uns, das Volk, tanzt" (Gaschke 2009). Bernd Ulrich, heute stellvertretender Chefredakteur der *Zeit*, hatte bereits 2006 eine neue Lagerbildung im politischen Journalismus ausgemacht. Da stünden nicht mehr Rechte gegen Linke, schrieb er, die dominierende Differenz bestehe stattdessen zwischen „Politik-Verstehern und Politik-Verächtern" (Ulrich 2006), also zwischen einer schrumpfenden Zahl von Journalisten, die Politik noch erklären und vermitteln wolle, und einer wachsenden Zahl von Berichterstattern, die das Ressentiment vom unfähigen und im Zweifel auch noch raffgierigen Politiker bediene. Als eine Ursache für diese Entwicklung machte Ulrich die verlorengegangene Bindung von Journalisten an Parteien aus, die zwar als echter journalistischer Fortschritt zu werten sei, aber gleichzeitig eben auch ein journalistisch-ethisches Vakuum habe entstehen lassen. Der Journalismus als Politik-Verächter – das wäre nach diesem Verständnis dann also die Kehrseite der „Selbstbefreiung", von der Gabor Steingart gesprochen hat.

Als wesentliche Komponente des politikverachtenden Journalismus wurde die von einer Reihe von Journalisten ausgemachte Neigung des Berufsstands identifiziert, das (Fehl-)Verhalten von Politikern ohne Maß und Mitte zu skandalisieren. Nachdem Bonusmeilen- und Dienstwagenaffären beinahe der Status von Staatskrisen zugeschrieben worden war, warf Zeit-Chefredakteur Giovanni di Lorenzo die für den „hyperkritischen, jagenden" (zitiert nach: Ulrich 2006) Politik-Journalismus wenig schmeichelhafte Frage auf: „Sind wir eigentlich noch recht bei Trost?" (di Lorenzo 2009) Und die Zeit-Autorin Susanne Gaschke (2009) ging noch einen Schritt weiter, indem sie an diesen Sachverhalt erinnerte: „Die Presse genießt Privilegien, ihre Aufgabe ist es, jene kritische Öffentlichkeit herzustellen, ohne die Demokratie nicht funktionieren kann – sie genießt sie nicht, um ihre Kunden gegen diese Demokratie aufzuhetzen."

Perspektiven der Forschung

Mit der Machtfrage beschäftigen sich die Journalisten selbst sehr intensiv – aber auch für die Forschung ist Macht ein wichtiges Thema. Die oben diskutierten Punkte werden hier noch einmal aufgegriffen und aus wissenschaftlicher Sicht erörtert. Also: Streben Journalisten nach Macht? Wofür setzen sie diese ein? Und hat sich ihr Verhältnis zur Politik gewandelt? Vorausgeschickt werden muss aber eine grundlegende Klärung: Was versteht man unter „Macht"? Über wie viel Macht verfügt der Journalismus? Und wie wird verhindert, dass einzelne Medien zu viel Meinungsmacht besitzen?

Allmacht oder Ohnmacht der Medien?

Was also bedeutet *Macht*? Der Soziologe Max Weber (1972 [1922]: 28) definiert Macht als „jede Chance, innerhalb einer sozialen Beziehung den eigenen Willen auch gegen Widerstreben durchzusetzen, gleichviel worauf diese Chance beruht." Speziell mit *Meinungsmacht* ist die absichtsvolle Einflussnahme von Redaktionen auf Prozesse der öffentlichen und individuellen Meinungsbildung gemeint. Dies geschieht insbesondere dadurch, dass Redaktionen Themen auswählen, in einen bestimmten Rahmen stellen und kommentieren (Habermas 2008: 173-179). Wie groß ist die Meinungsmacht?

Diese Frage richtet sich an die *Medienwirkungsforschung*. Die Annahme, dass Medien über eine besonders große Macht verfügen, wird in der Kommunikationswissenschaft bereits seit den 1940er Jahren angezweifelt. Es zeigte sich nämlich, dass zwischen der Botschaft und der durch sie hervorgerufenen Wirkung kein einfacher (monokausaler) Zusammenhang besteht, der sichere Prognosen und damit auch die Ausübung von Macht erlaubt. Zu komplex sind die Wirkungen und von zu vielen Faktoren abhängig. So ist nicht bei allen Rezipienten die Art und Stärke der Wirkung identisch. Dies schließt nicht aus, dass es Konstellationen gibt, die Medienmacht begünstigen. Einfache Antworten gibt es hier aber nicht.

Rezipienten sind also zumeist keine leicht manipulierbaren, willenlosen Opfer der Medien, denen sie schutzlos ausgeliefert sind – auch wenn dies Werbetreibende vielleicht gerne so hätten und Kritiker befürchten. Woran liegt das? Rezipienten sind eingebettet in einen *sozialen Kontext* (Familie, Freunde, Kollegen etc.), der sie ebenso wie die Medien beeinflusst und vor ihnen beschützt. Außerdem sind die Rezipienten selbst *aktiv*. Sie weichen z. B. Überredungsversuchen wie im Fall der TV-Werbung aus, indem sie umschalten oder zum Kühlschrank gehen. Oder sie reagieren darauf mit Ablehnung (Reaktanz). Rezipienten wählen mit Vorliebe solche Medienangebote aus, die sie in ihren Auffassungen bestärken (Vermeidung kognitiver Dissonanz) und die ihre Bedürfnisse befriedigen (Nutzen- und Gratifikations-Ansatz). Sie verarbeiten individuell Medienbotschaften gemäß ihrem Vorwissen und ihren Einstellungen. Und oft geschieht dies nur oberflächlich (auf der „peripheren Route" der Informationsverarbeitung), weil sie wenig involviert sind, sodass auch nicht viel hängenbleibt und anhaltende Effekte ausbleiben.

Auf keinem anderen Feld der Kommunikationswissenschaft ist so intensiv geforscht worden wie im Bereich der Medienwirkungsforschung. Weil an dieser Stelle nicht auf die Vielzahl der theoretischen Ansätze eingegangen werden kann, sei auf einige Lehrbücher verwiesen:

Für Anfänger sind die kompakten und gut lesbaren Darstellungen von Heinz Bonfadelli und Thomas N. Friemel (2011) sowie Michael Jäckel (2012) zu empfehlen. Wer es noch genauer wissen möchte, sollte das Standardwerk zur Medienwirkungsforschung von Michael Schenk (2007) zur Hand nehmen.

Fünf Wirkungsarten lassen sich unterscheiden: kognitive Wirkungen, Einstellungswirkungen, affektive und soziale Wirkungen sowie Verhaltenswirkungen. Meinungsmacht entsteht vor allem dann, wenn zielgerichtet Einstellungen und Verhalten beeinflusst werden können, was allerdings – wie viele Jahrzehnte Forschung zeigen – nur unter besonderen Umständen möglich ist (Schenk 2007). Unter „Einstellungen" werden dauerhafte Dispositionen verstanden, z. B. feste Haltungen gegenüber Parteien und Politikern. Sie sollen der Schlüssel für Verhaltenswirkungen sein, z. B. für das Wahlverhalten. Wie dies geschehen soll, erklärt die *Theorie der Schweigespirale* (auf die unten näher eingegangen wird).

Leichter erreichbar sind kognitive Wirkungen, also die Vermittlung von Wissen über die Welt. Medien bestimmen also eher, *worüber* wir nachdenken, als die Art, *wie* wir darüber denken. Zu den kognitiven Wirkungen wird das *Agenda-Setting* der Medien gerechnet. Damit ist gemeint, dass Medien durch Auswahl und Aufmachung die Einschätzung der Wichtigkeit von Themen im Publikum beeinflussen. Sie können darüber hinaus eine bestimmte Einordnung von Ereignissen nahelegen: *Frames* enthalten z. B. Erklärungen und Rollenzuweisungen, etwa darüber, wer für ein Ereignis verantwortlich ist oder wer davon betroffen ist.

Theorie der Schweigespirale

Für viel Furore gesorgt hat die Theorie der Schweigespirale, und zwar nicht nur in der Wissenschaft, sondern auch in der breiteren Öffentlichkeit. Sie ist die vermutlich bekannteste und zugleich umstrittenste Wirkungstheorie, mit deren Hilfe Medienmacht erklärt wird. Entwickelt wurde sie ab den 1970er Jahren von der in Mainz lehrenden Publizistikwissenschaftlerin Elisabeth Noelle-Neumann (2001; Schenk 2007: 526-577). Der weitreichende Erklärungsanspruch und die Komplexität der Schweigespirale ergeben sich daraus, dass sie das Verhalten, die Einstellungen und die Wahrnehmungen der Rezipienten mit der

„öffentlichen Meinung", der Medienberichterstattung sowie den Einstellungen und dem Verhalten der Journalisten in Verbindung bringt. Der Ausgangspunkt der Theorie ist die Annahme, dass Menschen aus Isolationsfurcht zum Schweigen neigen, wenn sie feststellen, dass sie mit ihrer Meinung in der Minderheit sind. Umgekehrt wächst ihre Redebereitschaft, wenn sie sich als Teil der Mehrheit sehen. Darüber hinaus haben sie die Tendenz, dem Konformitätsdruck nachzugeben und die Mehrheitsmeinung zu übernehmen. Ob sie zur Mehrheit oder Minderheit gehören, ermitteln Menschen durch die Beobachtung ihrer Umwelt. Dabei spielen Massenmedien eine zentrale Rolle: Über viele politische Themen sind sie die wichtigste Informationsquelle. Dadurch sind die Medien allerdings auch in der Lage, die Wahrnehmung zu verzerren, indem sie die tatsächliche Minderheitenmeinung als herrschende „öffentliche Meinung" und damit als Mehrheitsmeinung ausweisen (doppeltes Meinungsklima). So setzen sie den Spiralprozess in Gang, der der Theorie ihren Namen gegeben hat: Vertreter der bisherigen Minderheitenmeinung sind redebereiter und machen ihre Meinung dadurch sichtbarer, während jene, die die bisherige Mehrheitsmeinung vertreten haben, in Schweigen verfallen. Verstärkt wird die Dynamik durch die Wiederholung (Kumulation) und Einigkeit (Konsonanz) zwischen den Medien. In totalitär regierten Staaten mit gelenkten Medien, in denen keine Meinungsvielfalt besteht, sind die Voraussetzungen, mit einer solchen Strategie zum Erfolg zu kommen, am besten.

Der Mechanismus der Schweigespirale kann der Theorie zufolge gezielt ausgelöst werden, was den Journalisten eine erhebliche Macht verleihen würde – Noelle-Neumann behauptete sogar, dass dadurch Wahlen entschieden worden sind. Allerdings haben die zahlreichen empirischen Prüfungen die Theorie nur in Teilen bestätigen können. So erwies sich der Anteil der Anpasser, die – der Theorie entsprechend – ihre Redebereitschaft der Einschätzung des Meinungsklimas anpassen, in einer Befragung des Soziologen Jürgen Gerhards (1996: 5) als „eine verschwindende Minderheit". Noelle-Neumann hat selbst eine Reihe von Bedingungen genannt, die erst erfüllt sein müssen, damit der Spiralprozess in Gang kommt: Die Meinungen müssen im Fluss sein, die Streitfrage sollte moralisch besetzt sein, und die Medien sollten ihre Position gut identifizierbar vertreten. Nur unter diesen ganz speziellen Bedingungen kann der Journalismus Macht über den Mechanismus der Schweigespirale ausüben.

Die Theorie der Schweigespirale betont die Wirksamkeit sozialer Gesichtspunkte (Isolationsfurcht) gegenüber sachlichen Gesichtspunkten (Kraft des besseren Arguments) für die Meinungsbildung. Damit behauptet sie eine Abweichung vom Idealbild der Demokratie, in dem die Bürger ihre eigene Meinung alleine vom rationalen Abwägen der Pro- und Contra-Argumente abhängig machen, ohne auf die anderen zu schielen. Die Theorie gelangt also zu einem ernüchternden Fazit für die politische Öffentlichkeit.

Eingebildete Wirkungen: Reziproke Effekte und Skandale

Dass der Journalismus in der Demokratie über (zu viel) Macht verfügt und gewillt ist, sie einzusetzen, ist offenbar eine in der Bevölkerung verbreitete Annahme (Donsbach et al. 2009: 70f.). Schon alleine deshalb, weil viele daran glauben, verfügt der Journalismus über Macht. Wie kommt das? Die *Wirksamkeit der Unterstellung der Wirksamkeit* von Medien funktioniert so: Menschen orientieren sich in ihrem Handeln nicht an der Wirklichkeit, sondern an ihren Vorstellungen über die Wirklichkeit, die richtig oder falsch sein können (Merton 1980). Wenn sich Politiker in ihrem Handeln – vor allem bei ihren eigenen Medienauftritten – an den vermuteten Wirkungen auf das Publikum orientieren, spricht der Mainzer Publizistikwissenschaftler Hans Mathias Kepplinger (2009: 682-686) von *reziproken Effekten*.

Und wer liefert die Vorstellungen darüber, wie Medien wirken? Viel zitiert ist der Satz des Soziologen Niklas Luhmann (1996: 9): „Was wir über unsere Gesellschaft, ja über die Welt, in der wir leben, wissen, wissen wir durch die Massenmedien." Sie liefern die Grundlage, auf der Menschen handeln. Und auch die Vorstellungen über die Wirksamkeit von Medien sind selbst in erster Linie ein Produkt der Medien.

Vor allem im Verlauf von *Skandalen* gleichen die Medien einer Art von Spiegelkabinett, in dem sie ständig beobachten, berichten und kommentieren, was sie mit ihren Publikationen bewirkt haben: Wie war das Echo der anderen Medien? Wie haben Politiker in ihren Statements darauf reagiert? Was sagen aktuelle Bevölkerungsumfragen über die Bewertung des skandalisierten Politikers und seiner Partei? Ist er noch tragbar, oder schwindet der Rückhalt unter den Wählern und in den eigenen Reihen? Prognosen und Forderungen lenken den Blick auch in die Zukunft: Verschlechtern sich die Wahlaussichten? Wird der Rücktritt verlangt, oder steht er bereits unmittelbar bevor? Auf diese Vermutungen und Vorhersagen reagieren dann wiederum die am Skandal Beteiligten. Der Erfolg eines Skandalisierungsversuchs hängt wesentlich davon ab, ob es gelingt, einen Konsens über die Bewertung des skandalisierten Verhaltens herzustellen (Kepplinger 2012: 55-65). Deshalb muss gezeigt werden, dass die Vorwürfe überzeugen und dass die Empörung mehrheitlich geteilt wird. Um die breite Ablehnung des Skandalisierten zu dokumentieren und zusätzlichen Druck aufzubauen, wechseln die Redaktionen also gerne auf die *Metaebene*: Sie analysieren selbst den Zusammenhang zwischen dem Verhalten der betroffenen Politiker gegenüber den Medien, das Verhalten der Medien und anderer Politiker sowie deren Einfluss auf die Bürger. Was tatsächliche Wirkung ist und was nur unterstellte Wirkung, deren Behauptung aber selbst wiederum wirksam ist, lässt sich dabei kaum noch entwirren.

Bei alledem löst sich der Skandal immer weiter von seinem Ursprung ab. Stattdessen werden die durch ihn ausgelösten Reaktionen selbst zum Hauptgegenstand: Wollen die Skandalisierten etwas vertuschen, lügen sie? Verfolgen sie eine Salami-Taktik? Ist also ihr Skandalmanagement selbst wiederum skandalös? Alle beobachten sich wechselseitig und reagieren aufeinander. Das Internet steigert die Transparenz und beschleunigt die Abläufe noch. Dadurch werden Steuerungsversuche noch aussichtsloser (Pörksen/Detel 2012). Wenn dann schließlich ein Politiker zurückgetreten ist, gilt dies als Beweis für die Macht des Journalismus – auch wenn der eigentliche Grund die vagen und unzutreffenden Einschätzungen über die Wirksamkeit der Medien waren. Und nicht selten werden falsche Anschuldigungen erhoben, wie sich dann in der Nachbetrachtung herausstellt (Kepplinger 2012).

Gerade bei Skandalen ist die Macht des Journalismus also groß und greifbar. Sie werden im Journalismus mit großer Aufmerksamkeit registriert und erinnert, weil sie – vor allem, wenn es zum Rücktritt kommt – eine Machtdemonstration sind. Für manche „Alpha-Journalisten" sind sie Trophäen. Dabei stellt sich allerdings auch die Frage, inwieweit diese „Vierte Gewalt" in einer Demokratie legitimiert ist: Sie ist es nicht durch Wahlen. Stattdessen muss der Journalismus durch die Bereitschaft, seine öffentliche Aufgabe für die Demokratie zu erfüllen, die Beweiskraft seiner Belege und die Überlegenheit seiner Argumente überzeugen. Auch seine eigenen Praktiken und Normen müssen der öffentlichen Kritik und Kontrolle standhalten. Deshalb ist es wichtig, dass Medien konkurrieren und sich wechselseitig auf die Finger schauen. Darüber hinaus dient die berufliche Selbstverpflichtung auf einen Regelkatalog dazu, journalistische Macht zu legitimieren und zu begrenzen. Rechtlich hat der Journalismus einen sehr großen Spielraum zugestanden bekommen, mit dem er verantwortungsvoll umgehen sollte.

Meinungsmacht und ihre rechtliche Beschränkung

Allerdings gibt es auch rechtliche Grenzen: Für eine funktionierende Meinungsbildung in der Demokratie ist die publizistische Vielfalt eine notwendige Voraussetzung. Diese Vielfalt zu sichern und das Entstehen vorherrschender Meinungsmacht zu verhindern, ist ein zentrales Anliegen der *Medienregulierung*. Hier werden Vorsichtsmaßnahmen getroffen, die gar nicht erst die Möglichkeit zulassen sollen, dass ein oder wenige Anbieter zu großen Einfluss auf die Meinungsbildung gewinnen können. Auch in Deutschland gibt es für Rundfunk und Presse spezielle Regeln zur Konzentrationsbegrenzung und Vielfaltssicherung (Puppis 2010: 274-286).

Dem *Fernsehen* schreibt das Bundesverfassungsgericht besonders viel Meinungsmacht zu und begründet dies mit drei Merkmalen des Mediums: Neben Aktualität und Breitenwirkung besitze das Fernsehen eine hohe „Suggestivkraft". Damit ist gemeint, dass es durch die Kombination aus Bewegtbild und Ton einen authentischen, glaubwürdigen Eindruck erzielt und unterschwellig wirkt. Diese Begründung klingt aus Sicht der Kommunikationswissenschaft eher laienhaft. Dass das Fernsehen mächtiger als die Presse ist, trifft so pauschal nicht zu. Dennoch ist das Grundanliegen richtig: Potenzielle Meinungsmacht muss begrenzt werden.

Wie legt man dafür Grenzen fest? Im Rundfunkstaatsvertrag, den die Bundesländer geschlossen haben, ist für bundesweit ausgestrahlte private Fernsehprogramme eine *Zuschaueranteilsgrenze* vorgesehen: Eine Senderfamilie darf höchstens einen Zuschaueranteil von 30 Prozent besitzen. Keine Rücksicht wird dabei auf die Art der Programme genommen – Unterhaltung erhält in der Berechnung das gleiche Gewicht wie politische Informations- und Diskussionssendungen. Auch die Binnenvielfalt einer Senderfamilie spielt keine Rolle. Diese inhaltlichen Aspekte auszublenden, hat den Vorteil, dass die Messung vereinfacht wird. Die beiden großen Senderfamilien in Deutschland, die *RTL*

Group und die *ProSiebenSat.1 Media AG*, sind stets (knapp) unterhalb der 30 Prozent-Grenze geblieben. Die Frage der Konzentrationsmessung ist dennoch zum Streitfall geworden. Die *Kommission zur Ermittlung der Konzentration im Medienbereich (KEK)* hat im Jahr 2006 die Übernahme der *ProSieben-Sat.1 Media AG* durch die *Axel Springer AG* unter Verweis auf eine zu große Meinungsmacht untersagt, die der neu entstehende Multimedia-Konzern gewinnen würde. Bei seiner Entscheidung berücksichtigte die *KEK* auch das Engagement des Springer-Verlags auf anderen Medienmärkten (Zeitungen, Zeitschriften, Hörfunk, Internet). In Anbetracht der ökonomischen Verflechtung der Einzelmedien und der zunehmenden Medienkonvergenz ist dieses Vorgehen sicherlich angemessen. Die Gewichtungsfaktoren, die dabei für die Berechnung der Meinungsmacht der einzelnen Medien verwendet wurden, waren allerdings nur grobe Schätzwerte.

Ist die Ballung von Meinungsmacht im *Internet* kein Problem mehr (Neuberger/Lobigs 2010)? Immerhin kann dort jeder das Wort ergreifen, der sich am politischen Diskurs beteiligen möchte. Bisher hat ein technisches „Nadelöhr" den Zugang zur Öffentlichkeit beschränkt: Sendezeit und Druckseiten waren knapp. Die Redaktionen als Schleusenwärter („Gatekeeper") konnten nur wenig passieren lassen. Die Lage hat sich im Internet geändert, weil dort der Publikationsraum nahezu unbegrenzt ist. Doch dass dies gleichbedeutend wäre mit einer Gleichverteilung von Macht, erscheint nur auf den ersten Blick so. Tatsächlich verliert der Journalismus auch im Internet nur teilweise seine Rolle als „Gatekeeper": Redaktionen können dort im Prinzip zwar umgangen werden – trotzdem sind professionell-journalistische Angebote auch im Internet wichtige „Leuchttürme". Sie ziehen einen großen Teil der Aufmerksamkeit auf sich und sind glaubwürdiger als z. B. Social Media (Neuberger 2012). In den USA ist die Konzentration des Publikumsmarktes im Internet sogar höher als in den traditionellen Massenmedien (Hindman 2008). Für Deutschland liegen zwar keine vergleichbaren Messergebnisse vor, doch dürfte die Situation hier kaum anders sein.

Meinungsmacht haben im Internet außerdem auch Suchmaschinen, die den Nutzern helfen, sich in der „Informationsflut" zurechtzufinden. Sie können die Aufmerksamkeit in bestimmte Richtungen lenken. Auch Parteien und Politiker erlangen Meinungsmacht, weil sie via Internet einen direkten Zugang und damit auch Einfluss auf die Bürgerinnen und Bürger haben. Sie sind nicht mehr zwingend auf Journalisten als Vermittler angewiesen.

Machtwille der Journalisten: Oberlehrer und Missionare?

Selbst wenn Journalisten über Meinungsmacht verfügen, so bleibt immer noch zu fragen, ob sie diese Macht auch einsetzen wollen oder darauf verzichten. Über welches Rollenverständnis Journalisten verfügen können, wurde zu Beginn dieses Kapitels an drei Beispielen illustriert. Wie verbreitet sind die Auffassungen über die journalistische Rolle?

Den deutschen Journalisten wurde lange Zeit nachgesagt, dass sie zum *Gesinnungsjournalismus* – statt zum Nachrichtenjournalismus angelsächsischer Prägung – neigen, also ihren Einfluss für die „gute Sache" geltend machen und in der Politik mitmischen wollen. Dieser Vorwurf wurde vor allem von der „Mainzer Schule" der Kommunikationswissenschaft erhoben, zu der neben der Institutsgründerin Elisabeth Noelle-Neumann auch Forscher wie Wolfgang Donsbach und Hans Mathias Kepplinger zählen. Sie stellten einen Zusammenhang her zwischen einem Journalismus, dessen Vertreter sich als links orientierte Gegenelite zu Politik und Wirtschaft verstehen, und der Macht, die ihnen der Mechanismus der Schweigespirale verleiht, um die Gesellschaft zu beeinflussen.

Sind deutsche Journalisten tatsächlich in erster Linie Oberlehrer und Missionare, die dem Publikum die Richtung weisen wollen? Neuere Journalistenbefragungen über das Rollenverständnis von Journalisten lassen eine solche Absicht kaum erkennen. Im Rahmen der Studie „Journalismus in Deutschland", in der in den Jahren 1993 und 2005 repräsentativ Berufsvertreter befragt wurden (Weischenberg/Malik/Scholl 2006: 97-119, 270), überwog ihr Selbstverständnis als *neutraler Vermittler und Informationsdienstleister.* Es nahm zwischen den beiden Zeitpunkten sogar zu: Die Journalisten wollten das Publikum möglichst neutral und präzise informieren (2005: 89%), ihm komplexe Sachverhalte erklären (79%), möglichst schnell Informationen vermitteln (74%) und die Realität so abbilden, wie sie ist (74%). Dagegen besaß ein Verständnis als Kritiker an Missständen (58%), Kontrolleur von Politik, Wirtschaft und Gesellschaft (24%), als Anwalt der Benachteiligten (29%) und Agendasetter (14%) nicht nur ein kleinerer Teil der deutschen Journalisten, dieser ist auch noch geschrumpft. Die Informationsqualität ist den Journalisten demnach wichtiger als die Wirkung, die sie erzielen. Größer als ihr Interesse an Machtausübung ist auch ihr Verständnis als Unterhalter (37%) und Ratgeber (44%); auch in diesen Rollen orientieren sie sich primär an den Erwartungen des Publikums.

Im internationalen Vergleich weichen die deutschen Journalisten nicht auffällig ab (Hanitzsch/Seethaler 2009). Sie verfügen – zumindest aufs Ganze gesehen – über keinen ausgeprägten Willen zur Macht. Auf diese Haltung stößt man, so Weischenberg (2005), nur in einer kleinen, elitären Gruppe: unter jenen „Alpha-Journalisten", die im Bundestagswahlkampf 2005 ins Rampenlicht traten. Bemerkenswert war, dass sie sich Lager übergreifend Bundeskanzler Schröder entgegengestellt haben. Dies lässt sich als Zeichen für die *Ausdifferenzierung* und den Autonomiegewinn des Journalismus als Teilsystem der Gesellschaft verstehen: Historisch betrachtet, hat er sich zunehmend aus Parteibindungen herausgelöst, verselbstständigt und professionalisiert. Um in den Medien erfolgreich zu sein, müssen sich Vertreter der Politik, aber auch anderer Bereiche wie Wirtschaft, Wissenschaft und Sport zunehmend an den Selektions- und Präsentationsregeln der Medien orientieren. Diesen umfassenden Prozess bezeichnet man als „Medialisierung".

Zusammenfassung

Macht im Journalismus ergibt sich aus der absichtsvollen Einflussnahme von Redaktionen auf Prozesse der öffentlichen und individuellen Meinungsbildung. Die Medienwirkungsforschung zeigt, dass Medien nur einen begrenzten Einfluss auf Einstellungen und Handeln der Rezipienten haben. Wirksam werden kann aber bereits die Annahme, dass Medien wirken, wenn z. B. Politiker daran glauben und sich in ihrem Handeln daran orientieren. Das berufliche Verständnis reicht von der Rolle als neutraler Informationsvermittler, die von der Mehrheit der deutschen Journalisten geteilt wird, bis hin zur Rolle als Meinungsmacher und Gesellschaftsveränderer mit Machtanspruch. Meinungsmacht, die sich aus Medienbesitz ergibt, wird durch rechtliche Konzentrationsbestimmungen eingedämmt.

Literaturempfehlungen

Hachmeister, Lutz (2007): Nervöse Zone. Politik und Journalismus in der Berliner Republik. München: DVA.
Hindman, Matthew (2008): The Myth of Digital Democracy. Princeton, NJ: Princeton University Press.
Kepplinger, Hans Mathias (2012): Die Mechanismen der Skandalisierung. zu Guttenberg, Kachelmann, Sarrazin & Co.: Warum einige öffentlich untergehen – und andere nicht. München: Olzog.
Noelle-Neumann, Elisabeth (2001): Die Schweigespirale. Öffentliche Meinung – unsere soziale Haut. 6., erweiterte Neuauflage, München: Langen Müller.
Weischenberg, Siegfried/Malik, Maja/Scholl, Armin (2006): Die Souffleure der Mediengesellschaft. Report über die Journalisten in Deutschland. Konstanz: UVK.

Kapitel 4:
Unabhängigkeit im Journalismus –
Wer beeinflusst die Journalisten?
Und wie bleiben sie unabhängig?

Da Erfolg und Misserfolg in der Mediengesellschaft wesentlich davon abhängen, ob es gelingt, Aufmerksamkeit und Zustimmung in der Öffentlichkeit zu gewinnen, ist der Zugang zu den Medien umkämpft. Dabei übt der Journalismus nicht nur selbst Macht als „Gatekeeper" aus, wie in Kapitel 3 gezeigt wurde, sondern ist auch selbst Gegenstand von Machtinteressen. Die Chancen, sich in den Medien Gehör und Geltung zu verschaffen, sind ungleich verteilt. In einer Demokratie sollte der Journalismus aber nicht zum Spielball mächtiger politischer oder wirtschaftlicher Einzelinteressen werden, sondern seine Unabhängigkeit wahren und für Vielfalt und Ausgewogenheit sorgen. In diesem Kapitel wird gezeigt, welche Kräfte auf den Journalismus einwirken.

Lernziele

- Welche Arten von Einflüssen auf das journalistische Handeln lassen sich unterscheiden?
- Wie bestimmen Public Relations (PR) und Werbung den Journalismus?
- Wie eng ist der Journalismus mit der Politik verflochten?
- Wie kann der Journalismus äußere Versuche der Machteinwirkung abwehren? Welche Regeln gelten dafür?
- Wie lässt sich die unabhängige Rolle des Journalismus begründen?

Sichtweisen der Praxis

Das geöffnete Schleusentor – Journalismus, PR und Werbung

Die magische Nuss – ein leichtes Spiel für die PR
Gesundheitsthemen stoßen auf ein großes Publikumsinteresse. Und von dieser Anziehungskraft profitieren auch Medien, denn Ratschläge zum Thema Gesundheit werden immer gern gelesen. Kein Wunder also, dass die Redaktion von *Welt Online* ihren Lesern umgehend den Bericht der Nachrichtenagentur *dapd* über ein wahres Wundermittel weiterreichte: über die Walnuss. „Wer sich gestresst fühlt, sollte unbedingt zugreifen" (Gerber 2010), schwärmte das Nachrichtenportal und glaubte, dies guten Gewissens tun zu können. Denn immerhin stützte sich die Agenturmeldung auf Forschungsergebnisse der renommierten *Pennsylvania State University*. Dort hatte ein Forscherteam um die Ärztin Sheila West die präventive Kraft der Walnuss erforscht und Bahnbrechendes herausgefunden. Nämlich, dass das Öl der Walnuss blutdrucksenkend wirkt. Neun Walnüsse täglich und dazu ein Löffel Walnussöl helfen, besser gerüstet zu sein für stressige Zeiten, die den Blutdruck in die Höhe treiben – so lautete die Empfehlung aus dem fernen Amerika.

„Jeder Redakteur mit gesundem Menschenverstand hätte beim Lesen der Agenturmeldung sofort skeptisch werden müssen", kritisiert Holger Wormer, der nicht nur an der *Universität Dortmund* Wissenschaftsjournalisten ausbildet, sondern auch den Medizinjournalismus auf seiner Website *medien-doktor.de* akribisch unter die Lupe nimmt. „Immer dann, wenn einem einzigen Lebensmittel eine heilende oder präventive Wirkung zugeschrieben wird, müssen bei einem Journalisten die Alarmglocken schrillen" – so lautet eine der Rechercheregeln, die er seinen Studenten mit auf den Weg gibt. Schließlich müsste jedes Nahrungsmittel mit so durchschlagender Wirkung dem Zulassungsverfahren für Medikamente unterzogen werden, fügt er hinzu. Dieses Mindestmaß an Skepsis hat die Redaktion der *Welt Online* offensichtlich nicht aufgebracht. Ebenso wenig wie die *Rheinische Post* und die Wellness-Postille *Fit for Fun*. Und nicht einmal die *Ärztezeitung* und das Special Interest-Magazin *Bild der Wissenschaft*

> haben dieses Minimum an journalistischem Instinkt bewiesen. Sie alle haben die Forschungsergebnisse von Dr. West abgedruckt. Dabei hätte ein Rechercheaufwand von maximal 120 Sekunden ausgereicht, um zusätzliche Zweifel an der Wunder-Nuss zu nähren. Auf der Website der *Pennsylvania State University* finden sich nämlich zahlreiche Informationen über Dr. West und ihre Arbeit. Mit ein paar Klicks hätte man dort herausfinden können, dass sie mit ihrer Studie über die vermeintlich magische Wirkung der Walnuss einen klaren Auftrag erfüllte: Sie wurde nämlich von der *California Walnut Commission* mitfinanziert. Dieser Lobbyverband der kalifornischen Walnuss-Produzenten nennt auf seiner Website ganz offen sein Geschäftsziel: die Erschließung neuer Exportmärkte für Walnüsse. Dank Sheila West und einer Reihe nachlässiger Journalisten konnte die Kommission ihren Auftraggebern melden: Mission erfüllt! (medien-doktor.de 2010)

Dieses noch eher harmlose Beispiel zeigt, wie leicht es der PR-Branche zuweilen fällt, ihre Botschaften auch in solchen Medien zu platzieren, die für sich in Anspruch nehmen, unabhängig und seriös zu berichten. Innerhalb des Journalismus gibt es eine engagierte Diskussion über diesen Einfluss der PR, dem pauschal unterstellt wird, deutlich zuzunehmen. Ob dies tatsächlich so ist, oder ob dieses Problem erst durch eine gesteigerte Aufmerksamkeit unter Journalisten zu seiner aktuellen Prominenz gefunden hat, ist letztlich irrelevant. Fest steht: Ein Journalismus, der sich der Einflussnahme von PR widerstandslos ergibt oder gar bereitwillig öffnet, riskiert das wichtigste Betriebskapital des Berufsstandes: seine Unabhängigkeit und Glaubwürdigkeit. Dabei werden unterschiedliche Ursachen für den als zu gering erachteten Widerstand des Journalismus gegen die invasive Kraft der PR angeführt.

Für Kuno Haberbusch, den Leiter der Recherche-Redaktion des *NDR*, tragen die Journalisten selbst die Verantwortung für diese Entwicklung: „An erster Stelle sind die Bequemlichkeit und die mangelnde Sensibilität der Journalisten zu nennen", setzt er zu einer Medienschelte an. Bernd Ziesemer (2011) hingegen macht eher die Ausdünnung der Redaktionen im Zuge der Zeitungskrise dafür verantwortlich, dass den Interessen der PR-Industrie nicht mehr journalistischer Widerstand entgegen gestellt wird. Weniger Mitarbeiter – das bedeutet nach dieser Lesart natürlich, dass den Redakteuren auch weniger Zeit für die Recherche bleibt. Ziesemer, der frühere Chefredakteur des *Handelsblatts*, kann sich noch gut an die Auswirkungen der Zeitungskrise erinnern: Binnen zehn Jahren hatte die Wirtschaftszeitung die Zahl der Redakteure um ein Drittel reduziert. Die Folge: Insbesondere im Bereich der Unternehmensberichterstattung verfügte das Blatt kaum noch über Recherche-Ressourcen. Die sinkende Zahl der Redakteure sieht sich einer wachsenden Zahl von Mitarbeitern der Öffentlichkeitsarbeit von Unternehmen, Parteien, Ministerien, Verbänden und Nicht-Regierungsorganisationen gegenüber.

Nach Angaben der *Deutschen Public Relations Gesellschaft (DPRG)* sind mittlerweile in diesem Bereich 50.000 Menschen beschäftigt,[3] ihre Zahl dürfte also mittlerweile ähnlich hoch sein wie jene der hauptberuflichen Journalisten. Der Output dieser florierenden Branche wirkt sich also nach Ziesemers Ansicht wie ein steigender Grundwasserspiegel auf einen poröser werdenden Keller aus: Wie Feuchtigkeit dringen ihre Mitteilungen, Botschaften und pseudojournalistischen Beiträge immer stärker in den Journalismus ein. Das Arsenal der PR-Branche ist nicht auf die traditionelle Pressemitteilung beschränkt, die bei jedem Journalisten täglich dutzendfach als E-Mail, Brief oder Fax auf dem Schreibtisch landet. Zu ihren Methoden zählt z. B. die Schaffung von Pseudo-Ereignissen, über die unkritische Journalisten berichten, um so doch nur die mehr oder weniger subtilen Werbebotschaften zu transportieren. Ein Beispiel: Um Reklame für die Bahnstrecke Hannover-Norddeich zu machen, verfrachtete eine PR-Agentur im Dienst der Bahn Masseure in die Regionalzüge mit dem Auftrag, den Reisenden die Nackenmuskeln zu lockern. Und weil das kurios war, schickten zahlreiche Medien ihre Reporter los, um die Masseure bei der Arbeit zu beobachten (Cario 2005: 85). Billiger lässt sich Werbung in Medien wohl kaum platzieren. Eine andere Methode der PR-Branche besteht darin, ihre Botschaften als Journalismus-Imitate zu tarnen. So werden Artikel mit Überschriften, Zwischentiteln und Fotos geliefert, Hörfunkbeiträge werden professionell produziert und – mit Moderationstexten versehen – den Sendern angeboten. Häufig ist eine Stellungnahme der „Gegenseite" bereits in den Text eingearbeitet, allerdings so, dass sie der Werbebotschaft nicht widerspricht.

Nicht wenige Journalisten fühlen sich bei so viel Service aus ihrer Pflicht zur Gegenrecherche entlassen. Für Schlagzeilen sorgten 2007 und 2008 ausgerechnet zwei Bundesministerien, die sich dieser Methode bedienten. Das Familienministerium, damals geleitet von Ursula von der Leyen,

---

3   Telefonische Auskunft der *DPRG*.

und das Gesundheitsministerium mit Ulla Schmidt an der Spitze hatten PR-Agenturen beauftragt, Zeitungen und Hörfunksender der Republik mit eben solchen pseudojournalistischen, kostenlosen Rundum-Sorglos-Paketen zu bestücken und so die Eigenwerbung der Politikerinnen im Land zu verbreiten. Viele Redaktionen griffen bedenkenlos zu, obwohl sie die Herkunft der Beiträge kannten und wissen mussten, dass sie eine einseitige Darstellung lieferten (Volkery 2007; ARD 2008). Deutlicher noch als diese Beispiele belegt aber die folgende Geschichte, wie wenig ausgeprägt unter Journalisten zuweilen das Gespür für die Infiltrationsversuche der PR ist:

Luxus in Peking – Wie sich Journalisten der PR ergeben
Sommer 2008. In Peking laufen die 29. Olympischen Sommerspiele. Zu den Hauptsponsoren des Spektakels zählt der *VW*-Konzern. Um sich als Geldgeber ins rechte Licht zu rücken, lädt der Autokonzern 30 deutsche Journalisten in die chinesische Hauptstadt ein. Auf dem viertägigen Besuchsprogramm steht neben einem Abstecher in die chinesischen Fabriken des *VW*-Konzerns vor allem der Besuch verschiedener Sportveranstaltungen. Der Gesamtwert der Reise inklusive Flug, Unterkunft, Verpflegung und Eintrittskarten: 25.000 Euro – pro Person. Er liegt damit weit jenseits dessen, was im Kodex des *Deutschen Presserats* als akzeptabel erachtet wird. Dort heißt es in Ziffer 15: „Journalisten nehmen (...) keine Einladung oder Geschenke an, deren Wert das im gesellschaftlichen Verkehr übliche (...) Maß übersteigt", weil das „mit dem Ansehen, der Unabhängigkeit und der Aufgabe der Presse unvereinbar" ist. Die Investition hat sich aus Sicht der Autobauer durchaus gelohnt. Das jedenfalls war der Bilanz der PR-Experten von *VW* nach Sichtung der von den Reiseteilnehmern veröffentlichten Artikel zu entnehmen. Die Großzügigkeit des Unternehmens hatte die Begünstigten geschmeidig gemacht und sich in einer durch und durch positiven Berichterstattung niedergeschlagen. Der Luxus-Trip nach Fernost hätte es niemals in die Schlagzeilen geschafft, hätten die Beamten des Finanzamts Gifhorn nicht interveniert. Sie bewerteten den Trip als Vergnügungs- und eben nicht als Dienstreise und veranschlagten die 25.000 Euro als geldwerten Vorteil, den die eingeladenen Journalisten zu versteuern hatten – was dem *VW*-Konzern so unangenehm war, dass er versprach, diese Steuerschulden zu begleichen. Am Ende standen die eingeladenen Journalisten da als Paradebeispiele dafür, wie man seine Unabhängigkeit und Glaubwürdigkeit ohne Not preisgibt – und nicht als Opfer einer übermächtigen PR-Branche, sondern allenfalls als deren gedankenlose Handlanger (Leyendecker 2009).

Die Trennung von Werbung und redaktionellen Berichten – eine erodierende Grenze

Alltag in einer deutschen Lokalredaktion: Das Großraumbüro, das der Verleger in guter Lauflage im Zentrum des Ortes gemietet hat, teilen sich zwei Abteilungen des Verlages: Im vorderen Teil, nahe der Eingangstür, stehen die Schreibtische der Mitarbeiter, die sich um Abonnenten und Inserenten kümmern, weiter hinten sind die Arbeitsplätze der Redakteure. Die Aufgaben beider Mitarbeitergruppen sollen streng getrennt sein – und sind es in der Praxis häufig doch nicht. Sie überschneiden sich immer dann, wenn die wirtschaftlichen Interessen des Verlags, welche die Anzeigenabteilung vertritt, Einfluss auf die Autonomie der Redaktion und ihre Entscheidungen darüber nimmt, welche Geschichte ins Blatt kommen soll. Wenn der Besitzer eines örtlichen Handwerksbetriebs z. B. in der Anzeigenabteilung eine Werbeannonce aufgibt, dann wissen manche Redaktionsleiter bereits, was von ihnen erwartet wird. Sie beauftragen einen Mitarbeiter, ein Firmenportrait des lokalen Werbekunden zu schreiben, das dann im redaktionellen Teil der Zeitung erscheint. Anzeige und Bericht gehen so eine Symbiose ein, die es eigentlich nicht geben dürfte.

Die Ziffer 7 des Pressekodex regelt die Trennung von Werbung und redaktionellen Beiträgen: „Verleger und Redakteure", heißt es da apodiktisch, „achten auf eine klare Trennung zwischen redaktionellem Text und Veröffentlichungen zu werblichen Zwecken." Und dieses Trennungsgebot bezieht sich nicht nur darauf, dass Werbung als solche bezeichnet oder durch das Layout deutlich gekennzeichnet sein muss. Der Artikel des Kodex legt auch fest, dass „redaktionelle Texte, die auf Unternehmen, ihre Erzeugnisse, Leistungen oder Veranstaltungen hinweisen", nicht die Grenze zur Schleichwerbung überschreiten dürfen. Diese Grenze sieht der Pressekodex unter anderem dann als überschritten an, wenn die redaktionelle Veröffentlichung von dritter Seite bezahlt wird. Das Kopplungsgeschäft von Anzeige und Artikel, das der Handwerksmeister im oben geschilderten Beispiel mit der Anzeigenabteilung eingeht, müsste der Redaktionsleiter also unter Verweis auf diesen Passus des Pressekodex ablehnen.

In der Praxis ist die Frage, wer genau diese Grenze verwischt, häufig nicht eindeutig zu beantworten. Anzeigenkunden setzen voraus, dass ihre Investition von einer „wohlwollenden" Redaktion begleitet wird. Und gleichzeitig sind es oft die Verleger und Chefredakteure, die sich bemühen, den redaktionellen Teil der Zeitung als „werbefreundliches Umfeld" zu gestalten, das potentiellen Inserenten attraktiv erscheint. Etwa, indem unter Begriffen wie „Sonderbeilage" „Themen-Spezial" oder „Sonderveröffentlichung" redaktionell verantwortete Texte publiziert werden, die sich zumindest am Rande zur Schleichwerbung bewegen und in der Regel nur einen Zweck erfüllen: Sie bilden ein kritikfreies Umfeld für themenbezogene Werbung.

Im Frühjahr 2011 wollte der Journalist Sebastian Heiser (2011) im Auftrag der *taz* incognito herausfinden, wie groß die Einflussmöglichkeiten zahlungskräftiger Inserenten auf die redaktionellen Teile von Zeitungen sind. In den Anzeigenabteilungen etlicher deutscher Tageszeitungen stellte er sich als Mitarbeiter einer PR-Agentur vor, die für verschiedene Kunden Anzeigenaufträge vergeben wollte. Allerdings war die Aussicht auf das gute Geschäft für die Zeitungen mit einem unmoralischen Angebot verbunden: Seine vermeintlichen Kunden legten Wert darauf, dass ihre Annonce durch eine wohlwollende redaktionelle Berichterstattung begleitet würde. Die Ergebnisse der Under-Cover-Recherche waren beeindruckend: Etliche Zeitungen waren bereit, das Trennungsgebot zu ignorieren. Für eine ganzseitige Annonce in der *Frankfurter Rundschau*, die 23.000 Euro kosten sollte, wurde ihm eine ebenfalls ganzseitige Berichterstattung im redaktionellen Teil in Aussicht gestellt. Und bei der *WAZ* wurde ihm sogar ein Katalog für „Sonderwerbeformen" präsentiert, den der Verlag für solche Fälle schon ausgearbeitet hatte. Bis auf den Cent genau war der Broschüre zu entnehmen, wie viel welche Form des Verstoßes gegen das Trennungsgebot bei einer der größten Regionalzeitungen Deutschlands kostet. Und der Mitarbeiter der *WAZ* ging sogar noch weiter: Redaktionelle Berichte zum Thema „Banken und Finanzkrise", wie sie der vermeintliche Auftraggeber sich wünschte, waren sogar ohne parallele Anzeigenschaltung käuflich „Ein vierseitiges Banken Spezial ohne Anzeige in der Gesamtausgabe kann ich Ihnen zum Gesamtpreis von 117.500 Euro zuzüglich Mehrwertsteuer anbieten", hieß es in einem Schreiben der *WAZ*. Die Zeitung lobte Heise später für die Recherche, „von der nicht auszuschließen sei, dass sie zutreffe" – so das verschämte Schuldeingeständnis des Essener Zeitungskonzerns (zitiert nach: Süddeutsche Zeitung 2011).

Vorsicht vor Maulwürfen! Die Strategien „schwarzer PR"

Für Klaus Kocks (2008: 38), den früheren Sprecher des *VW*-Konzerns, der wegen seiner ätzend-scharfen Thesen zu den meistgebuchten

Sichtweisen der Praxis 93

Talkshow-Gästen der Republik zählt, ist die Sache recht eindeutig: Skandalös sei die „Speichelleckerei der Journalisten", die den PR-Profis hinterherlaufen, um ohne großen Aufwand an Informationen zu kommen. Als transparent und deshalb nachgerade ehrbar hingegen beurteilt er das Gebaren der PR-Branche: „PR verkauft identifizierbare Einzelinteressen." (zitiert nach: Erdmann/Nehrlich 2005) Diese idealisierende Darstellung der PR-Branche ist nur unter bestimmten Voraussetzungen zutreffend, nämlich dann, wenn sie mit offenem Visier arbeitet, also ihre Auftraggeber, deren Interessen und Methoden transparent macht. Doch insbesondere im Bereich des Lobbyismus, dieser speziellen, auf die Interessenvertretung im politisch-medialen Raum gerichteten Form der PR, haben in der jüngsten Vergangenheit Fälle für Aufsehen gesorgt, die belegen, dass die Branche zuweilen alles Erdenkliche unternimmt, um zu verschleiern, wessen Einzelinteressen sie wirklich vertritt. Für diese Form der Öffentlichkeitsarbeit wurde der Begriff „schwarze PR" geprägt.

Tarnen – tricksen – täuschen:
Wie die Bahn versuchte, die öffentliche Meinung
zu manipulieren
„Deutsche hoffen auf besseren Service" – unter dieser Überschrift berichtete *Spiegel Online* (2007) im Mai 2007 über eine *Forsa*-Umfrage. Die Meinungsforscher hatten abgefragt, welche Vorteile die Bürger von einer Teilprivatisierung der *Deutschen Bahn* erwarteten. Ein Thema, das zu diesem Zeitpunkt heftig umstritten war. Die Liste der hoffnungsfrohen Erwartungen war lang, Befürchtungen der Bürger hinsichtlich der Privatisierung hingegen erforschte das Institut nicht. Diese „Einäugigkeit" der Meinungsforscher hatte einen simplen Grund: Sie ergab sich aus dem Fragenkatalog, den der Auftraggeber der Umfrage definiert hatte. Dabei handelte es sich um *Berlinpolis* – laut Selbstmarketing eine „Denkfabrik für die nächste Generation". Das klang gut – so gut, dass *Spiegel Online* und zahlreiche andere Medien die Umfrageergebnisse publizierten – ohne den Ergebnissen weiter nachzugehen. Zwei Jahre später entlarvte die Organisation *Lobby Control* diese Umfrage als einen Baustein einer groß angelegten Lobby- und PR-Kampagne der Bahn, die das Ziel hatte, Politik und Öffentlichkeit für die Privatisierung der Bahn einzunehmen. Dabei gehörte es zum Konzept, keinerlei Hinweise oder Spuren zu hinterlassen, die zum Auftraggeber der Kampagne hätten führen können. Die Bahn ließ ein ganzes Netz-

werk von PR-Agenturen und Denkfabriken antreten, um den Anschein einer neutralen, von unabhängigen Experten und fortschrittlichen Bahnkunden getragenen Bewegung für die Privatisierung des Staatskonzerns zu erwecken. Zum Arsenal dieser getarnten Meinungsmacher zählte weit mehr als nur die Verbreitung manipulativer Umfragen. Daniel Dettling, Chef von *Berlinpolis*, durfte als vermeintlich „unabhängiger Experte" Gastkommentare veröffentlichen, in denen er sich für die Bahnprivatisierung einsetzte – abgedruckt unter anderem im Wirtschaftsmagazin *Capital*, in der *Financial Times Deutschland* und im *Tagesspiegel* (Bauchmüller 2009; Müller/Klein 2009). Hätten die Leser gewusst, dass Dettling „Subunternehmer" einer von der Bahn beauftragten PR-Agentur war, hätte er seine Tarnung als vermeintlich unabhängiger Fachmann wohl schnell verloren.

Der Versuch der Bahn, die Öffentlichkeit zu manipulieren, war einer der spektakulärsten Fälle „schwarzer PR", die in den letzten Jahren bekannt geworden sind. Das dabei angewendete Verfahren wird als „Third-Party-Technique" bezeichnet. Dabei bedienen sich Akteure, die kommerzielle oder politische Interessen verfolgen, einer dritten Partei, die den Eindruck erweckt, sie vertrete neutral und objektiv ihre Ansichten, die sich auf wissenschaftliche Erkenntnisse und repräsentative Ergebnisse stützen. Diese „Third-Party-Technique ist nach den Kodizes, die sich die PR-Branche selbst gegeben hat, nicht akzeptabel:

○ Der *Code de Lisbonne*,[4] ein europäischer Kodex der PR-Branche, bestimmt in Artikel 4, dass PR-Aktionen offen durchgeführt und leicht als solche erkennbar sein müssen. Sie dürfen Dritte nicht irreführen, heißt es dort weiter, und Artikel 15 ergänzt: „Jeder Versuch, die Öffentlichkeit oder ihre Repräsentanten zu täuschen, ist nicht zulässig."
○ Die sieben *Selbstverpflichtungen*, die jedes Mitglied der *Deutschen Public Relations Gesellschaft* akzeptieren muss,[5] beinhalten ähnliche Bestimmungen. Danach ist es nicht erlaubt, gegenüber Journalisten oder anderen Trägern öffentlicher Verantwortung „unlautere Mittel" anzuwenden. Eine weitere Anforderung an PR-Berater lautet: „Ich habe wahrhaftig zu sein."

---

4 http://www.dprg.de/upload/downloads_55upl_file/CodeDeLisbonne.pdf
5 http://www.drpr-online.de/statische/itemshowone.php4?id=7

Nur keine Angst! Vom Umgang mit PR im Arbeitsalltag

Das *Netzwerk Recherche*, eine Journalistenvereinigung, die sich der Förderung des investigativen Journalismus verschrieben hat, stellt in seinem Medienkodex[6] sehr dezidierte Forderungen auf, um die PR aus dem Journalismus zurückzudrängen. Verlangt wird darin eine strikte Trennung der Berufsfelder Journalismus und PR. Wer einen Teil seiner Arbeitszeit damit zubringe, die Interessen eines Verbandes oder eines Unternehmens zu vertreten, könne im anderen Teil seiner Arbeitszeit nicht mehr als unabhängiger Journalist gelten. Diese Position hat dem *Netzwerk Recherche* scharfe Kritik eingebracht, weil sie die berufliche Realität ignoriere, in der vor allem freie Journalisten immer weniger in der Lage sind, allein vom Journalismus zu leben. Darüber hinaus verlangt das *Netzwerk Recherche* getrennte Ausbildungsgänge für Journalisten und PR-Experten, eine Kennzeichnungspflicht für Journalismus-Imitate, eine Verschärfung des Gebotes zur Trennung von Werbung und Redaktion im Pressekodex, eine stärkere Beachtung der für die PR-Branche geltenden Kodizes sowie eine bessere Bezahlung von Journalisten, um sie vom Zwang zu befreien, nebenberuflich PR-Tätigkeiten nachgehen zu müssen (Schnedler 2008: 19f.).

Abgesehen davon, dass ein Teil dieser Forderungen Widerspruch ausgelöst hat, können sie kurzfristig kaum als Hilfestellung im redaktionellen Alltag gelten. Denn der ist geprägt davon, dass Redakteure unter Zeitdruck Seiten oder Sendungen füllen müssen und mit PR-Botschaften förmlich bombardiert werden. Die örtliche Sparkasse, die Fraktionen des Gemeinderats, der Dachverband der Solarzellen-Hersteller ebenso wie der internationale Zusammenschluss der Interessenverbände für eine ökologische Landwirtschaft in Brüssel: Sie alle wollen den Weg in die mediale Öffentlichkeit finden und ihre Botschaften platzieren.

„PR ist legitim!", unterstreicht Kuno Haberbusch und verweist gleichzeitig darauf, dass es deshalb auf den professionellen Umgang mit diesen Quellen ankommt: „Das Problem sind wir Journalisten!" Im Zentrum aller Debatten um den Einfluss der PR muss also die Frage stehen, wie Journalisten dieses enorme Angebot an Informationen nutzen können, ohne selbst Gefahr zu laufen, benutzt zu werden. Die Antworten fallen

---

6 http://www.netzwerkrecherche.de/nr-Positionen-Positionen-des-netzwerk-recherche/Medienkodex-des-netzwerk-recherche/

nicht für jede Spielart des Journalismus identisch aus. Schließlich ist die Situation in einer chronisch unterbesetzten Lokalredaktion anders als die in der Wirtschaftsredaktion einer überregionalen Tageszeitung. Nicht alle der folgenden Hinweise werden deshalb allen unterschiedlichen Arbeitssituationen gerecht werden können:

- An erster Stelle muss die Prüfung der von der PR offerierten Informationen nach ihrer journalistischen *Relevanz* stehen. Haben sie einen Nachrichtenwert, interessiert sich das Publikum dafür? Falls nein, kann es für die PR-Mitteilung, die mit der Bitte um Veröffentlichung in der Redaktion gelandet ist, nur noch einen Weg geben: den in den Papierkorb.
- Außerdem gilt beim Umgang mit von der PR offerierten Informationen erst recht der Grundsatz der *Transparenz*. So wie in jedem anderen journalistischen Text sind auch bei Nachrichten und Berichten, die auf PR-Mitteilungen beruhen, die Quellen der Information zu nennen. Nur die Quellentransparenz erlaubt es dem Publikum, die gelieferte Information einzuordnen. Zur Quellentransparenz gehört aber auch die Prüfung und Beurteilung der Quelle durch den Redakteur. Handelt es sich um eine verlässliche, bekannte Quelle oder um eine, die unbekannt ist und deren Hintergrund womöglich ebenso unklar ist wie ihre Kommunikationsabsicht?
- Die Prüfung der gelieferten Informationen auf *Richtigkeit und Vollständigkeit* ist unverzichtbar. Selbstverständlich sollte die weitergehende Recherche sein, die dem Text zusätzliche Informationen und Perspektiven hinzufügt und auch andere Quellen berücksichtigt.
- *Sprachstil und Wortwahl* des gelieferten PR-Textes gehören auf den Prüfstand. Damit ist nicht nur gemeint, unverständliche Fachtermini durch verständliche Begriffe zu ersetzen. Völlig aus dem Text getilgt werden müssen alle Formulierungen, die werbenden Charakter im Sinne des Informationslieferanten haben. Behauptungen und Bewertungen, die im Ursprungstext enthalten sind, dürfen keinesfalls im Indikativ stehen bleiben, weil der Redakteur sie sich ansonsten aus der Perspektive des Publikums zu Eigen macht.

Darüber hinaus gibt es eine Reihe von Hilfsinstrumenten, auf die Journalisten zurückgreifen können, wenn sie den Eindruck haben, eine PR-Mitteilung sei irreführend bzw. nicht offen als solche ausgewiesen:

ᴐ Die Organisation *LobbyControl* hat mit dem Aufbau einer Online-Datenbank des Lobbyismus begonnen. Unter lobbypedia.de findet sich der Zugang zu einem Online-Lexikon, das Fakten und Zusammenhänge über die Einflussnahme des Lobbyismus auf Politik und Öffentlichkeit in einem Wiki sammelt. Dort sollen künftig umfassende Erkenntnisse über Akteure, Strukturen und Verfahren des Lobbyismus und der PR bereitgestellt werden.

ᴐ Holger Wormer von der *Universität Dortmund* hat zwei Instrumente für den „Expertencheck"[7] entwickelt, die Journalisten helfen, die sich mit Wissenschaftlern konfrontiert sehen, die möglicherweise im Dienste der PR stehen: zum einen die „Wissenschaftler-Probe", eine Prüfliste, um glaubwürdige und kompetente Fachleute von Scharlatanen zu unterscheiden. Und zum anderen eine Liste wissenschaftlicher Datenbanken, die es Journalisten ermöglicht, die Reputation eines wissenschaftlichen Experten und seine Forschungsergebnisse zu prüfen oder weitere Experten für den notwendigen Gegencheck zu finden.

Ein besonderes Verhältnis –
Der öffentlich-rechtliche Rundfunk und die Politik

Eine solche Situation dürften die meisten Redakteure schon einmal erlebt haben: Das Telefon klingelt, und am anderen Ende der Leitung meldet sich ein aufgebrachter Fraktions- oder Parteivorsitzender, der sich über die Berichterstattung beschweren oder Einfluss auf künftige Geschichten nehmen will. Ein Teil der deutschen Medienlandschaft steht im Ruf, dem Einfluss der Politik in besonderem Maße ausgesetzt zu sein: der öffentlich-rechtliche Rundfunk. Das geht zurück auf die besondere Konstruktion seiner Aufsichtsgremien, die ihn – nach den Erfahrungen mit der nationalsozialistischen Rundfunkpolitik – gegen den Missbrauch durch den Staat wappnen sollte. Die öffentlich-rechtlichen Rundfunkanstalten werden durch Gremien kontrolliert, denen unterschiedliche Gruppen von gesellschaftlicher Relevanz angehören und die so insgesamt die Interessen der Allgemeinheit

---

[7] http://www.journalist.de/Ratgeber/Handwerk-Beruf/redaktionswerkstatt/expertencheck.html

vertreten: Kirchen, Gewerkschaften, Sozialverbände, Berufs- und Wirtschaftsverbände sowie Organisationen aus den Bereichen Kultur und Sport – aber auch Politiker. Allerdings sollen Letztere – so der Grundgedanke des öffentlich-rechtlichen Konstrukts – keine Dominanz in den Kontrollgremien entfalten können, um die Staatsferne der Rundfunkanstalten zu garantieren. Ob diese Zielsetzung erreicht wird, ist seit jeher umstritten.

In den Staatsverträgen und Landesgesetzen über die Rundfunkanstalten ist die Zusammensetzung der jeweiligen Gremien präzise festgelegt. Dabei wird – soweit es die Gremienmitglieder betrifft, die der politischen Sphäre zuzurechnen sind – eine Unterscheidung getroffen, die von der Realität des Parteienstaates längst überholt worden ist: nämlich die zwischen Parlamentsabgeordneten, Regierungsmitgliedern und Parteienvertretern. Dem *ZDF*-Fernsehrat gehören z. B. Vertreter der Bundesregierung, der Landesregierungen und der im Bundestag vertretenen Parteien an. In den Hörfunkrat des *Deutschlandradios* entsenden die Regierungen von Bund und Ländern Vertreter. Das *BR*-Gesetz hingegen sieht Landtagsabgeordnete und einen Vertreter der Staatsregierung als Rundfunkratsmitglieder vor, während das *WDR*-Gesetz nur Abgeordnete zulässt und Regierungsvertreter von der Gremienmitgliedschaft ausschließt, um die Staatsferne zu untermauern. Die Unterscheidung von Parteienvertretern, Abgeordneten sowie Regierungsvertretern unterstellt, dass nur Letztere versucht sein könnten, staatlichen Einfluss auf den öffentlich-rechtlichen Rundfunk auszuüben. In der Realität des Parteienstaats mit den Parteien als Ausgangs- und Fluchtpunkt des politischen Engagements haben sich die drei Bereiche Partei, Parlament und Regierung längst überlagert.

Auch vermeintlich politikferne Organisationen werden in diesem Gremium von ausgewiesenen Parteipolitikern vertreten: Der ehemalige Bundesinnenminister Rudolf Seiters, *CDU*, etwa sitzt im *ZDF*-Fernsehrat für das *Deutsche Rote Kreuz*, seine Parteifreundin Erika Steinbach, Bundestagsabgeordnete der *CDU*, vertritt die Belange des *Bundes der Vertriebenen*, die *CSU*-Europaabgeordnete Angelika Niebler, eine Rechtsanwältin, ist Vertreterin der „Freien Berufe", während die *CDU*-Europaabgeordnete Doris Pack, eine frühere Schulrektorin, das Bildungswesen vertritt. Fazit: Der Einfluss der Politik in den Rundfunkgremien ist – so meinen etliche Staatsrechtler – über das ihr zugedachte Maß hinausgewachsen.

Schlachtfeld Lerchenberg – Wie die Union den *ZDF*-Chefredakteur vor die Tür setzte

„Dies ist ein schwarzer Tag für die Unabhängigkeit des Journalismus in der Bundesrepublik Deutschland!" (zitiert nach: Wübben/Klofta 2009) Das Urteil, das Hubertus Gersdorf, Professor für Kommunikationsrecht an der Universität Rostock, fällte, ließ keinen Zweifel an der Tragweite dessen aufkommen, was sich da gerade, im November 2009, im Sitzungssaal des *ZDF* auf dem Mainzer Lerchenberg zugetragen hatte. Die Mehrheit des Verwaltungsrats des Senders, die von Politikern der Unionsparteien und mit ihnen verbündeten Gremienmitgliedern gestellt wird, hatte beschlossen, den Vertrag des Chefredakteurs Nikolaus Brender nicht zu verlängern. Gegen den Willen des *ZDF*-Intendanten, gegen den Protest von Staatsrechtlern, gegen den Protest von *ZDF*-Mitarbeitern, die vor der Tür demonstrierten, und vor allem: gegen den massiven Protest der Öffentlichkeit. Sie alle hatten Brender hervorragende Arbeit attestiert – und dennoch hatte die vom damaligen hessischen Ministerpräsidenten Roland Koch (*CDU*) angeführte Gremienmehrheit Brender den Stuhl vor die Tür gesetzt. Der Abstimmung war ein monatelanger Machtkampf vorausgegangen, den Koch mit einem Interview in der *FAZ* eröffnet hatte. Darin bemängelte er die seiner Auffassung nach zu niedrigen Einschaltquoten, die das *ZDF* mit seinen Nachrichtensendungen erzielte. Ein Tadel, der vom Sender umgehend zurückgewiesen wurde. Doch Roland Koch blieb dabei: Seiner Auffassung nach war die Zeit des Chefredakteurs Nikolaus Brender abgelaufen. Kurz nach der Entscheidung des Verwaltungsrats rechnete Brender mit den Rundfunkpolitikern von *CDU* und *CSU* ab. „Es gibt innerhalb der Union ein dunkles Schattenreich, das sich im Verwaltungsrat eingenistet hat", giftete er in einem Interview des *Spiegel* (zitiert nach: Der Spiegel 2010: 130) und warf den Parteien insgesamt vor, innerhalb des *ZDF* ein „Spitzelsystem", „vergleichbar mit den IM in der DDR", aufgebaut zu haben, das den Parteien Senderinterna zutrage.

Seit Anfang 2011 liegt ein Normenkontrollantrag der Landesregierung von Rheinland-Pfalz beim Bundesverfassungsgericht vor. Sie will mit Blick auf den Fall Brender höchstrichterlich geklärt wissen, ob die Politik mehr Vertreter in die Gremien des *ZDF* entsendet, als dies mit dem Gebot der Staatsferne in Einklang zu bringen ist. Nikolaus Brenders Urteil steht bereits fest: „Heute beherrschen die Parteien die anderen Gruppen, die in den Gremien sitzen." (ebd.)

Obwohl jede der öffentlich-rechtlichen Rundfunkanstalten auf der Grundlage eines eigenen Gesetzes oder Staatsvertrags steht, ist die Konstruktion der Kontrollgremien doch nahezu identisch. Jeder Sender hat also einen Rundfunkrat (beim *ZDF*: Fernsehrat, beim *Deutschlandradio*: Hörfunkrat) und einen Verwaltungsrat. Zu den wichtigsten durch die Rundfunkgesetze definierten Kompetenzfeldern der Gremien zählen die Bestimmung des Spitzenpersonals der Sender einerseits und die Kontrolle der Einhaltung der Programmgrundsätze andererseits. Darüber hinaus gibt es aber eine informelle Einflusszone: Manche Gremienmitglieder versuchen, die partikularen Interessen der Organisation, die sie in das Gremium entsandt hat, im Programm durchzusetzen, obwohl sie dem Gemeinwohl verpflichtet sind. Hat eine Organisation den Eindruck, in einer Sendung nachteilig dargestellt worden zu sein, kommt es vor, dass ihr Vertreter im Rundfunk- oder Verwaltungsrat zum Telefon greift und sich bei der Geschäftsführung des Senders beschwert. Ob diese Beschwerde jemals beim verantwortlichen Redakteur ankommt, hängt von der Geschäftsführung ab. Je geschlossener sie sich diesem informellen und von den Rundfunkgesetzen nicht legitimierten Einfluss entgegenstellt, desto wirkungsloser ist er. Langjährige Chefredakteure beteuern im Übrigen, dass diese Versuche der Einmischung ins Programm ganz überwiegend von den Vertretern der gesellschaftlich relevanten Gruppen in den Rundfunkgremien ausgehen – und nur selten von Politikern, die den Gremien angehören.

Die widmen sich eher, wie der Fall Brender belegt, einem anderen Bereich des Gremieneinflusses, nämlich der Personalauswahl. Dabei sind die Parteien die entscheidenden Akteure, weil sie die erforderlichen Mehrheiten in den Gremien organisieren. Und dabei folgen sie häufig den Regeln des Proporzes: Die unterschiedlichen Parteien verständigen sich über die Aufteilung vakanter Spitzenjobs untereinander, sie schaffen Pfründe, deren Verteilung dann in der Regel „geräuschlos" und mit gesicherten Gremienmehrheiten erfolgt – also anders als im Fall Brender.

Ob die unter Parteieneinfluss gefällte jeweilige Personalentscheidung gut oder schlecht für den Sender ist, hängt natürlich vom Einzelfall ab – und insbesondere davon, ob der oder die Gewählte sich in der neuen Position vom Einfluss der Politik emanzipieren kann oder will. In diesem Bereich der Personalpolitik treffen sich im Übrigen die Ambitionen der Politik mit jenen von Journalisten, die sich bereitwillig parteipolitisch verorten und dann, wie in Kapitel 3 beschrieben, im

Gegenzug auch die Unterstützung ihrer Partei erwarten. Deshalb gilt analog zur „Selbstbefreiung des Journalismus" aus den Zuständen der Bonner Republik, dass der Einfluss der Politik auf den öffentlich-rechtlichen Journalismus im selben Maße schwindet, wie die Bereitschaft der Journalisten, sich parteipolitisch zu verdingen

Perspektiven der Forschung

Während sich die berufliche Diskussion um die besonders skandalösen Fälle des illegitimen Einflusses von Politik und Wirtschaft dreht, versucht die Wissenschaft, Einflüsse in ihrer gesamten Vielfalt zu erfassen. Sie beschäftigt sich also nicht nur mit den wenigen herausragenden Fällen, sondern versucht, die verbreiteten, ganz alltäglichen Abhängigkeitsverhältnisse im Journalismus zu durchleuchten.

Was beeinflusst „Mr. Gates"?

Spricht man heute von „Mr. Gates", so denkt man unwillkürlich zuerst an den Microsoft-Gründer Bill Gates. Als David Manning White, Professor für Journalismus an der *Boston University*, 1950 seine Studie über „Mr. Gates" veröffentlichte, meinte er jedoch einen anderen (Bill Gates kam erst fünf Jahre später zur Welt): Er verwendete den Namen als Pseudonym für den Nachrichtenredakteur einer Tageszeitung, der die Entscheidung darüber zu treffen hatte, was die 100.000 Einwohner einer Stadt im Mittleren Westen der USA am nächsten Morgen in ihrer Zeitung zu lesen bekommen sollten. Dafür wählte er unter den Meldungen der Nachrichtenagenturen aus. Damit war er der Letzte in einer langen Reihe von Schleusenwärtern („Gatekeeper"), die auf dem Weg vom Ereignis zur Öffentlichkeit über die Weitergabe von Nachrichten zu entscheiden hatten. White untersuchte, welche Nachrichten dem prüfenden Blick von „Mr. Gates" standhielten und welche er in den Papierkorb warf. Und er fragte ihn nach den Gründen für seine Auswahlentscheidungen. Erstmals lag eine empirisch gesicherte Antwort auf die Frage vor, wie journalistische Selektion stattfindet und was sie beeinflusst. Die Untersuchung über „Mr. Gates" ist eine wichtige Pionierstudie der Kommunikationswissenschaft, auf die sich die Forschung bis auf den heutigen Tag bezieht.

Zu welchem Ergebnis kam White? Neben den eigenen Erfahrungen, Vorurteilen und Erwartungen von „Mr. Gates" ermittelte er eine Reihe weiterer Einflüsse. Dazu gehörten technische und organisatorische Zwänge, wie der begrenzte Veröffentlichungsraum und die zeitliche Distanz zum Redaktionsschluss, die redaktionelle „Blattlinie", die Vorauswahl der Nachrichtenagenturen, die Orientierung an Konkurrenzmedien, die vermuteten Publikumserwartungen und die von der Kultur geprägten Vorstellungen über die Wichtigkeit von Nachrichten. Nach dieser ersten Systematisierung wurde im Laufe der Zeit ein immer weiteres Spektrum an Einflüssen in der „Gatekeeper"-Forschung berücksichtigt (Shoemaker/Vos 2009). Und es wurde auch nicht mehr nur *ein* Journalist untersucht. So hat Thomas Hanitzsch (2009) in einer international vergleichenden Befragung jeweils 100 Journalisten in 17 Ländern nach ihrer Wahrnehmung von Einflüssen auf ihre Arbeit gefragt. Er unterschied dabei 25 einzelne Einflüsse, die er mit Hilfe einer Faktorenanalyse zu sechs Dimensionen verdichtete:

- *Politische Einflüsse:* In dieser Dimension wurde erfasst, wie Mitglieder von Regierungen und Verwaltungen oder Politiker Journalisten bedrängen und welche Einschränkungen der Medienfreiheit (Zensur) diese hinnehmen müssen.
- *Ökonomische Einflüsse:* Hier wurde untersucht, wie Profiterwartungen des Unternehmens, die Werbung, Werbe- und Anzeigenkunden sowie die Markt- und Publikumsforschung journalistisches Handeln prägen.
- *Professionelle Einflüsse:* Dazu zählen redaktionseigene Prinzipien und ethische Konventionen, allgemeine Prinzipien und ethische Konventionen des Journalismus, Journalistenverbände und medienrechtliche Beschränkungen.
- *Referenzgruppen:* Auch das professionelle Umfeld (Kollegen in anderen Redaktionen, Publikum, konkurrierende Medienbetriebe) und das private Umfeld (Freunde, Bekannte und Verwandte) können journalistisches Handeln mitbestimmen.
- *Prozedurale Einflüsse:* In Redaktionen spielen auch der zeitliche Druck, Standards und Abläufe der Nachrichtenproduktion sowie der Mangel an Ressourcen eine Rolle.
- *Organisationale Einflüsse:* Schließlich nehmen auch Eigentümer der Medienunternehmen, die Geschäftsführung, Vorgesetzte und leitende Redakteure sowie Kollegen in der Redaktion Einfluss auf das journalistische Handeln.

Die Befragung ergab – auch im internationalen Vergleich – eine eindeutige Hierarchie der Einflussquellen: Prozedurale, professionelle und organisationale Einflüsse waren in fast allen Ländern am stärksten ausgeprägt, dagegen politische und ökonomische Einflüsse nur moderat (ebd.: 166f.). Dieser Befund überrascht – ist doch häufig von Ökonomisierung und politischer Einflussnahme im Journalismus die Rede. Doch das gleiche Muster ergab sich auch in der Studie „Journalismus in Deutschland II" (Weischenberg/Malik/Scholl 2006: 292): Die mittlere und obere redaktionelle Führungsebene sowie Redakteure und Kollegen waren die einflussreichsten Bezugsgruppen. Erst danach folgten das Publikum und die Öffentlichkeitsarbeit im Allgemeinen. Auch Verlegern, Intendanten und Aufsichtsgremien wurde weniger Einfluss zugeschrieben.

Wie lässt sich dieser Befund erklären? Die befragten Journalisten nehmen am ehesten Einflüsse aus ihrer *unmittelbaren Umgebung* wahr, d. h. aus Redaktion und Profession. Sie sind am leichtesten zu erkennen. Externe Einflüsse erreichen sie vermutlich oft nur über Umwege: Politiker und Werbekunden dürften sich mit ihren Wünschen und Beschwerden vorzugsweise an ihre Vorgesetzten wenden, die dann den Druck – wenn sie ihm nicht standhalten – nach innen bzw. nach unten an die Redakteure weiterleiten. Gleiches dürfte für die Unternehmensspitze gelten. Und in der Tat: Journalisten in Führungspositionen nehmen von außen oder von oben kommende Einflüsse stärker wahr als Befragte auf tieferen Hierarchieebenen (ebd.: 295).

In der Befragung deutscher Journalisten war der redaktionsinterne Einfluss im *Lokalressort* vergleichsweise gering. Dafür waren hier Externe, nämlich das Publikum, die Öffentlichkeitsarbeit im Allgemeinen und speziell die Parteien relativ starke Einflussgrößen (ebd.: 296). Die räumliche und damit auch persönliche Nähe zu den „lokalen Mächten" dürfte dafür eine Erklärung liefern (Wolz 1979). Das Lokale stellt also eine Ausnahme dar: Während sonst gilt, dass äußere Einflüsse in der Hierarchie von „oben nach unten" weitergeleitet werden, ist im Lokalen der äußere Druck schon auf der unteren Hierarchieebene spürbar.

Grenzen der Aussagekraft dieser Studien liegen dort, wo Einflüsse von den befragten Journalisten nicht als solche *wahrgenommen* werden, weil z. B. bereits die Personalauswahl für eine Übereinstimmung der Interessen gesorgt hat. Dadurch werden Konflikte im Vorhinein ausgeschaltet, und Druck ist gar nicht mehr notwendig. Die Herkunft externer Einflüsse kann – wie bereits erwähnt – nicht mehr lokalisierbar sein, wenn er über Vorgesetzte vermittelt wird. Oder aber der Einfluss ist so subtil, dass er kaum bemerkt wird. Dies dürfte z. B. für die Schicht- und Generationenzugehörigkeit gelten. Verzerrend wirkt es sich aus, wenn die Befragten die soziale Erwünschtheit ihrer Antworten in Rechnung stellen. So geben sie z. B. ein besseres Bild ab, wenn sie professionelle und redaktionelle Einflüsse hoch einschätzen, anstatt Abhängigkeiten von Politik und Wirtschaft einzugestehen. Methodenkritik, wie sie hier vorgestellt wurde, ist ein wesentlicher Bestandteil wissenschaftlichen Arbeitens.

Die Macht von Public Relations und Werbung

Das Wort „Einfluss" umfasst jegliche Form, in der journalistisches Handeln bestimmt wird – freiwillig oder unfreiwillig, intendiert oder nichtintendiert, legitim oder illegitim, mit positiven oder negativen Folgen. Problematisch sind vor allem jene externen Einflüsse, die gegen die Normen und auch gegen den Willen der Journalisten durchgesetzt werden und vom Einflussnehmer beabsichtigt sind. In diesem Fall ist die Bezeichnung „Macht" angemessen (Kapitel 3). Welche Macht haben Public Relations und Werbung über den Journalismus?

Werbung unterscheidet sich von PR durch ihre offensichtliche Parteilichkeit: Sie gibt sich im Normalfall als solche zu erkennen (durch die vom redaktionellen Teil getrennte Werbefläche oder den vom Restprogramm unterschiedenen Werbeblock im Rundfunk), und es wird als allgemein bekannt unterstellt, dass Werbung übertreibt und Negatives über das Produkt ausblendet. Dagegen geht die *PR* den „Umweg über ein fingiertes Allgemeininteresse", wie es der deutsche Sozialphilosoph Jürgen Habermas (1990: 291) formuliert hat: „Der Absender kaschiert in der Rolle eines am öffentlichen Wohl Interessierten seine geschäftlichen Absichten." (ebd.: 289) Die PR passt sich dem Journalismus äußerlich an und gibt dadurch ein partikulares Interesse als Allgemeininteresse aus. Während im Fall der Werbung die Macht des Geldes – die Bezahlung von Anzeigenfläche und Sendezeit – offensichtlich ist, ist im Fall der PR nicht auf den ersten Blick erkennbar, worauf sie ihre Macht gründet. Neben Presserabatten, Geschenken und der Gunst der Mächtigen sind es auch der Informationsvorsprung, den Journalisten durch Exklusivinformationen erhalten, und die Kosteneinsparung, die sie zur unveränderten Übernahme des PR-Materials veranlassen.

Wie viel Macht hat die PR über den Journalismus (Altmeppen/Röttger/Bentele 2004; Röttger/Preusse/Schmitt 2011)? Darüber gibt es verschiedene Hypothesen und Modelle: Die *Determinationshypothese* geht von einem starken und einseitigen Einfluss der PR auf den Journalismus aus. Die Annahme von Barbara Baerns (1985), dass Themen und Timing des Journalismus wesentlich durch PR bestimmt werden, wurde durch Inhaltsanalysen gestützt. Darin wurde der Anteil der Berichterstattung gemessen, der auf PR-Quellen zurückzuführen ist. Diese „Determinationsquote" war z. T. beträchtlich. Kritisiert wurde an diesen Studien allerdings, dass überhaupt nur eine Wirkungsrichtung in Betracht gezogen und jeder Einfluss negativ interpretiert wurde.

Offener geht das *Intereffikationsmodell* an die Sache heran (Bentele/Liebert/Seeling 1997): „Intereffikation" bedeutet „gegenseitiges Ermöglichen"; damit ist bereits zum Ausdruck gebracht, dass Einflüsse in beide Richtungen untersucht werden und ihre Bewertung nicht ausschließlich negativ ausfällt. Im Modell werden einerseits „Induktionen" (Einflussversuche) erfasst, andererseits „Adaptionen" (Anpassungshandeln). Welcher Art die Einflüsse sind, welche Stärke sie haben und ob sie erfolgreich sind (also zu Adaptionen führen), lässt das Modell zunächst offen. Es erlaubt also die Beschreibung vieler Konstellationen. Um zu belegen, dass auch der Journalismus die PR beeinflusst, wird z. B. auf die Orientierung am Nachrichtenwert, an die Verwendung journalistischer Darstellungsformen und die Anpassung an zeitliche Strukturen verwiesen. Hier muss allerdings eingewendet werden, dass PR-Botschaften in der *Form* nur deshalb den Journalismus imitieren, damit ihr Wirkungspotenzial wächst. Je mehr PR sich äußerlich dem Journalismus angleicht, umso größer ist ihre Chance, dass sie unbemerkt bleibt und inhaltlich wirksam ist.

Viele Studien haben gezeigt, wovon der Einfluss der PR auf den Journalismus abhängt, z. B. vom Nachrichtenwert, der Nachrichtenlage (wenn sonst nichts los ist, greifen Journalisten eher zu), von den redaktionellen Ressourcen (Zeit- und Personalknappheit erhöhen den Einfluss), vom Image der PR-Treibenden (*Greenpeace* glaubt man eher als einem Unternehmen, dem Umweltverschmutzung vorgeworfen wird) und der mediengerechten Aufbereitung, die den Journalisten Arbeit abnimmt. Journalisten sind dann aktiver, recherchieren selbst und verlassen sich nicht auf Pressemitteilungen von Unternehmen, wenn sie einen Skandal wittern. Zwar ist der Einfluss von PR auf den Journalismus bereits gründlich untersucht worden – kaum dagegen die

Wirkungen auf das Publikum. Soweit dies geschah, dann vor allem, um den Erfolg der PR für das Unternehmensimage zu evaluieren. Kaum erhellt ist die Verzerrung der Weltsicht durch PR.

Anders sieht es in der *Werbeforschung* aus, in der vielfach und zumeist experimentell den Wirkungen von Inhalt und Form auf Aufmerksamkeit, Erinnerung, Einstellungen sowie Kaufwunsch bzw. -verhalten nachgegangen wurde, ohne dass dadurch jedoch einfache Erfolgsrezepte ermittelt werden konnten (Schierl 2003). Im Gegenteil: Die Werbung kämpft mit einer nachlassenden Wirksamkeit, weil das Publikum zunehmend den Kontakt meidet oder mit Ablehnung (Reaktanz) reagiert. Dies hat dazu geführt, dass die Grenzen zwischen redaktionellem Teil bzw. Programm und Werbung durchlässiger geworden sind, damit das Publikum den Werbebotschaften nicht mehr ausweichen kann.

Der Rundfunkstaatsvertrag gestattet mittlerweile – bei ausreichender Kennzeichnung und Beachtung weiterer Regeln – eine Reihe von *Sonderwerbeformen* wie Werbung mit Auftritten von Fernsehmoderatoren, Split-Screen (geteilte Bildschirmfläche), virtuelle Werbung (in das laufende TV-Bild hineinprojizierte Werbung), Teleshopping, Sponsoring und Product Placement (Produkte als Requisiten, die in den Handlungsablauf eingebunden sind). Schleichwerbung bleibt dennoch ein Problem, wie mehrere Skandale – von denen auch der öffentlich-rechtliche Rundfunk erschüttert wurde – in den letzten Jahren gezeigt haben. Die Bereitschaft, auf unmoralische Forderungen von Werbekunden einzugehen, dürfte wachsen, wenn die Erlöschancen im Journalismus weiter sinken.

Überzeugende Nachweise darüber, dass Mischformen wie Product Placement und Advertorial (redaktionell gestaltete Anzeigen) der klar erkennbaren Werbung in ihrer Wirkungsweise überlegen sind, fehlen übrigens (Baerns 2004; MediaLine 2010). An der Vermischung wird sich aber nichts ändern, solange die Werbetreibenden an ihre Wirksamkeit glauben und Journalisten dazu bewegen, von der Trennungsnorm abzuweichen. In der Studie „Journalismus in Deutschland II" wurde zwar nicht ausdrücklich nach Verstößen gegen die Norm und auch nicht nach dem Einfluss von Werbekunden gefragt. Allerdings hat der Einfluss der Öffentlichkeitsarbeit im Allgemeinen („eher großer" und „sehr großer" Einfluss: 1993: 16%, 2005: 17%) und auch jener der Unternehmen und Wirtschaftsverbände im Speziellen (1993: 8%, 2005: 10%) nach Auskunft der Journalisten leicht zugenommen – ganz gegen den Trend, nach dem externe Einflüsse schwächer geworden sind (Weischenberg/Malik/Scholl 2006: 155). Während sich hier die Ökonomisierung widerspiegelt, nahm z. B. der Einfluss der Parteien zwischen den beiden Befragungen ab (1993: 7%, 2005: 3%).

Das Mediensystem zwischen Politik und Wirtschaft

Einen umfassenden Zugang zur Frage des Einflusses wählen Studien, in denen Mediensysteme beschrieben, erklärt und miteinander verglichen werden. Sie betrachten nationale Mediensysteme als Ganzes und ihren Wandel über große Zeiträume hinweg. In dieser *Makroperspektive* wird vor allem analysiert, wie Politik und Wirtschaft das Entstehen und die Entwicklung der publizistischen Massenmedien beeinflussen.

Der älteste Versuch, Mediensysteme zu klassifizieren, stammt von den US-Forschern Fred S. Siebert, Theodore Peterson und Wilbur Schramm, die 1956 in ihrem Klassiker „Four Theories of the Press" Typen von Mediensystemen unterschieden. Dabei beschrieben sie allerdings eher Begründungen der politischen Philosophie für *Erwartungen an Medien* als vorfindbare Mediensysteme. Sie argumentierten also eher normativ (so *sollen* Medien sein) als empirisch (so *sind* Medien).

- Nach dem *Autoritarismus-Modell*, das sich auf politische Denker wie Platon, Hobbes und Machiavelli stützt, sollen sich Medien den Herrschenden unterordnen. Der mit absoluter Macht ausgestattete Herrscher darf die Medien zensieren, Kritik am Staat ist strafbar.
- Das *Kommunismus-Modell* ist eine Spielart des Autoritarismus-Modells, in dem die Aufgaben der Medien von Autoren wie Marx und Lenin eindeutiger und positiver formuliert sind: Sie sollen zum Erfolg und Bestand des Systems bzw. der herrschenden Partei beitragen. Verbreitet war diese Vorstellung in der früheren Sowjetunion und den ehemaligen Ostblockstaaten. Medien befanden sich nicht in Privatbesitz und wurden vom Staat zensiert.
- Das *Liberalismus-Modell* ist das Grundmodell des Mediensystems des westlichen Typs; es beruft sich auf die Philosophie der Aufklärung (Milton, Locke, Kant, Mill). Das optimistische Menschenbild geht von einem rational und moralisch handelnden Individuum aus, das nach Glück strebt. Es ist mit natürlichen Rechten ausgestattet, zu denen Religions-, Rede- und Pressefreiheit gehören. Auf dem

"freien Marktplatz der Ideen", zu dem der Zutritt unbeschränkt ist, wird sich die Wahrheit über kurz oder lang durchsetzen. Das Misstrauen gegenüber dem Staat drückt sich u. a. darin aus, dass ihm Zensur und andere Einflussnahme untersagt sind. Vielmehr ist es die Aufgabe der Medien, Staat und Parteien zu kritisieren und zu kontrollieren.

⇨ Das *Sozialverantwortungs-Modell* hat als Ausgangspunkt die Mängel des Liberalismus-Modells, die einen „freien Marktplatz der Ideen" verhindern. Die optimistische Sicht auf den Menschen ist hier getrübt: Sein Drang nach Wahrheit sei begrenzt, deshalb habe er die Pflicht, sich als verantwortungsvoller Staatsbürger zu informieren. Auch dem sich selbst regulierenden Prozess der Wahrheitssuche wird nicht vertraut. Ein freier, nicht regulierter Markt führe nicht notwendig zu Meinungs- und Informationsvielfalt, sondern zu einer Ballung von ökonomischer und publizistischer Macht. Werbetreibende und Medienkonzerne kontrollierten die publizistische Öffentlichkeit. Stattdessen sollten Medien akzeptieren, dass sie eine gesellschaftliche Verantwortung und die Verpflichtung haben, kommunikative Chancengleichheit herzustellen, ein repräsentatives Bild der Gesellschaft zu vermitteln und andere öffentliche Aufgaben zu erfüllen. Grundsätzlich soll zwar die Selbstregulierung der Medien Vorrang haben, dennoch sind Eingriffe des Staates zulässig, um die Erfüllung dieser Aufgaben zu garantieren. Dem Staat kommt hier also eine ambivalente Rolle zu: Einerseits soll er die Funktionsweise der Medien sichern, andererseits soll er die Medienfreiheit respektieren und die öffentliche Meinungsbildung nicht behindern. Dieses Modell kommt dem Verständnis des Mediensystems in Deutschland am nächsten.

Auch wenn diese erste Typologie später verfeinert und stärker den realen Verhältnissen angepasst wurde, sind die darin enthaltenen normativen Grundmodelle immer noch brauchbar. Das Liberalismus- und das Sozialverantwortungsmodell liefern die Begründung dafür, weshalb der Journalismus in einer Demokratie nicht einzelnen gesellschaftlichen Kräften ausgeliefert sein darf, sondern unabhängig sein muss, wenn er seine öffentliche Aufgabe erfüllen soll.

Einen neueren, viel zitierten Vorschlag für eine *Typologie westlicher Mediensysteme* haben Daniel C. Hallin und Paolo Mancini (2004) gemacht. Ihr empirischer Ansatz ist historisch ausgerichtet und erfasst entwickelte kapitalistische Demokratien in Westeuropa und Nordamerika. Sie unterscheiden drei „Idealtypen", denen einzelne Länder – mehr oder weniger gut – zugeordnet werden können:

- Im *liberalen* Modell dominieren der Marktmechanismus, kommerzielle Medien und die Selbstregulierung. Beispiele dafür sind Länder wie Großbritannien, USA, Kanada und Irland, in denen sich früh eine kommerzielle Massenpresse entwickelte. Neben der Massenpresse gibt es eine nationale Qualitätspresse mit elitärer Ausrichtung. Insgesamt kennzeichnet die Presse dieser Länder Neutralität, eine Informationsorientierung, ein interner Pluralismus in den Medien und Professionalität im Journalismus. Merkmale des politischen Systems sind ein moderater Pluralismus, Mehrheitsregierungen, ein hohes Maß an Individualismus und ein schwacher (Wohlfahrts-)Staat.
- In Ländern des *demokratisch-korporatistischen* Modells findet sich historisch eine Koexistenz kommerzieller Medien und solcher Medien, die mit organisierten sozialen und politischen Gruppen verbunden sind (parteinahe Presse, öffentlicher Rundfunk). Dieses Modell ist in weiten Teilen eine Mischung aus den beiden anderen Modellen. Neben den skandinavischen Ländern und kleinen mitteleuropäischen Ländern (Niederlande, Belgien, Schweiz) ordnen Hallin und Mancini hier auch Deutschland und Österreich zu – trotz ihres undemokratischen Sonderwegs bis 1945. Externer Pluralismus findet sich in diesen Ländern besonders in der nationalen Presse. Historisch lässt sich eine Verschiebung der Dominanz von der Parteipresse hin zu kommerziellen, neutralen Medien beobachten. Die Stellung des öffentlichen Rundfunks ist stark. Die Professionalität des Journalismus ist hoch. Hier sind weitreichende staatliche Interventionen zu beobachten – mit der Absicht, die Medienfreiheit und das Funktionieren der öffentlichen Meinungsbildung zu sichern. Das politische System kennzeichnen ein moderater Pluralismus, demokratischer Korporatismus, die Bildung von Konsensregierungen und ein Wohlfahrtsstaat.
- In Mediensystemen des *polarisiert-pluralistischen* Modells sind Zeitungen stark in die Parteipolitik integriert. Hier ordnen Hallin und Mancini die Mittelmeerstaaten Frankreich, Griechenland, Italien, Portugal und Spanien zu. Die Blätter besitzen eine geringe Auflage, sie sind stark eliteorientiert und häufig staatlich subven-

tioniert. Zwischen Parteien und Presse besteht eine enge Verbindung, was zu einem externen Pluralismus und zur Betonung des Kommentierens führt. Der Journalismus ist nur wenig professionalisiert. Die medienpolitischen Interventionen des Staates reichen weit. Generell haben Staat und Parteien eine starke Stellung, wobei die Demokratisierung in diesen Ländern spät einsetzte und zu einem polarisierten Pluralismus geführt hat.

Wie schon gesagt: Die genannten Länder passen nicht perfekt zu den Modellen. So gibt es z. B. in Großbritannien mit der *BBC* einen starken öffentlichen Rundfunk, der eher ein Kennzeichen des demokratisch-korporatistischen Modells ist. Dennoch wird ein Grundmuster erkennbar: Unterschiede zwischen den Modellen zeigen sich im Grad, in dem sich die Medien aus *politischer Instrumentalisierung* herausgelöst haben, und im Grad ihrer *Kommerzialisierung*, wobei tendenziell der eine Einfluss durch den anderen Einfluss ersetzt wird. Ein dritter Pol – neben Politik und Wirtschaft – ist die *gesellschaftlich-plurale Organisation* von Medien im Fall des öffentlichen Rundfunks. Dieser Pol ist besonders im demokratisch-korporatistischen Modell ausgeprägt, weshalb es nicht nur einfach eine Mischung aus den beiden anderen Modellen ist. Ein vierter Pol ist schließlich die Selbststeuerung der Medien durch die journalistische *Profession*, die im liberalen und demokratisch-korporatistischen Modell relativ viel Macht besitzt. In diesem Kräfte-Viereck lässt sich der Journalismus verorten. Auch wenn man der Auffassung ist, dass vor allem die verschiedenen gesellschaftlichen Gruppen und der Journalismus selbst die Medien bestimmen sollten, so wird man konzedieren müssen, dass sich politische und ökonomische Macht nicht ausschalten lässt – und wünschenswert wäre es auch nicht, denn die vier Pole stehen in einem engen Abhängigkeitsverhältnis, außerdem begrenzen und kontrollieren sie sich wechselseitig.

Die Modelle von Hallin und Mancini konnten hier nur in aller Kürze wiedergegeben werden. In ihrem Buch differenzieren sie außerdem deutlicher zwischen den einzelnen Ländern, als es hier geschehen konnte. Kritisch anmerken lässt sich, dass im Vordergrund ihrer Analyse die Zeitungen stehen – die elektronischen Medien bleiben im Hintergrund. Auch die Frage, in welchem Maße Pressefreiheit herrscht, diskutieren sie nur am Rand. Schließlich beschränken sie ihre Analyse auf westliche Industrieländer. In einem neuen Buch erweitern Hallin und Mancini (2012) den Horizont über die westliche Welt hinaus auf Osteuropa, Afrika, Asien und Lateinamerika.

Pressefreiheit im internationalen Vergleich

Wie es weltweit um die Pressefreiheit bestellt ist, erhebt seit 1980 alljährlich die von Stiftungen geförderte Organisation *Freedom House*.[8] Für den Bericht über das Jahr 2011 wurden 197 Länder untersucht (Deutsch Karlekar/Dunham 2012). Der Index der Pressefreiheit basierte auf 23 Fragen, für deren Beantwortung 109 Indikatoren erfasst wurden. *Freedom House* untersucht die rechtlichen, politischen und ökonomischen Bedingungen, unter denen Presse, Rundfunk und Internet in einem Land berichten können. Die Punktewertung reicht dabei von null (völlige Pressefreiheit) bis hundert Punkte (maximale Beschränkung der Pressefreiheit). Was wird im Einzelnen gemessen?

- In *rechtlicher* Hinsicht wird gefragt, ob die Pressefreiheit in der Verfassung verankert ist, Strafgesetze die Arbeit von Journalisten einschränken, die Verleumdung staatlicher Vertreter unter Strafe gestellt ist, die Unabhängigkeit der Justiz sichergestellt ist, Informationsfreiheit herrscht, Zulassungsfreiheit für den Betrieb von Medien besteht, Regulierungseinrichtungen frei und unabhängig agieren können, der Zugang zum Journalistenberuf und seine Ausübung ungehindert möglich sind und Verbände die Rechte und Interessen von Journalisten frei unterstützen können.
- In *politischer* Hinsicht wird ermittelt, ob die Regierung oder andere Vertreter partikularer Interessen Informationen vorgeben, der Zugang zu Quellen kontrolliert wird, Zensur herrscht, Journalisten Selbstzensur praktizieren, die Bevölkerung Zugang zu einem vielfältigen Medienangebot besitzt, in- und ausländische Journalisten ohne Bedrohung und physische Einschränkung berichten können oder aber Einschüchterungen und physischer Gewalt ausgesetzt sind.
- In *ökonomischer* Hinsicht geht es schließlich darum, inwieweit der Staat Eigentümer von Medien ist oder diese kontrolliert, Medienbesitz transparent ist, Medien konzentriert sind, Beschränkungen

---

8 http://www.freedomhouse.org/issues/media-freedom

für Medienproduktion und -vertrieb bestehen, wie hoch die Kosten für den Betrieb von Medien sind, ob der Staat oder andere Akteure durch Anzeigenaufträge, die Unterstützung von Medien oder Zahlungen an Journalisten Einfluss nehmen und ob die wirtschaftliche Gesamtsituation die finanzielle Situation von Medien negativ bestimmt.

An dieser Methode der Messung von Pressefreiheit wird *kritisiert*, dass sie auf dem Glauben basiert, sehr komplexe Sachverhalte mit einer einfachen Punktewertung erfassen zu können. Außerdem unterscheidet sich die Informationsbasis zwischen den Ländern erheblich. Trotz dieser Einschränkungen leistet Freedom House einen wesentlichen Beitrag, um den Grad der Pressefreiheit transparenter zu machen.

2011 wurden 66 Länder (34%) als „frei" (0-30 Punkte) eingestuft, 72 als „teilweise frei" (37%, 31-60 Punkte) und 59 (30%) als „nicht frei" (61-100 Punkte). Allerdings lebten nur 15% der Weltbevölkerung in Ländern mit freier Presse – der niedrigste Stand seit 1996 (45%: „teilweise frei", 40%: „nicht frei"). Dieses Ergebnis wurde besonders durch die bevölkerungsreichen Länder China (mit dem Status „nicht frei" [Rang 187]) und Indien („teilweise frei" [Rang 80]) bestimmt. Bezogen auf die Durchschnittswerte für alle Länder gab es allerdings 2011 eine leichte Verbesserung gegenüber den Vorjahren – bedingt vor allem durch den „arabischen Frühling" (Libyen, Tunesien, Ägypten), der allerdings auch als Gegenreaktion zu schärferen Restriktionen in Syrien und Bahrain geführt hat. Verschlechtert hat sich die Situation der Pressefreiheit auch in den osteuropäischen Ländern Ungarn und Ukraine. Im Gesamtranking liegen die skandinavischen Länder, die Benelux-Staaten sowie die Schweiz auf den Spitzenplätzen. Deutschland erreicht Rang 16. Die USA folgen auf Rang 22, Russland erst auf Rang 172. Das Schlusslicht bildet Nordkorea mit 97 der 100 erreichbaren Negativpunkte.

Zusammenfassung

Public Relations und Werbung werden mit der Absicht betrieben, die Berichterstattung zu eigenen Gunsten zu bestimmen. Gleiches gilt für die politische Einflussnahme im öffentlich-rechtlichen Rundfunk. Diese Versuche der Instrumentalisierung des Journalismus sind zwar verbreitet, widersprechen aber rechtlichen und moralischen Normen. Die „Gatekeeper"-Forschung zeigt, dass es daneben eine Vielzahl weiterer Einflüsse auf journalistisches Handeln gibt. Aus Sicht der Journalisten sind prozedurale, professionelle und organisationale Einflüsse am stärksten ausgeprägt. Äußere Einflüsse werden in der Hierarchie „nach unten" weitergeleitet und sind deshalb weniger sichtbar. Im Modellvergleich wird deutlich, wie der Einfluss von Politik und Wirtschaft auf das Mediensystem historisch und international variiert.

Literaturempfehlungen

Altmeppen, Klaus-Dieter/Röttger, Ulrike/Bentele, Günter (Hrsg.) (2004): Schwierige Verhältnisse. Interdependenzen zwischen Journalismus und PR. Wiesbaden: VS.

Baerns, Barbara (2004): Leitbilder von gestern? Zur Trennung von Werbung und Programm. In: Baerns, Barbara (Hrsg.): Leitbilder von gestern? Zur Trennung von Werbung und Programm. Eine Problemskizze und Einführung. Wiesbaden: VS, S. 13-42.

Hallin, Daniel C./Mancini, Paolo (2004): Comparing Media Systems: Three Models of Media and Politics. Cambridge: Cambridge University Press.

Hanitzsch, Thomas (2009): Zur Wahrnehmung von Einflüssen im Journalismus: Komparative Befunde aus 17 Ländern. In: Medien und Kommunikationswissenschaft. 57. Jg., H. 2, S. 153-173.

Schnedler, Thomas (2008): Getrennte Welten? Journalismus und PR in Deutschland. Wiesbaden: Netzwerk Recherche. http://www.netzwerkrecherche.de/Publikationen/nr-Werkstatt/08-Journalismus-und-PR-2/ (28.08.2012).

Kapitel 5:
Qualität im Journalismus –
Was ist Qualität?
Und wie wird sie gemessen und gesichert?

**Der Spiegel unter der Lupe –
Blattkritik beim Nachrichtenmagazin**
Christoph Schlingensief kam mit dem aufgerollten Magazin unter dem Arm und einer steilen These: *Der Spiegel* sei in Wahrheit ein rückwärtsgewandtes Blatt – so die Provokation, die er gleich zu Beginn seiner Blattkritik in die Runde warf. Dann durchkämmte der Theatermann Artikel für Artikel die aktuelle Ausgabe des Nachrichtenmagazins. Von der ersten bis zur letzten Seite blätterte er durch das Heft, machte mal ätzende, mal lobende Anmerkungen und riss, sobald er seine Analyse einer Geschichte geliefert hatte, die Seiten heraus, um sie vor sich auf dem Tisch auf zwei Stapel zu sortieren: einer für die Artikel, die seine Gnade als *Spiegel*-Leser fanden, weil sie seiner Meinung nach gut und progressiv waren, und ein anderer für all die Geschichten, die er für rückwärtsgewandt hielt. Am Ende war das Ergebnis seiner reißenden Blattkritik für jeden im Raum leicht erkennbar: Die seiner Meinung nach schlechten Artikel waren deutlich in der Überzahl.

Jeden Montag um elf Uhr vormittags wird die aktuelle Ausgabe des *Spiegel* auf den Prüfstand gestellt. Manchmal sind es prominente Künstler wie Schlingensief, manchmal Schwergewichte aus der Politik, die in den Konferenzsaal des Verlagshauses eingeladen werden, um ihr Urteil zu verkünden. Horst Seehofer war schon da, Angela Merkel auch. Meistens aber wechseln sich *Spiegel*-Redakteure in der Rolle des Blattkritikers ab und müssen dann bewerten, ob das neue Heft den Ansprüchen und Erwartungen, die das Magazin an sich selbst stellt, gerecht wird. Sind die richtigen Themen ausgewählt worden? Haben die *Spiegel*-Autoren neue, substantielle Informationen liefern können? Hat das „Sturmgeschütz der Demokratie", wie *Spiegel*-Gründer Rudolf Augstein das Magazin einmal nannte, in seiner jüngsten Ausgabe einen publizistischen Volltreffer gelandet?

Die Blattkritik zählt beim *Spiegel* wie in vielen anderen Redaktionen zu jenen Routinen des redaktionellen Qualitätsmanagements, mit denen Journalisten ihr eigenes Tun und ihr gemeinsames Produkt einer Qualitätskontrolle unterziehen. Dabei agieren und argumentieren sie nicht im luftleeren Raum. Als Maßstab dienen ihnen all jene Kriterien für guten Journalismus, die in den verschiedenen Kapiteln dieses Buchs behandelt werden. So wird in Kapitel 1 der Qualitätsjournalismus u. a. durch das definiert, was er für die Gesellschaft und das Publikum leistet. In Kapitel 2 werden die Regeln für das Schreiben guter Texte, nämlich die Darstellungsformen eingeführt. In Kapitel 6 wird speziell die Erfüllbarkeit der Objektivitätsnorm diskutiert. Und in Kapitel 7 werden Erwartungen und Bewertungen des Publikums erörtert. Der Praxisteil dieses Kapitels beschränkt sich deshalb weitgehend auf die wichtigsten Redaktionsroutinen zur Qualitätskontrolle.

Lernziele

⇨ Wie wird Qualität im Journalismus definiert?
⇨ Wie wird Qualität nach Medium und Zielgruppe differenziert?
⇨ Wie lassen sich die Qualitätskriterien begründen?
⇨ Wie lässt sich die Qualität journalistischer Angebote sicherstellen?

Sichtweisen der Praxis

Die in diesem Buch dargelegten Standards für guten Journalismus gelten für alle Medien, die Qualitätsjournalismus liefern wollen – doch nicht für alle Medien gleichermaßen. Die jeweilige Ausformung der Qualitätskriterien ist abhängig von den spezifischen Anforderungen eines Mediums (z. B. Bildmaterial und -schnitt beim Fernsehen, Nutzung von Tönen beim Hörfunk, Seitengestaltung bei einer Zeitung) und seines Publikums (z. B. unterscheiden sich Aufbau und sprachliche Darstellung einer Meldung in der *Tagesschau* von der Meldung, die zum selben Thema in der Kinder-Nachrichtensendung *Logo* ausgestrahlt wird).

Ob Redaktionen in der Lage sind, die Kriterien des Qualitätsjournalismus zu erfüllen, hängt von den *Rahmenbedingungen* ab, unter denen sie arbeiten, also von der Qualifikation ihrer Mitarbeiter und den redaktionellen Ressourcen. Vor allem aber hängt die Einhaltung der

Standards vom *Qualitätsmanagement* ab: der Überprüfung von Artikeln und Beiträgen vor dem Druck oder der Ausstrahlung sowie der nachträglichen kritischen Beurteilung des Produkts.

**Viele Köche verbessern den Brei –
Die Textkontrolle beim *Spiegel***
Der erste Leser eines *Spiegel*-Autors ist sein Ressortleiter. Er erhält das Manuskript in dem Moment, in dem der Autor seine Arbeit daran abgeschlossen hat. Der Ressortleiter übernimmt dann die Aufgabe eines Redakteurs: Er prüft den Text, ändert, wenn er es für notwendig hält, Inhalt, Aufbau und Formulierungen. In dem Moment, in dem er den Text redigiert hat, erhält dieser innerhalb des Produktionsablaufs einen neuen Status: Er wird jetzt nicht mehr als „Manuskript" bezeichnet, sondern als „Fahne", die nun das Ressort verlässt, damit in drei verschiedenen Abteilungen die Qualitätskontrolle fortgesetzt werden kann: In der Dokumentation wird der Text einem Fakten-Check unterzogen (der unten näher erläutert wird). In der Rechtsabteilung überprüfen die Juristen, ob Formulierungen und Inhalte der Geschichte rechtlich wasserdicht sind. Und in der Chefredaktion wird der Text ein zweites Mal redigiert. Erst dann, wenn die Chefredaktion grünes Licht gegeben hat, kann der Autor davon ausgehen, dass seine Geschichte tatsächlich in der nächsten Ausgabe erscheinen wird. Sobald Überschriften, Bildunterschriften und Layout festgelegt worden sind, wandert die „Fahne" schließlich zurück auf den Schreibtisch des Ressortleiters. Der wirft einen letzten Blick auf den Text und bringt ihn – falls nötig – noch einmal auf den neuesten Nachrichtenstand. Sobald dies erledigt ist, ändert der Text erneut seinen Status. Aus der „Fahne" wird nun die sogenannte „Ressortseite". Der Statuswechsel besagt, dass der Ressortleiter den Text in dieser Form nun für druckreif hält – was aber nicht heißt, dass er auch genau so gedruckt wird. Die „Ressortseite" wird nämlich noch einmal von der Chefredaktion überprüft. Erst dann geht der Artikel an die Schlussredaktion – die letzte journalistische Instanz, bevor das aktuelle Heft gedruckt wird.

Nur wenige Medien in Deutschland sind in der Lage, sich eine so aufwändige und teure Kontrolle der Texte zu leisten wie der *Spiegel*. Ein Mindestmaß an Überprüfung ist jedoch überall unverzichtbar. Deshalb sollte zumindest das „Vier-Augen-Prinzip" in jeder Redaktion gelten, das heißt: Jedes Manuskript wird vor der Veröffentlichung einem Kollegen zum Gegenlesen vorgelegt. Dasselbe gilt natürlich für die elektronischen Medien, wo die Beiträge vor der Ausstrahlung von Kollegen abgenommen werden.

In vielen Redaktionen sind die Strukturen diesen Arbeitsabläufen angepasst, indem die Aufgaben des Autors von denen des Redakteurs getrennt wurden. In der „Redaktion Innenpolitik" des *Deutschlandfunk* beispielsweise, die unter anderem für die täglich zwanzigminütige, monothematische Sendung *Hintergrund* zuständig ist, arbeiten Redakteur und Autor während der gesamten Produktionsphase der Sendung eng zusammen: von der Beauftragung des Autors über die mehrtägige Recherche, die Arbeit am Manuskript bis hin zur Produktion der Sendung. Der Autor liefert nach einer ersten Recherche ein Exposé, das die Grundzüge der Sendung skizziert. Er diskutiert mit dem Redakteur den Aufbau und die Auswahl der Gesprächspartner. Und schließlich legt er dem Redakteur das Manuskript zur Kontrolle vor. Der Umgang der beiden miteinander muss ebenso professionell wie kollegial sein. Der Redakteur der Sendung achtet darauf, dass das Manuskript keine Schwachstellen hat und die Sendung den Anforderungen entspricht, welche die Redaktion für diesen Sendeplatz definiert hat. Gleichzeitig ist es wichtig, dass die Sendung die Handschrift des Autors behält – das Redigat darf keiner Enteignung des Verfassers gleichkommen, die Anmerkungen des Redakteurs müssen fundiert, nachvollziehbar und sachlich sein. Und andererseits muss es der Autor ertragen können, wenn der Redakteur in sein Manuskript eingreift. Dabei hilft es, die Arbeit des Redakteurs nicht als Einmischung oder Übergriff zu verstehen, sondern als Hilfestellung, um gemeinsam das Optimum zu erreichen. Die Kooperation von Autor und Redakteur stellt also hohe Anforderungen an deren Teamfähigkeit – und das erst recht, wenn die Zusammenarbeit unter hohem Zeitdruck steht wie etwa bei einer Nachrichtensendung im Fernsehen.

Teamwork in Hochgeschwindigkeit – Qualitätskonzept und Qualitätsmanagement bei *RTL Aktuell*
„Keine Ausrede!" – so steht es unübersehbar, von einem dicken, roten Kreis umrandet auf der Pinnwand hinter Gerhard Kohlenbachs Schreibtisch. Der steht im Zentrum des Großraumbüros am Kölner Rheinufer. Die Position des Arbeitsplatzes stimmt überein mit der Funktion seines Nutzers: Wie die Speichen des Rades sich an der Nabe treffen, so laufen bei Gerhard Kohlenbach alle Fäden der *RTL Aktuell*-Redaktion

zusammen. Er ist der CvD der Sendung, der Chef vom Dienst. Und wer ihm bei der Arbeit zuschaut, der erkennt: Mit der Mahnung an der Pinnwand hinter seinem Rücken ist es ihm durchaus ernst. Jede Ausgabe der Nachrichtensendung soll gut werden.

Was eine gute Nachrichtensendung ausmacht, davon hat Kohlenbach eine feste Vorstellung – und die unterscheidet sich durchaus von den Vorstellungen, mit denen die Konkurrenten in den Nachrichtenredaktionen von *ARD* und *ZDF* ans Werk gehen. In einem Punkt allerdings stimmen die unterschiedlichen Qualitätskonzepte überein: „Alles Wichtige muss in der Sendung enthalten sein", sagt Kohlenbach, und so sieht das wohl jeder Nachrichten-CvD. Das Verständnis davon, was wichtig ist, ist aber schon nicht mehr identisch. *RTL Aktuell* will die Nachrichten liefern, die sich auf das Leben der Zuschauer auswirken. Für Meldungen, die z. B. lediglich den „Wasserstand" einer noch nicht abgeschlossenen politischen Diskussion wiedergeben, ist deshalb in der Sendung kein Platz. Auch bei der Darstellung der Themen unterscheidet sich *RTL* von den öffentlich-rechtlichen Sendern. „Unsere Erzählformen sind anders", erklärt Kohlenbach und erläutert, dass die Beiträge seiner Sendung den Nachrichtenstoff möglichst plakativ ans Publikum bringen sollen – durch die Stilmittel der Emotionalisierung und Personalisierung. Großen Wert legt er zudem auf die Verständlichkeit der Nachrichten. Autoren und Redakteure bemühen sich um eine möglichst einfache Sprache – „eine große Herausforderung", wie Kohlenbach betont. Denn nur, wer den Nachrichtenstoff wirklich durchdrungen und verstanden habe, sei in der Lage, ihn auch allgemeinverständlich zu formulieren.

Über die von der Chronistenpflicht vorgegebenen Themen hinaus will die *RTL*-Sendung ihren Zuschauern das bieten, was andere Nachrichtensendungen nicht im Angebot haben: Zum einen sind das Serien von Hintergrund-Stücken, die sich über mehrere Sendungen erstrecken. Die liefert die Redaktion immer dann, wenn ein herausragendes Thema nach zusätzlichen Erklärungen verlangt. Darin versuchen die Autoren, jene Fragen zu beantworten, die sich den meisten Zuschauern stellen. Als beispielsweise die Bundesregierung im Frühjahr 2011 den Atomausstieg plante, erklärte die *RTL Aktuell*-Redaktion ihrem Publikum in einer Beitragsserie die möglichen Auswirkungen auf die Strompreise sowie die Sicherheitsstandards der AKW in den Nachbarländern. Zum anderen versucht die Sendung, ihre Zuschauer möglichst täglich mit einer unterhaltsamen Geschichte in den Fernsehabend zu entlassen. Dieser bunte „Rausschmeißer" soll dafür sorgen, dass die Zuschauer am Ende der Sendung nicht das Gefühl haben, von der Last schlechter Nachrichten erdrückt zu werden.

Um dieses Qualitätskonzept tagtäglich umzusetzen, hat die Redaktion eine feste Redaktionsroutine entwickelt. Sie bedeutet eine dichte Abfolge von Besprechungen zwischen den Redakteuren, Gesprächen mit den Autoren sowie der Abnahme von Texten und Bildern. Diese Routine beginnt mit der ersten Besprechung der Redakteure um 10.30 Uhr. In dieser Sitzung werden die Themen der Sendung festgelegt – soweit sie um diese Uhrzeit schon absehbar sind. Außerdem bestimmt die Redaktion die Autoren der Beiträge. Meistens sind dies die Korrespondenten, die in den Außenstudios arbeiten, teilweise aber treten die Redakteure auch selbst als Autoren auf. Dann folgt eine Art Pärchen-Bildung: Jedem Thema wird ein Redakteur zugeordnet, der sogenannte „Bearbeiter". Dieser betreut von diesem Moment an das Thema, den Autor und dessen Beitrag bis zur Sendung.

Juni 2011: Die EHEC-Epidemie in Deutschland breitet sich immer weiter aus. Dies soll der Aufmacher von *RTL Aktuell* sein. Der Autor ist Jan Bulig aus dem Studio in Hamburg, der sich bereits seit einigen Tagen mit der grassierenden EHEC-Erkrankung befasst. In der Redaktion in Köln ist ihm Daniela Stolze als Bearbeiterin zugeteilt worden, die auf Themen aus dem Bereich Wissenschaft und Medizin spezialisiert ist. Unmittelbar nach der ersten Redaktionssitzung bespricht Daniela Stolze um 11.30 Uhr mit Jan Bulig den Auftrag und schildert ihm, welchen Fokus die Redaktion an diesem Tag auf das Thema setzen will, welche Aspekte der Beitrag beinhalten soll. Damit weiß er, in welche Richtung er recherchieren und welche Bilder und Statements er beschaffen muss. Nur gut zwei Stunden später telefonieren die beiden erneut miteinander. Der Autor lässt die Redakteurin jetzt, um 13.50 Uhr, wissen, welche Informationen und welches Bild- und Tonmaterial er liefern kann. Um 14 Uhr, kurz danach, steht die nächste Redaktionssitzung an. Thema für Thema tragen die Bearbeiter nun den Stand der Recherchen vor. Innerhalb nur weniger Minuten verständigt sich die Redaktion nun erneut über thematische Schwerpunkte und den Aufbau der Beiträge. In diese Diskussion bringt CvD Kohlenbach seine ganze Nachrichtenroutine ein, er gibt ganz eindeutig den Takt bei den Beratungen vor.

14.30 Uhr: Die Redaktionssitzung ist beendet. Daniela Stolze greift wieder zum Telefonhörer, um Jan Bulig das Ergebnis der Beratungen durchzugeben, auch den Aufbau des Beitrags geht sie mit ihm noch einmal durch. Zwei Stunden später liegt das Manuskript für den Beitrag im E-Mail-Fach der Kölner Redakteurin. Anlass für sie, erneut zum Hörer zu greifen. Wort für Wort gehen die beiden nun den Text durch und feilen gemeinsam an den Formulierungen. Auch die Struktur des Beitrags ist wieder Thema. Stolze ist mit dem ersten O-Ton des Stücks nicht ganz zufrieden und bittet den Autor, ein anschaulicheres Statement zu suchen. Die Zeit läuft. 18.35 Uhr – nur noch zehn Minuten bis zum Beginn der Sendung. Buligs Beitrag wird aus Hamburg überspielt. Nun muss er noch vom CvD abgenommen werden. Kohlenbach lädt das Stück auf seinen Rechner, schaut es sich konzentriert an – und ist zufrieden. Der Beitrag ist so geworden, wie er und seine Redaktion ihn sich vorgestellt hatten. Er fasst die aktuellen Informationen über die EHEC-Epidemie zusammen und zeigt zudem Krankenschwestern, die unter höchster Arbeitsbelastung die Erkrankten in einer Hamburger Klinik betreuen. Damit erhält das Stück eine personalisierte und emotionalisierte Erzählstruktur. Also markiert er den Beitrag im Computer als abgenommen. Um 18.45 Uhr ist er der Aufmacher an diesem Abend. Als „brauchbare Sendung" wird Kohlenbach diese Ausgabe von *RTL Aktuell* anschließend bezeichnen. Das ist für jemanden, der keine Ausreden gelten lässt, schon fast ein überschwängliches Lob.

In einigen wenigen Redaktionen in Deutschland geht die Arbeitsteilung zur Sicherung der Qualität weit über das Aufgabensplitting zwischen Redakteur und Autor hinaus. Diese Medien sind finanziell in der Lage, Experten zu beschäftigen, die nur eine Aufgabe haben: die Verifizierung von Tatsachenbehauptungen, die Autoren in ihren Artikeln aufstellen. Dieses „Fact-Checking" vor der Veröffentlichung ist so etwas wie ein Kordon, der die Glaubwürdigkeit eines Mediums vor Erosion schützen soll. Denn die Glaubwürdigkeit hängt vor allem davon ab, dass die behaupteten Tatsachen, die Fakten, stimmen.

Vom Stolz, der Sand im Getriebe zu sein –
Fact-Checking beim *Spiegel*
Wie schreibt man den Namen „Franz Josef Strauß"? Ohne Bindestrich zwischen den Vornamen? Oder doch mit? Und am Ende mit „ß"? Oder muss dort ein Doppel-S stehen? Hauke Janssen kennt die Antwort. Dutzende Male hat er die Schreibweise schon überprüft. Und trotzdem verbietet er sich jeden Anflug von Gewissheit. Jedes Mal, wenn ein

Text auf seinem Schreibtisch landet, in dem der Name des früheren *CSU*-Chefs auftaucht, stellt er den Text und sich selbst gleichermaßen in Frage, ignoriert er, dass er die Schreibweise schon so häufig geprüft hat, blendet aus, dass er bereit wäre, auf die korrekte Schreibweise Wetten abzuschließen – und tut so, als würde er den Namen Franz Josef Strauß zum ersten Mal lesen. Er verifiziert die Schreibweise noch einmal: jawohl, ohne Bindestrich und – genau – mit „ß".

„Fehler tauchen dann im Blatt auf, wenn wir glauben, etwas zu wissen, statt es zu überprüfen", sagt Janssen. Alles zu überprüfen – das ist sein Job. Janssen leitet die Dokumentation des Nachrichtenmagazins *Der Spiegel*.

Rund 70 Mitarbeiter sorgen dafür, dass alle Tatsachenbehauptungen in den Texten richtig sind. Schreibt z. B. ein Hauptstadtkorrespondent des *Spiegel*, die Bundeskanzlerin sei an einem bestimmten Tag in Berlin im Nieselregen über den Pariser Platz gelaufen, dann kramt ein Mitarbeiter der Dokumentation die lokalen Wetterberichte dieses Tages hervor um zu überprüfen, ob es wirklich geregnet hat. Manche Aufgabe eines Dokumentars sind eher leicht, etwa dann, wenn er jede einzelne der im Text versammelten Namensschreibweisen, Altersangaben sowie Berufs- und Funktionsbezeichnungen gegenrecherchiert. Ab und an kann der Fakten-Check aber auch zu einer echten Herausforderung werden, dann sind Hauke Janssens Mitarbeiter in ihrem Element. Etwa: Hat der Mitarbeiter der Wissenschaftsredaktion die neue Methode zur Operation eines Kreuzbandrisses richtig beschrieben? Stimmen die Bezeichnungen der Muskeln, Bänder und sonstigen Bestandteile des menschlichen Knies? Um auch solch spezielle Fakten prüfen zu können, verfügen die Dokumentare über großes Fachwissen. Die Dokumentation des Hamburger Nachrichtenmagazins ist spiegelbildlich zu seinen redaktionellen Ressorts aufgebaut: Es gibt hier wie dort Fachbereiche wie „Deutschland", „Ausland", „Wirtschaft und Sport", „Wissenschaft und Technik" oder „Feuilleton". Innerhalb dieser Fachbereiche teilen sich wiederum unterschiedliche Experten die Arbeit. Im Dokumentationsbereich „Wirtschaft" etwa arbeiten Betriebs- und Volkswirte, von denen der eine Fachmann für Banken und Finanzmärkte, ein anderer für Energiewirtschaft und ein Dritter Experte für Steuern und Sozialversicherungen ist. Und natürlich ist im Bereich „Wissenschaft und Technik" auch ein promovierter Mediziner zu finden, der die Beschreibung der Operationsmethode aus fachlicher Sicht überprüft.

Zudem haben die Dokumentare die Möglichkeit, für ihre Arbeit auf ein umfassendes Reservoir an Archiven, Bibliotheken, Nachschlagewerken und Datenbanken zuzugreifen, insbesondere das hausinterne „Digitale Archiv-System", kurz DIGAS. Hier finden sich die wichtigsten nationalen und internationalen Zeitungen, aber auch viele Originaldokumente wie wissenschaftliche Studien oder Manuskripte von Reden.

Hat ein Autor des *Spiegel* sein Manuskript geschrieben, dann liefert er es bei dem Dokumentar ab, der für sein Fachgebiet zuständig ist. Diesem Kollegen muss der Autor zudem jede seiner genutzten Quellen offenlegen. Dann beginnt der Dokumentar, im Manuskript jeden zu überprüfenden Fakt zu unterstreichen, um dann einen nach dem anderen anhand aller Quellen zu überprüfen, die ihm zur Verfügung stehen. Stimmt eine Tatsachenbehauptung, bestätigt sie der Dokumentar mit einem Häkchen. Stimmt sie nicht, schreibt er das Ergebnis seiner eigenen Recherche inklusive der Quellenangabe an den Rand des Manuskriptes. Damit ist er gewappnet für den nächsten Arbeitsschritt, das sogenannte „Übergabegespräch": Dabei verständigen sich Dokumentar und Autor auf die korrekte Textversion.

Das Fact-Checking stößt natürlich an Grenzen – auch beim *Spiegel*. Eine dieser Grenzen bildet der Faktor Zeit. Rund zwei Drittel aller Artikel landen erst am letzten Tag der *Spiegel*-Woche in der Dokumentation: am Freitag, wenige Stunden bevor die neue Ausgabe in den Druck geht. „An diesen Tagen wird die Dokumentation vom Rest des Hauses als Ansammlung von Erbsenzählern und Korinthenkackern betrachtet, als Sand im Getriebe", sagt Hauke Janssen nicht ohne Stolz in der Stimme. Trotzdem, an manchen Tagen ist der Aktualitätsdruck so hoch, dass keine Zeit bleibt, um sämtliche Fakten zu überprüfen. Was also tun? Hauke Janssen und seine Kollegen haben für diesen Fall ein Raster ausgearbeitet, das drei sogenannte „Basis-Checks" umfasst: einen Quellen-Check (Ist die Quelle belastbar? Ist es die Originalquelle? Gibt es abweichende Quellen?), einen Plausibilitätscheck (Kann die Nachricht so stimmen? Gab es bereits ähnliche Meldungen?) und einen Check von Basisfakten wie Namen, Zahlen, Berechnungen und Zeitbezüge (Netzwerk Recherche 2010: 99). Und wenn selbst dafür die Zeit nicht mehr reicht, weil das Manuskript erst im Laufe des späten Abends fertig wird, haben die Dokumentare des *Spiegel* immer noch den Stichpunktkatalog für einen sogenannten „Schluss-Check" zur Hand (ebd.):

- *Namen checken:* Sind alle Vor- und Nachnamen sowie die Funktionsbezeichnungen richtig?
- *Fakten kritisch beäugen:* Stimmen die Zahlen und Fakten mit den Angaben der Quelle überein? Stimmen Fachbegriffe, Orte und Zeitbezüge?
- *Quellenprüfung:* Liegen alle Quellen vor, sind alle Fakten belegbar?
- *Vier-Augen-Prinzip:* Ist der Text gegengelesen worden?

Dieses Minimal-Pensum einer Faktenprüfung ist nicht zuletzt deshalb interessant, weil es bei jedem tagesaktuellen Medium als Mindeststandard gelten kann.

Neben den bereits beschriebenen Verfahrensweisen zur Beitrags-, Manuskript- und Faktenkontrolle hat sich eine weitere Redaktionsroutine als unverzichtbar erwiesen, die eingangs am Beispiel der Blattkritik des *Spiegel* beschrieben worden ist: die kritische Überprüfung dessen, was bereits gedruckt oder gesendet worden ist. Sie kann aber nur in solchen Redaktionen gelingen, in denen der Nutzen der Kritik erkannt wurde und das offene Wort gepflegt werden kann. Kurzum: Es bedarf dazu einer Kritikkultur. Dazu zählt, dass auch die Vorgesetzten in einer Redaktion kritisiert werden können und sie damit umzugehen wissen. Genauso wichtig ist es aber, dass die Redakteure bereit sind, untereinander Kritik zu üben, statt im Interesse der redaktionsinternen Harmonie darauf zu verzichten. Die Arbeit eines Kollegen zu kritisieren fällt vielen Redakteuren nicht leicht. Zudem erfordert es Fingerspitzengefühl, diese Kritik einerseits klar und präzise und andererseits konstruktiv und motivierend zu formulieren. Die fruchtbare Kritik gleicht also einer Gratwanderung im Redaktionsverbund.

Noch einen Schritt weiter gehen vor allem öffentlich-rechtliche Sender. Sie lassen diejenigen die Qualität ihres Programms beurteilen, für die sie senden: die Zuschauer.

**Mit Fragebogen und Interview –
Das Programm-Controlling beim *WDR***
Wenn die Studiodekoration eines Informationsmagazins im *WDR*-Fernsehen plötzlich nicht mehr grellrot leuchtet, sondern in gedämpften Tönen daherkommt, wenn die Themenschwerpunkte dieser Sendung anders gesetzt werden als zuvor und die Beiträge eine andere

Erzählstruktur erhalten – dann haben die Zuschauer der Sendung an diesen Umstellungen ihren Anteil. Deren Urteil über die Qualität einer Sendung in Erfahrung zu bringen, ist die Aufgabe der Mitarbeiter des Programm-Controllings. Konsequenzen aus diesem Urteil zu ziehen – das ist die Aufgabe der zuständigen Redaktion.

Seit 1998 gibt es das Programm-Controlling bei dem Kölner Sender, das die Qualität, die Akzeptanz und die Kosten einer jeden Sendung regelmäßig beleuchtet. Etwa alle zwei Jahre treffen sich dafür die Mitarbeiter des Programm-Controllings mit den Redakteuren einer Sendung, um ein Zielvereinbarungsgespräch zu führen. Zum einen werden die Produktionskosten der jeweiligen Sendung diskutiert, zum anderen eine ambitionierte, aber realistische Zielmarke für ihren Marktanteil festgelegt. Vor allem aber sollen die Redakteure einen Kriterienkatalog entwickeln, der die Qualitätsmerkmale ihrer Sendung beschreibt. Dieser Kriterienkatalog umfasst mehrere Bereiche:

- Eine Reihe sogenannter *Standardkriterien* leitet sich aus dem Programmauftrag des öffentlich-rechtlichen Senders ab und gilt folglich für alle Sendungen des Programms. Dazu gehören Unabhängigkeit, Sachlichkeit und Glaubwürdigkeit.
- *Kernziele* erfassen den Markenkern der speziellen Sendung. Im Falle eines Informationsmagazins können das z. B. Qualitätsmerkmale sein, die den investigativen Gehalt der Sendung („geht den Dingen auf den Grund", „deckt Missstände auf"), ihre Informationsdichte („ist aktuell", „stellt Hintergründe dar"), ihren Nutzwert („gibt Tipps und Anregungen", „erklärt Zusammenhänge") oder ihren Unterhaltungswert („abwechslungsreich", „macht über 45 Minuten Lust, dabei zu sein") beschreiben.
- *Weitere Qualitätskriterien* betreffen die Moderation der Sendung (z. B. „sympathisch", „kompetent", „macht neugierig auf Themen"), die Studiogestaltung („freundlich", „einladend") und Nähe zum Zuschauer („NRW-Bezug", „mit Bezug zum Alltag").

Dieser von der Redaktion entwickelte Kriterienkatalog ist das Werkzeug, mit dem ein Marktforschungsinstitut im Auftrag des *WDR*-Programmcontrollings das Urteil der Zuschauer erforscht. Dafür werden 100 bis 130 Zuschauer ausgesucht, die jenen Mediennutzergruppen angehören, welche die Sendung überwiegend erreicht. Diese Gruppe schaut sich mehrere Ausgaben der Sendung zu Hause an und wird anschließend telefonisch von den Mitarbeitern des Marktforschungsinstituts dazu befragt. Zunächst werden ihnen einige offene Fragen gestellt, nämlich, was ihnen an der Sendung „besonders gut", „weniger gut" oder „gar nicht" gefallen hat. Danach arbeiten die Marktforscher mit den Zuschauern den Katalog der redaktionellen Qualitätskriterien ab. Punkt für Punkt müssen sie entscheiden, ob das jeweilige Kriterium ihrer Auffassung nach „voll und ganz", „weitgehend", „weniger" oder „gar nicht" erreicht wurde. Zusätzlich tragen die Befragten ihre Urteile in einen Protokollbogen ein. Anhand der Auswertung der Antworten können die Redakteure dann erkennen, ob und – wenn ja – in welchem Bereich es Bedarf für Änderungen am Sendungskonzept gibt.

Nicht selten fallen die gewonnenen Erkenntnisse für die Redaktionen überraschend aus, was belegt, dass Zuschauer Sendungen mit anderen Augen sehen als ihre Macher. Beispielsweise hat sich mit Blick auf die Wirtschafts- und Verbrauchersendung „Markt" erwiesen, dass sich Testberichte, anders als angenommen, keiner besonderen Wertschätzung erfreuen, sondern von den Zuschauern nur dann goutiert werden, wenn sie besonders alltagsrelevant und interessant umgesetzt worden sind. Deutlich lieber sehen die Zuschauer dieser Sendung investigative Beiträge, die Missstände aufdecken und Schuldige benennen.

Ähnlich nützlich können die Urteile des Testpublikums über die Moderatoren einer Sendung sein. Durch gezielte Bildschirm-Präsentatoren o.ä. ist es dem *WDR* beispielsweise gelungen, binnen zehn Jahren den Anteil derjenigen Zuschauer, die die Moderatoren der regionalen Informationssendung *Lokalzeit* mit „sehr gut" bewerten, von 32 Prozent (1999) auf 45 Prozent (2009) zu steigern. Und weil das grelle Rot der Studiodekoration viele Zuschauer störte, kommt die Sendung *Markt* heute in gedämpften Farbtönen daher.

Perspektiven der Forschung

Mit welchen Fragen sich die Qualitätsforschung befasst

Das Thema „Qualität" hatte in den letzten Jahren nicht nur im Journalismus Konjunktur, sondern auch in der Wissenschaft. Was sind die Gründe dafür (zu den Ausführungen im Rest des Kapitels vgl. Neuberger 2011)?

⮕ Die anhaltende Krise der *Tageszeitungen* hat die Verlagsbranche wachgerüttelt: Sinkende Reichweiten und Auflagen, besonders der Ausfall der jungen Generation als Lesernachwuchs sowie der Einbruch auf dem Anzeigenmarkt seit dem Jahr 2001 haben deutlich gemacht, dass sich die Zeitungen neu erfinden müssen.

⮕ Der *öffentlich-rechtliche Rundfunk* muss sich mehr als in der Vergangenheit anstrengen, die sinnvolle Verwendung der Gebühren nachzuweisen. Der Druck, das eigene Programm öffentlich zu legitimieren, ist gewachsen. Außerdem sind rechtliche Verpflichtungen zur Qualitätsprüfung wie der „Drei-Stufen-Test" für Internetangebote hinzugekommen (Neuberger 2011).

⮕ Im *Internet* muss sich der Berufsjournalismus von anderen Anbietern abheben: Er muss den Qualitätsvorsprung deutlich machen, den er gegenüber Laienautoren besitzt, die Blogs oder auf *Twitter* und *Facebook* schreiben. Und er muss das Publikum dazu bewegen, für journalistische Dienstleistungen zu bezahlen. Dazu sind die meisten User nicht bereit, weil sie an vielen Stellen im Netz Nachrichten gratis erhalten (Neuberger 2012).

⮕ Eine Reihe von *Skandalen* hat bereits in den achtziger und neunziger Jahren des letzten Jahrhunderts die Aufmerksamkeit auf die Moral der Journalisten gelenkt (Hitler-Tagebücher, Geiseldrama von Gladbeck u. a.). Diese Skandale haben dazu geführt, dass die Mindeststandards des Berufs genauer bestimmt wurden, z. B. im Pressekodex des *Deutschen Presserats*.

Das Thema „Qualität" ist auf den ersten Blick recht unkompliziert: Man beherzige, was in Lehrbüchern, Gesetzen und Kodizes steht, und frage das Publikum nach seinen Wünschen! Doch wieder einmal zeigt sich, dass die Sache komplizierter ist, als sie zunächst erscheint. Die Qualitätsforschung lässt sich in drei Bereiche unterteilen (Neuberger 2011):

⮕ *Qualitätsdefinition:* Zunächst beschäftigt sie sich mit der Frage: Wie wird Qualität definiert? Was also sind geeignete Maßstäbe, um Medien zu beurteilen? Das führt gleich zur nächsten Frage: Wer soll diese Maßstäbe festlegen: das Publikum, Journalisten, Experten, Juristen, Politiker oder Manager? Da es eine Vielzahl von Perspektiven gibt, ist mit Widersprüchen zu rechnen. Welchen Erwartungen ist dann Priorität einzuräumen? Die Vielfalt der journalistischen Angebote macht es außerdem notwendig, dass die

Maßstäbe auch nach Medien, Sparten und Darstellungsformen differenziert werden.
- *Qualitätsmessung:* In diesem Bereich der Forschung stehen Messmethoden und Ergebnisse der Qualitätsmessung im Mittelpunkt. Hier ist zu klären: Was ist Gegenstand der Messung? Sind es die Angebote, ihre Wirkungen oder die Bedingungen, unter denen die Angebote redaktionell entstehen? Wie gut sind die verschiedenen Messmethoden geeignet? Und was sind die Ergebnisse? Erfüllt der Journalismus die Erwartungen? Wird er besser oder schlechter?
- *Qualitätssicherung*: Was kann unternommen werden, damit hochwertige Angebote entstehen? Diese Frage betrifft zum einen das – im Praxisteil bereits ausführlich vorgestellte – Qualitätsmanagement. Aber auch ökonomische, technische, rechtliche, politische und kulturelle Randbedingungen beeinflussen die Qualität des Journalismus. Diese äußeren Verhältnisse lassen sich allerdings zumeist weniger leicht ändern als redaktionsinterne Strukturen und Prozesse.

Qualitätsdefinition

Qualität ist nichts Objektives, das ein für alle Mal definiert werden kann und unverrückbar feststeht. Sicherlich: Man ist sich weitgehend darüber einig, welche Leistungen Medien in einem demokratischen System erbringen sollen. Außerdem werden durch Rechts- und Berufsnormen journalistische Mindestanforderungen festgeschrieben, die bei Verstößen sanktioniert werden. Solche Standards sind Leitplanken für die Bestimmung journalistischer Qualität. Dennoch bleibt Qualität immer etwas, das nur relativ, das heißt: aus der Perspektive bestimmter Akteure definiert werden kann. Ob etwas als „gut" oder „schlecht" bewertet wird, hängt immer davon ab, wer welche Erwartungen an den Journalismus hat. Da sich außerdem die Erwartungen an den Journalismus im Zeitverlauf ändern, muss die Frage immer wieder neu aufgeworfen und beantwortet werden. Erforderlich ist deshalb ein *offener* Qualitätsbegriff. Auch die Normen selbst, deren Befolgung ‚Qualität' garantieren soll, müssen deshalb immer wieder neu auf den Prüfstand gestellt werden. Blind den bestehenden Regeln zu folgen, reicht auch deshalb nicht aus, weil gerade Journalisten immer wieder mit neuen, unvorhersehbaren Situationen konfrontiert sind, die sie kreativ bewältigen müssen. Aus welchen Perspektiven wird Qualität im Journalismus definiert?

- Erwartungen hat zunächst das *Publikum*. Zuschauer, Hörer, Leser und User urteilen „in eigener Sache". Das heißt: Rezipienten orientieren sich am Nutzen, den sie selbst haben, wenn sie Medienangebote konsumieren. Sie erwarten bestimmte Gratifikationen und beurteilen den Journalismus danach, ob sie diese Gratifikationen erhalten: Gewinnen sie einen Überblick über das Tagesgeschehen? Regen sie die Artikel zum Nachdenken an? Erhalten sie Orientierung im Alltag? Oder versorgen sie die Medien mit interessantem Gesprächsstoff?
- Die zweite Gruppe von Qualitätsrichtern besteht aus jenen, die für das Publikum und die Gesellschaft (Gemeinwohl, „Public Value") *stellvertretend* werten. Dazu zählen Medienkritiker, Preisjuroren, Wissenschaftler, Juristen, Politiker und die Vertreter der gesellschaftlich relevanten Gruppen, die in den Rundfunkräten sitzen. Da *die* Gesellschaft selbst nicht sagen kann, was sie will, müssen solche Repräsentanten definieren, was Medien für die Gesellschaft leisten sollen. Sie machen sich auch zu Anwälten des Publikums, das nicht ausreichend organisiert ist, um seine Interessen selbst mit Nachdruck vertreten zu können.
- Die dritte Gruppe bilden *Berufe und Organisationen, die Medienangebote produzieren*. Dazu zählen auch der Journalismus und die Redaktionen. Sie haben es sich einerseits zur Aufgabe gemacht, fremde Erwartungen als bezahlte Dienstleistung zu befriedigen. Andererseits haben sie auch eine „öffentliche Aufgabe".

Der Journalismus muss also eine Vielzahl von Erwartungen ausbalancieren. Am Rollenverständnis lässt sich am besten ablesen, wem sich Journalisten besonders verpflichtet fühlen. In einer demokratischen Gesellschaft haben die Maßstäbe des Publikums und der Gesellschaft Vorrang – dies bestätigen Journalisten, fragt man sie nach ihren beruflichen Zielen (Kapitel 3). Allerdings dürften auch die ökonomischen Interessen ihrer Arbeitgeber, also der Verlage und Sender, erheblichen Einfluss auf die Qualität haben (Kapitel 4).

Perspektiven der Forschung

Was erwartet die Gesellschaft?

Was wünscht sich die Gesellschaft vom Journalismus? Das Gemeinwohl („Public Value") muss – wie schon gesagt – stellvertretend, und zwar von Medienregulierern und -experten, definiert werden. Massenmedien sollen helfen, die Grundwerte demokratischer Gesellschaften, nämlich Freiheit, Gleichheit und Ordnung (Solidarität), zu verwirklichen (McQuail 1992). Konkretisiert werden die gesellschaftlichen Erwartungen z. B. im sogenannten „Funktionsauftrag" des öffentlich-rechtlichen Rundfunks in Deutschland. In §11 des Rundfunkstaatsvertrags (13. RÄStV) heißt es:

„(1) Auftrag der öffentlich-rechtlichen Rundfunkanstalten ist, durch die Herstellung und Verbreitung ihrer Angebote als Medium und Faktor des Prozesses freier individueller und öffentlicher Meinungsbildung zu wirken und dadurch die demokratischen, sozialen und kulturellen Bedürfnisse der Gesellschaft zu erfüllen. Die öffentlich-rechtlichen Rundfunkanstalten haben in ihren Angeboten einen umfassenden Überblick über das internationale, europäische, nationale und regionale Geschehen in allen wesentlichen Lebensbereichen zu geben. Sie sollen hierdurch die internationale Verständigung, die europäische Integration und den gesellschaftlichen Zusammenhalt in Bund und Ländern fördern. Ihre Angebote haben der Bildung, Information, Beratung und Unterhaltung zu dienen. Sie haben Beiträge insbesondere zur Kultur anzubieten. Auch Unterhaltung soll einem öffentlich-rechtlichen Angebotsprofil entsprechen.

(2) Die öffentlich-rechtlichen Rundfunkanstalten haben bei der Erfüllung ihres Auftrags die Grundsätze der Objektivität und Unparteilichkeit der Berichterstattung, die Meinungsvielfalt sowie die Ausgewogenheit ihrer Angebote zu berücksichtigen."

Der öffentlich-rechtliche Rundfunk soll also der – für die Demokratie existenziellen – freien Meinungsbildung dienen, und zwar sowohl durch die Verbreitung von Äußerungen der politischen Akteure (Medium) als auch durch eigene Informations- und Meinungsbeiträge (Faktor). Er soll sowohl die Bildung der „öffentlichen Meinung" als auch die Meinungsbildung der einzelnen Bürger fördern. Unter die Normen „Vielfalt" (hinsichtlich Raumbezügen, Lebensbereichen und Genres) und „Integration" (internationale Verständigung, europäische Integration, gesellschaftlicher Zusammenhalt in Bund und Ländern) lassen sich die weiteren Forderungen in Absatz 1 subsumieren. Außerdem wird in Absatz 2 die Einhaltung zentraler journalistischer Normen verlangt. Ganz ähnlich beschreibt auch der *Deutsche Journalisten-Verband* in seinem Berufsbild die Erwartungen an den Journalismus (Kapitel 1).

Die Förderung der freien öffentlichen Meinungsbildung und der gesellschaftlichen Integration sind Wirkungen, die sich auf das Große und Ganze beziehen: auf die politische Öffentlichkeit und die gesamte Gesellschaft. Der „harte" empirische Nachweis, dass der öffentlich-rechtliche Rundfunk und andere Medien diese Leistungen tatsächlich erbringen, fällt schwer – erheblich schwerer jedenfalls, als wenn nur die Medienwirkungen auf den einzelnen Rezipienten untersucht werden müssen. Trotzdem sollten diese Ansprüche nicht bloß Worthülsen von Politikern oder Lippenbekenntnisse von Intendanten sein, so schwer ihre Überprüfung auch fällt. Es ist deshalb wichtig, dass eine kritische Öffentlichkeit – im Verbund mit der Wissenschaft – beobachtet, ob die Redaktionen den Anforderungen gerecht werden. Diese Prüfaufgabe darf keinesfalls staatlichen Instanzen überlassen werden, denn dies käme einem Eingriff in die Programmautonomie der Rundfunkanstalten und einer Einschränkung der Pressefreiheit gleich.

Was will das Publikum?

Ist das Publikum überhaupt in der Lage, die Qualität journalistischer Angebote zu bewerten und daran orientiert Angebote auszuwählen? Diese Frage ist gar nicht so abwegig, wie sie zunächst klingt. Ob ein Angebot „gut" oder „schlecht" ist, weiß der Rezipient nämlich erst dann, wenn er es konsumiert hat – und über bestimmte Aspekte kann er selbst anschließend kein Urteil fällen, z. B. darüber, ob eine Nachricht nun „wahr" oder „unwahr" ist. Er bekommt also die „Katze im Sack" geliefert. Journalistische Angebote zählen zu den Erfahrungs- und Vertrauensgütern, deren Qualität der Rezipient *vor* dem Kauf und der Nutzung nur schwer beurteilen kann (Heinrich 2001: 99). Warum dies so ist? Wenn der Leser wüsste, was in der Zeitung steht, dann bräuchte er sie nicht mehr zu bezahlen und zu lesen. Informationen haben einen Neuigkeitswert nur, solange sie nicht bekannt sind. Dieser Umstand führt in ein Dilemma: Warum sollte man für etwas Geld und Zeit investieren, dessen Qualität man nicht kennt? Um aus dem Dilemma herauszukommen, ist *Vertrauen* in den Journalismus erforderlich (Kohring 2004). Vertrauen in die Qualität eines Anbieters kann der Rezipient durch eigene Erfahrungen oder das Urteil Dritter gewinnen. Wenn sich beim Leser der Eindruck verfestigt, dass eine bestimmte Zeitung regelmäßig auf hohem Niveau berichtet, der Vergleich mit anderen Nachrichtenmedien dieses Urteil bestätigt und auch professionelle Medienkritiker, Experten und Personen im eigenen Umfeld das Blatt loben, dann wächst das Vertrauen in die Marke, sodass unterstellt wird, dass auch die nächste Ausgabe der Zeitung den Qualitätserwartungen entsprechen wird. Die „Qualitätspresse" (dazu gehören Titel wie *Spiegel, FAZ* und *Süddeutsche Zeitung*) hat sich einen solchen Rang erarbeitet. Die Marke ist hier ein Vertrauens- und Qualitätssignal geworden. Allerdings ist der Aufbau einer Marke eine langfristige und fragile Angelegenheit; schnell kann Vertrauen auch wieder zerstört werden.

Nicht nur dieses Problem – man soll etwas bewerten, das man noch nicht kennt – ist ein Handicap für das Publikum. Ihm wird außerdem oft die Fähigkeit abgesprochen, die bessere Qualität zu erkennen, und auch die Bereitschaft, sie zu wählen. Diesen kulturpessimistischen Verdacht erregt vor allem jene Art von Angeboten, die viel Aufmerksamkeit auf sich zieht, aber als seichte Ablenkung gilt: das *Populäre*. Daraus wird dann ein prinzipieller Gegensatz zwischen „Qualität und Quote" konstruiert, also zwischen dem gesellschaftlich Wünschenswerten, das zu wenig nachgefragt wird („meritorische Güter"), und dem Publikumsgeschmack. Die Willensschwäche und Unfähigkeit, das Gute zu erkennen, sollen die Erziehung und Lenkung des Publikums rechtfertigen. Diese Bevormundung kann zwar gut gemeint sein („Paternalismus"), sie kann aber auch leicht ins Gegenteil umschlagen: Unter dem „Deckmantel" der Gemeinwohlrhetorik werden oft auch einseitige Interessen verfolgt.

Doch dieses negative Publikumsbild ist korrekturbedürftig. So unmündig, d. h. ohne Qualitätsbewusstsein und Verantwortung, ist das Publikum nicht. Das Verhältnis zwischen der Nutzungshäufigkeit, dem Qualitätsurteil des Publikums und dem Gemeinwohl ist vielschichtiger, als gemeinhin vermutet wird:

⊃ Bei TV-Nachrichtensendungen ist der Zusammenhang positiv: Nachrichten der öffentlich-rechtlichen Anbieter werden besser beurteilt und stärker genutzt als jene der privaten. Die Marken *Tagesschau* und *Heute* sind unbestrittener Maßstab für Nachrichten im Fernsehen. In diesem Fall stimmen also die Nutzung sowie die Bewertung aus Publikums- und Gesellschaftssicht überein.

⊃ Dagegen werden Boulevardzeitungen auch dann gelesen, wenn ihre journalistische Qualität von den Lesern selbst als niedrig eingestuft wird. Dies lässt sich mit Willensschwäche erklären, also mit unserem Hang zu anspruchslosem Vergnügen und Zeitvertreib – wider besseren Wissens und mit schlechtem Gewissen.

⊃ Darüber hinaus gibt es eine dritte Möglichkeit: hohe Wertschätzung bei gleichzeitigem Nutzungsverzicht. Dieser Widerspruch ließ sich z. B. in der Begleitforschung zu den *ARD*-Themenwochen über zentrale gesellschaftliche Fragen nachweisen: Viele Befragte begrüßten die Sendungen zum Thema „Alternde Gesellschaft", ohne sie selbst gesehen zu haben (Geese/Zeughardt 2008). Man hält es also für richtig, dass sich die gebührenfinanzierten Programme mit diesen schweren Themen befassen, auch wenn einem selbst Lust und Muße fehlen, sich damit zu beschäftigen.

Was hier zum Vorschein kommt, sind zwei unterschiedliche Bewertungsmaßstäbe: Rezipienten bewerten Medienangebote nicht nur als *Konsumenten* („Consumer Value"), also im Hinblick auf das, was sie selbst nutzen (wollen). Darüber hinaus stellen sie sich auch die Frage, was für die Gesellschaft insgesamt oder einzelne Gruppen (Kinder und Jugendliche, Migranten etc.) von Nutzen ist. Hier urteilen sie in ihrer Rolle als *Bürger* („Citizen Value"), die Mitverantwortung für das Gemeinwesen tragen. Dies ist auch jene Rolle, in der sie bereit sind, Gebühren für die Finanzierung des öffentlich-rechtlichen Rundfunks zu bezahlen. In einer Demokratie sollten „mündige" Bürger nicht nur den persönlichen Bedarf und Eigennutz im Blick haben, sondern sich auch solidarisch zeigen und für das Gemeinwohl einsetzen. Menschen verfügen über zwei Präferenzordnungen, die in unterschiedlichen Situationen zum Tragen kommen und unser Handeln in verschiedene Richtungen leiten.

Die Bürgerrolle ist in der Publikumsforschung bisher allerdings unterbelichtet geblieben, denn ihre Auftraggeber (Medienunternehmen, Werbung) wollen zumeist nur wissen, wie viele und welche Personen sie mit einem Medium erreichen können und wie zufrieden diese damit sind (Kapitel 7). Die Stimme der Bürger fehlt auch deshalb, weil das Publikum von Presse und Rundfunk zwar groß ist, sich aber nur schwer organisieren kann. Es existiert nämlich nur für kurze Dauer, zerfällt rasch wieder und besteht aus isolierten Gliedern, die meistens alleine lesen, hören oder sehen. Kurz: Das Publikum hat keine eigene Stimme im öffentlichen Diskurs über den Journalismus.

Welche Schlüsse lassen sich aus dem Gesagten für die Praxis ziehen? Das Publikum hat mehr Qualitätsbewusstsein, als man ihm gemeinhin unterstellt. Zwischen seinen Erwartungen an den Journalismus und dem Gemeinwohl besteht kein unüberbrückbarer Gegensatz. Und: Redaktionen sollten das Publikum zu Wort kommen lassen, das Gespräch mit ihm suchen und sich nicht bloß auf Nutzungsdaten verlassen.

Qualitätskriterien im Journalismus

Nun aber soll nicht mehr um den heißen Brei herumgeredet werden: Welche Qualitätskriterien lassen sich fixieren, mit deren Hilfe der Journalismus den Erwartungen von Publikum und Gesellschaft gerecht werden kann? In der Literatur finden sich dazu zwar viele Listen, darin werden aber meistens nur die in der journalistischen Praxis gängigen Kriterien grob sortiert und kaum weiter nach ihrem Sinn und Zweck befragt. Hier wird ein eigener Vorschlag unterbreitet. Die Kriterien beziehen sich

- ⊃ zum einen auf die Qualität der *Produktion* und der *Angebote* (Objektivität, Transparenz, Relevanz, Analyse, Wertung und Diskurs),
- ⊃ zum anderen auf die erwünschten *Wirkungen* auf Seiten der Rezipienten (Mikroebene), der Organisationen (Mesoebene) und der Gesellschaft (Makroebene).

Während Kriterien, die sich auf Produktion und Angebote beziehen, direkt der Anleitung journalistischen Handelns dienen können, lassen sich von erwünschten Wirkungen nicht ohne Weiteres Regeln ableiten: Sie sagen, was der *Zweck* journalistischen Handelns sein soll, lassen aber offen, welche Mittel dafür geeignet sind, wie also eine erstrebte Wirkung erzielt werden kann. Dagegen sind Regeln für die Produktion von Angeboten *Mittel* zum Zweck. Ob damit die anvisierte Wirkung erreicht wird, bedarf ebenfalls der empirischen Prüfung. In der Qualitätsforschung geht es also auch darum, das Verhältnis zwischen Mitteln und Zwecken, zwischen Produktionsregeln, Angeboten und ihren Wirkungen zu klären. Dies geschieht z. B. in Experimenten zur Nutzerfreundlichkeit („Usability"), Verständlichkeit und Wissenszunahme. Zunächst werden hier fünf Kriterien für die Produktions- und Angebotsqualität vorgestellt. Die Darstellung muss zwangsläufig kompakt bleiben. Literaturhinweise geben an, wo man sich weiter über die Ergebnisse der Wissenschaft informieren kann.

Objektivität

Das Kriterium der journalistischen Objektivität führt in die Erkenntnistheorie und zur fundamentalen Frage: Lässt sich etwas über die Realität aussagen und – wenn ja – wie? Auf diese Frage wird im folgenden Kapitel 6 ausführlich eingegangen, deshalb reicht hier eine Kurzfassung. Folgt man der dort vorgetragenen Argumentation des „Kritischen Rationalismus", ist zwar keine absolute Gewissheit möglich, durch die Beachtung bestimmter Regeln soll aber eine Annäherung an objektive Erkenntnis möglich sein.

⊃ Diese Regeln beziehen sich auf die *Produktion* von Nachrichten, nämlich die Recherche (z. B. die Glaubwürdigkeitseinschätzung von Quellen) und ihre Prüfung (z. B. durch eine zweite, unabhängige Quelle).

⊃ Nach der Publikation ist der Erkenntnisprozess noch nicht abgeschlossen: Das *Publikum* muss die Möglichkeit haben journalistische Behauptungen nachzuprüfen. Dafür muss ihr Entstehen transparent gemacht werden, z. B. durch die Angabe der Quellen. Und dem Publikum muss die Möglichkeit der öffentlichen Kritik und Korrektur eingeräumt werden.

Transparenz

Mit „Transparenz" ist gemeint, dass journalistische Anbieter über sich, ihre Arbeit und deren Ergebnisse selbst informieren. Dies ist vergleich-

Perspektiven der Forschung

bar mit dem Etikett auf einer Nahrungsmittel-Verpackung, das über die Inhaltsstoffe und die Produktionsweise informiert. Im Fall journalistischer Angebote ist Kommunikation selbst der Gegenstand von Kommunikation. Man spricht hier auch von „Metakommunikation". Sie orientiert über die Qualität der Angebote und gibt Einblick in die Redaktion. Dies soll das Vertrauen stärken: Schon das Offenlegen interner Vorgänge signalisiert den Rezipienten, dass eine Redaktion bereit ist, sich überprüfen zu lassen und sich der Kritik zu stellen.

⊃ Transparenz wird etwa dann hergestellt, wenn dem Leser verdeutlicht wird, mit welcher Textsorte er es zu tun hat. Wenn Nachrichten und Meinungen (Schönbach 1977) oder redaktioneller Teil und Werbung (Baerns 2004) eindeutig gekennzeichnet sind, weiß der Leser, welcher *Interpretationsrahmen* angemessen ist. So kann der Verdacht einer verdeckten Einflussnahme zerstreut werden. Auch Glossen sollten als solche erkennbar sein, damit der Leser Ironie nicht missversteht.

⊃ Zur *Orientierung* über ein Presse-Angebot dienen auch der Titel (Marke), das Inhaltsverzeichnis, Sparten- und Rubrikennamen sowie Überschrift und Vorspann. Sie erleichtern dem Leser das Finden der Artikel, die ihn interessieren.

⊃ Wenn das Publikum darüber informiert wird, wie eine *Nachricht entstanden* ist, kann es sich selbst ein Urteil über ihre Qualität bilden. Dies geschieht durch Hinweise auf die verwendeten Quellen und den Gewissheitsgrad (z. B. durch den Gebrauch des Konjunktivs), das Offenlegen von Widersprüchen zwischen unterschiedlichen Quellen, durch nachträgliche Korrekturen, die Nennung des Autors, Hinweise auf seine Beziehung zu Personen, über die er berichtet, den Namen der Redaktion und der dort Verantwortlichen sowie durch Kontaktinformationen (Impressum) (Meier/Reimer 2011).

⊃ Redaktionen können ihrem Publikum auch mitteilen, wie sie selbst die Qualität ihres Angebots definieren, nämlich in einem *Kodex*. Und wie redaktionsintern Qualitätsfragen behandelt und diskutiert werden, kann in einem *Redaktionsblog* offengelegt werden wie z. B. im Blog der *Tagesschau* (blog.tagesschau.de).

⊃ Ebenfalls zur Transparenz trägt es bei, wenn *Bewertungen des Publikums* im Internet veröffentlicht werden, z. B. Ergebnisse standardisierter Bewertungen auf Skalen oder frei formulierte Kommentare. *Ombudsleute* können als Vermittler zwischen Redaktion und Publikum dienen, die den Austausch moderieren (Kapitel 7).

⊃ Neben solchen Metainformationen zu einzelnen Beiträgen liefert der *Medienjournalismus* allgemeine Informationen über den Journalismus. Auch dadurch wird die kritische Auseinandersetzung über seine Qualität gefördert (Malik 2004).

Relevanz

Mit der Frage der journalistischen Relevanz von Nachrichten befasst sich die *Nachrichtenwerttheorie* (Kapitel 6). Sie beschreibt, nach welchen Kriterien Journalisten Nachrichten auswählen. Sie gibt damit den Ist-Zustand wieder. Da von solchen Sein-Aussagen nicht auf Soll-Aussagen geschlossen werden darf (dies wäre ein „naturalistischer Fehlschluss"), liefert die Nachrichtenwerttheorie von sich aus keine Hinweise darauf, wie es Journalisten besser machen sollten. Allerdings liefern solche Studien (Maier/Stengel/Marschall 2010) die empirische Basis, auf der Kritik aufbauen kann: Sie belegen z. B. die große Bedeutung von Prominenz und Elitepersonen, des Negativen und der bereits in den Medien etablierten Themen. Dies heißt im Umkehrschluss, dass es Normalbürger, das Positive und neue Themen schwerer haben, die Schwelle zur Öffentlichkeit zu überwinden. Dadurch werden wesentliche Bereiche der gesellschaftlichen Wirklichkeit ausgeblendet.

Ein weiterer Ansatzpunkt für Kritik ist die Bedeutung der Nachrichtenfaktoren für das Publikum: Christiane Eilders und Werner Wirth (1999) haben experimentell festgestellt, dass das Erinnerungsvermögen größer ist, wenn Nachrichten personalisiert sind, über Personen mit hohem Status oder Überraschendes berichtet wird. Dagegen orientieren sich die Rezipienten bei der Nachrichtenauswahl fast ausschließlich an der Aufmachung und Platzierung. Offenbar lernt das Publikum, wie Journalisten relevante Nachrichten hervorheben, und vertraut ihrer Kompetenz (Eilders 1997). Nur die Etablierung eines Themas (also seine Wiedererkennbarkeit) und Kontroversen hatten einen direkten Einfluss auf die Auswahl. Dies lässt den Schluss zu, dass Journalisten im Großen und Ganzen richtig liegen. Diese Befunde und auch die Ergebnisse der *Agenda-Setting-Forschung* zeigen, dass Journalisten die Einschätzung der Wichtigkeit von Themen in erheblichem Maße beeinflussen können. Ihre Auswahl, aber auch die formale Aufmachung, also Umfang, Platzierung, Überschrift, Layout und multimediale Ergänzungen (wie Fotos, Grafiken und – im Internet – Videos), sowie die inhaltliche Aufbereitung, z. B. die Erzählweise, schaffen Leseanreize. Auch spröde, ferne und komplexe Themen können durch eine attraktive Aufbereitung ihr Publikum finden. Allerdings belegt dieser Befund auch, dass Journalisten die Agenda nach ihren Interessen manipulieren können.

Analyse

Ein weites Feld ist die journalistische Analyse, die über die bloße Übermittlung der „nackten" Fakten (Wer? Was? Wann? Wo?) zu einem aktuellen Ereignis hinausgeht. Dafür stehen Darstellungsformen wie (Hintergrund-)Bericht, Feature und Reportage zur Verfügung (Kapitel 2). Regeln der journalistischen Analyse sind bisher in der Praxis noch wenig reflektiert worden. In der Kommunikationswissenschaft befasst sich vor allem die *Framing-Theorie* mit der Frage, wie Journalisten und Rezipienten ein Ereignis in einen Rahmen stellen und damit eine bestimmte Deutung nahelegen (Matthes/Kohring 2004).

Worin besteht die journalistische Analyse? Hier werden vier *Analyseverfahren* unterschieden: das Erklären, Prognostizieren, Vergleichen und Beraten. Diese Verfahren finden sich auch in der Wissenschaft wieder, wobei es deutliche Parallelen zwischen dem Journalismus und der empirischen Sozialforschung gibt. Deshalb lohnt sich die Beschäftigung mit ihren Methoden und wissenschaftstheoretischen Grundlagen (Kromrey 2009).

⊃ Entstehen, Verlauf und Folgen aktueller Ereignisse (z. B. eines Störfalls in einem Atomkraftwerk) müssen mit Hilfe allgemeiner Annahmen über Ursache-Wirkungs-Zusammenhänge (Hypothesen) *erklärt* werden (Kapitel 1). Häufig kursieren mehrere Erklärungsversuche (Fahrlässigkeit der Verantwortlichen oder „Restrisiko", d. h. akzeptierte Wahrscheinlichkeit?), die auf ihre Plausibilität hin geprüft werden müssen (Neuberger 1996: 172-184). Hier ist der Rat von Experten und Wissenschaftlern notwendig, die am besten solche Zusammenhänge überblicken. Neben einer kurzfristigen Betrachtung („Was war unmittelbarer Auslöser der Revolution?") sollte auch der längerfristige Zusammenhang in den Blick genommen werden („Was sind die tiefer liegenden gesellschaftlichen Ursachen dafür gewesen?"). Vor allem bei überraschenden Negativ-Ereignissen (Naturkatastrophen, Unglücksfälle, Verbrechen), die zwar selten geschehen, aber erhebliche Schäden anrichten können, steht die Frage im Raum: Wie konnte es dazu kommen? Und wie lässt es sich künftig verhindern?

➲ Diese Frage führt zum Blick in die Zukunft: Wie zuverlässig lassen sich die Folgen oder der Eintritt von Ereignissen *prognostizieren*? Wie genau lässt sich der Erfolg von Maßnahmen voraussehen, die zur Lösung eines Problems ergriffen werden? Selbst grundlegende gesellschaftliche Umwälzungen sind nur schwer vorhersehbar gewesen: Kaum jemand betrachtete den Fall der Berliner Mauer (1989) als wahrscheinlich. Ähnlich überraschend ereigneten sich 2011 die Revolutionen während des „arabischen Frühlings". Wenig vorhersehbar ist – trotz aufwendiger statistischer Berechnungen – auch die Entwicklung auf den Finanzmärkten (Vogl 2010). Selbst durch demoskopische Erhebungen gestützte Wahlprognosen erweisen sich immer wieder als ungenau. Das heißt nicht, dass Zukunftsannahmen im Journalismus reine Spekulation bleiben müssen. Viele Ereignisse sind geplant und verlaufen zumeist auch routinemäßig, z. B. Stadtratssitzungen. Dennoch sollten sich Journalisten im Klaren darüber sein, dass die Grenzen für Prognosen eng gezogen sind, da oft nicht alle wesentlichen Faktoren bekannt sind und der Zufall („Schwarze Schwäne") stets dazwischenfunken kann (Taleb 2008). Die Gnade der institutionalisierten Vergesslichkeit („Wen interessiert noch die Zeitung von gestern?") sorgt dafür, dass Journalisten für ihre Fehlprognosen meistens nicht geradestehen müssen. Übrigens: Der Journalismus ist auf irritierende Ereignisse spezialisiert, die nicht vorhersehbar waren. „Massenmedien halten, könnte man deshalb auch sagen, die Gesellschaft wach. Sie erzeugen eine ständig erneuerte Bereitschaft, mit Überraschungen, ja mit Störungen zu rechnen." (Luhmann 1996: 48) Bei seinen nachträglichen Erklärungen hat es der Journalismus deshalb mit den besonders kniffligen Fällen zu tun.

➲ Bei der Einordnung kann ein Ereignis ähnlichen Ereignissen aus der Vergangenheit gegenübergestellt werden, wobei der *Vergleich* qualitativ (Typisches) und quantitativ (z. B. Opferzahlen und Schadenssummen) gezogen werden kann. Hintergrundbericht und Feature sind Darstellungsformen für solche Vergleiche. Auch politische Einheiten wie Bundesländer oder Staaten werden oft miteinander verglichen (Schulleistungen, Staatsverschuldung, EU-Subventionen, Arbeitslosigkeit etc.). Neben Querschnittsvergleichen (zwischen mehreren Einheiten zu einem Zeitpunkt) sind auch Längsschnittsvergleiche denkbar, bei denen verschiedene Zeiträume und damit der Wandel in den Blick genommen wird. Mit solchen Vergleichen und anderen statistischen Auswertungen befasst sich der *Datenjournalismus*, der u. a. durch den vereinfachten Zugriff auf Daten im Internet auch in Deutschland einen Aufschwung genommen hat. (Näheres dazu findet sich auf den Websites datenjournalist.de und datenjournal.de.)

⊃ Soweit der Rezipient nicht bloß distanzierter Beobachter, sondern selbst von einem Thema betroffen ist (oder sein könnte), kann ihm der Journalist als *Berater* zur Seite stehen und ihm ein bestimmtes Handeln empfehlen. Dadurch kann der Rezipient selbstständig ein Problem lösen („Wie werde ich meine Pfunde los?"), ein Risiko vermindern („Wie komme ich gesund durch den Winter?") oder eine Chance nutzen („Wo kann ich Flüge am billigsten buchen?"). Oder ihm kann gesagt werden, welche Beratungsstelle oder welche Art von Experten ihm weiterhelfen können. Die Ratgeberfunktion hat in den letzten Jahren an Bedeutung gewonnen. Dabei vermitteln Journalisten nicht nur Expertenwissen, sondern moderieren auch den Austausch von Alltagserfahrungen zwischen Laien. Ratschläge sind von – mehr oder minder bewährten – Theorien abgeleitete Techniken. Neben simplen Anweisungen („Tipps und Tricks") unterstützen Journalisten auch den reflektierten Umgang mit Problemen (Hömberg/Neuberger 1994). Das Internet eröffnet dem Ratgeberjournalismus mit Datenbanken und interaktiven Formaten neue Möglichkeiten.

Wertung und Diskurs

Zwischen Analyse und Wertung besteht ein fundamentaler Unterschied: Während für Analysen (und auch Fakten) ein Anspruch auf Objektivität erhoben werden kann (Kapitel 6), gilt dies nicht für Wertungen: Hier werden die Maßstäbe für „gut" und „schlecht" subjektiv gewählt. *Wertungen* werden von Akteuren (Wertungssubjekt) über einen Gegenstand (Wertungsobjekt) mit Hilfe eines Maßstabs (Wert) getroffen, wobei der Gegenstand positiv oder negativ (Wertprädikat) beurteilt wird. Damit sich solche Wertungen oder Meinungen erfolgreich im öffentlichen Diskurs durchsetzen, müssen sie durch Argumente gestützt werden. Mit der Frage, welche Überzeugungskraft Argumente besitzen, beschäftigt sich die *Argumentationstheorie* (Kienpointner 1983; Kopperschmidt 2000). Durch logisches und rhetorisches Argumentieren können Wissen (Wahrheit) und Rechtfertigung (normative Richtigkeit) als Geltungsansprüche abgesichert oder aber in Zweifel gezogen werden. Die Wirkungsannahmen der Argumentationstheorie sind z. T. auch empirisch überprüft worden (Schönbach 2009).

Im Hinblick auf die Qualität des Argumentierens stellt sich aber nicht in erster Linie die Frage nach der Wirksamkeit, sondern vor allem jene nach der Rationalität und Legitimität, denn auch manipulative Techniken können wirksam sein. Journalisten sollten sich z. B. im Klaren darüber sein, dass es neben den offenen, expliziten Wertungen, die nur in Kommentaren zulässig sind, auch subtilere, nämlich *implizite* Formen der Wertung gibt (Neuberger 1996: 59-76). Dabei wird durch die Art der Auswahl gewertet: Wer wird mit seiner Stellungnahme zitiert? Kommen beide Seiten zu Wort, oder wird nur die Meinung desjenigen wiedergegeben, den eine Redaktion unterstützt? Ist die Darstellung des Meinungsstreits also vielfältig und ausgewogen oder einseitig? Auch durch die Nachrichtenauswahl kann gewertet werden: Die Redaktion kann entscheiden, ob und wie sie über Dinge berichtet, die jemanden in ein positives oder negatives Licht rücken. Es reicht z. B. völlig aus, die Fakten darüber zu liefern, dass ein Politiker oder Manager gegen eine rechtliche oder moralische Norm verstoßen hat. Mit dieser impliziten Form der Bewertung befasst sich die *Theorie der instrumentellen Aktualisierung* (Kepplinger 1989).

Das *Zuschreiben von Rollen* an Akteure verknüpft das Erklären mit dem Bewerten: Wer ist Verursacher eines positiven oder negativen Ereignisses? Wer trägt die Verantwortung für die Folgen? Und wer ist von diesen Folgen betroffen? Wem Fehlverhalten als Verursacher oder Verantwortlicher mit einiger Evidenz nachgewiesen werden kann, findet sich im Mittelpunkt eines *Skandals* wieder. Hier kommt es auf stichhaltige Belege dafür an, dass in einer bestimmten Weise gehandelt wurde und dass dieses Handeln mit negativen Folgen kausal verknüpft ist. Wer skandalisiert wird, wird deshalb versuchen, das ihm vorgeworfene Handeln abzustreiten und/oder andere Erklärungen zu stärken, die ihn selbst entlasten (Schütz 1996: 114-140). Da oft nicht ganz klar ist, welche von mehreren denkbaren Erklärungen am ehesten zutrifft, eröffnen sich Spielräume für einen taktischen Umgang mit der Wahrheit.

Eine hohe *Qualität des Bewertens* ist erreicht, wenn Redaktionen vielfältig, ausgewogen und ohne Rücksicht auf den eigenen Standpunkt auswählen und berichten. Auch Erklärungen sollten davon unbeeinflusst bleiben. Die eigene Meinung der Redaktion sollte nur in Kommentaren zum Ausdruck kommen. Außerdem sollte in Stellungnahmen rational und fair argumentiert werden.

Bisher wurden nur einzelne Meinungsäußerungen betrachtet und noch nicht der öffentliche *Diskurs*, in dem die unterschiedlichen Meinungen aufeinander treffen. Dort werden Hinweise auf Probleme, Lösungsvorschläge und Forderungen eingebracht. Im Diskurs bildet sich die öffentliche Meinung heraus, die politische, d. h. allgemein verbindliche Entscheidungen anstoßen und beeinflussen soll. Den Anlass dazu liefert oft die Berichterstattung über Missstände. In der normativen *Diskurstheorie* werden – je nach Position – unterschiedliche Anforderungen an die Qualität öffentlicher Auseinandersetzungen gestellt. Prominent ist das deliberative Modell der Öffentlichkeit. *Deliberation* soll nach dem deutschen Sozialphilosophen Jürgen Habermas (2008) der Legitimierung und Rationalisierung des politischen Prozesses dienen. Das Modell stellt die folgenden Ansprüche an den Diskurs (Wessler 2008):

⊃ Auf der *Eingangsseite* zur Öffentlichkeit soll möglichst große Offenheit bestehen: Kein Thema, keine Meinung und kein Sprecher sollen ausgeschlossen werden. Vor allem die Vertreter der Zivilgesellschaft, z. B. soziale Bewegungen und normale Bürger, die in den traditionellen Massenmedien (im Vergleich zu Parteien, Verbänden, Regierungen und Parlamenten) notorisch unterrepräsentiert sind, sollen die gleiche Chance zur öffentlichen Wortmeldung bekommen.
⊃ An den *Verlauf* des „herrschaftsfreien" Diskurses werden weitere Anforderungen gestellt: Die Redeanteile sollen gleich groß sein, und niemand soll unnötig unterbrochen werden. Die Kontrahenten sollen respektvoll miteinander umgehen. Sie sollen ihre Stellungnahmen aufeinander beziehen. Ihre Meinungen sollen sie mit Argumenten stützen. Außerdem sollen sie sich mit den entgegen-

gesetzten Interessen und Werten auseinandersetzen und diese in ihre eigene Argumentation aufnehmen.
⊃ Für den *Ausgang* soll nur die Kraft des besseren Arguments entscheidend sein. Im Ergebnis soll es zu einer Annäherung der Positionen, im besten Fall zu einem Konsens kommen. Selbst wenn ein Dissens bestehen bleibt, so sind dennoch die Auffassungen durch den Diskurs rational „gehärtet" und in höherem Maße legitimiert.

An dieser Stelle kann nicht auf die umfangreiche wissenschaftliche Diskussion zur Frage eingegangen werden, wie realistisch die Umsetzung dieser Anforderungen ist und ob sich die Aussichten darauf durch das Internet wesentlich verbessert haben, weil es z. B. jedem das Publizieren ermöglicht und Beiträge untereinander leichter vernetzt werden können. In jedem Fall aber können die deliberativen Kriterien als Richtschnur für Qualität dienen.

Qualität als Wirkung

Die Frage nach der journalistischen Qualität lässt sich – wie oben bereits angemerkt – nicht nur von der Seite der Mittel, sondern auch von der Seite der Zwecke her betrachten. Dann ist der Ausgangspunkt die Frage, welche Wirkungen des Journalismus erwünscht sind. Beide Seiten lassen sich nicht völlig getrennt behandeln, denn wenn man Zwecke oder Mittel begründen will, landet man stets auf der jeweils anderen Seite. Die folgende „Wunschliste" ist lang. Sie im Detail abzuarbeiten würde deutlich mehr Platz erfordern; hier muss eine Übersicht genügen:
Die Medienwirkungsforschung hat sich bisher vorrangig mit den Mikrowirkungen beim einzelnen *Mediennutzer* befasst. Das Standardwerk, in dem der Forschungsstand zu den im Folgenden genannten Wirkungsarten dargestellt wird, stammt von Michael Schenk (2007). Die Qualität aus Sicht der Rezipienten wird in erster Linie im Rahmen der *Gratifikationsforschung* untersucht (Kapitel 7). Hier wird das Publikum nach dem erwarteten und erhaltenen Nutzen gefragt. Dies geschieht z. B. in der seit 1964 regelmäßig durchgeführten „Langzeitstudie Massenkommunikation" von *ARD* und *ZDF* (Ridder/Engel 2010), in der Gratifikationsprofile der Einzelmedien ermittelt werden. Zwei weitere Maßstäbe sind das Erinnern und das Verstehen von Nachrichten. Hier zeigen die Befunde, dass

der Journalismus nur von einem *begrenzt rationalen Rezipienten* ausgehen darf, der mit eher geringem Aufwand die Nachrichten schematisch und unvollständig auswertet (Brosius 1995). „Qualität" besteht deshalb auch darin, es dem Nutzer nicht zu schwer zu machen, das Wesentliche des Tagesgeschehens rasch aufzunehmen.

Wirkungen des Journalismus auf die *Gesellschaft und ihre Teilsysteme* sind bereits angesprochen worden: Vor allem die gesellschaftlichen Erwartungen an den Journalismus beziehen sich auf solche Makrowirkungen, wobei sich hier der Blick besonders auf die politische Öffentlichkeit und die Leistungen für das politische System richtet, in erster Linie auf den Prozess der Meinungsbildung. Kaum Beachtung haben daneben die Leistungen für andere Teilsysteme gefunden, z. B. für Wirtschaft, Kunst oder Sport.

Qualitätsmessung

Wie können empirische Qualitätsnachweise erbracht werden (Neuberger 2012)? Oft wird die *Angebotsqualität* gemessen. Dafür muss es explizite, möglichst standardisierte und quantifizierbare Kriterien geben, die sich auf Eigenschaften von Medienangeboten beziehen, um z. B. Fernsehprogramme oder Zeitungsausgaben mit Hilfe von Kategoriensystemen inhaltsanalytisch untersuchen zu können. Dabei wird vorab in einem Codebuch festgelegt, was unter der „Qualität des Fernsehens" oder der „Qualität der Zeitung" verstanden wird. Auf Angebotsmerkmale beziehen sich vor allem Berufsnormen (Regeln für Darstellungsformen, Trennung von Nachricht und Meinung etc.) und Rechtsnormen (Vielfalt, Ausgewogenheit, Trennung von redaktionellem Teil und Werbung etc.).

Gegen die Bestimmung von Qualität alleine über Angebotsmerkmale spricht jedoch, dass Qualität sich eigentlich erst aus dem *Zusammenspiel zwischen Angebot und Rezipient* ergibt. Bewertet werden muss, was aus der Rezeption eines Medienangebots resultiert, nämlich die individuellen und gesellschaftlichen Wirkungen. Die Folgen alleine zu bewerten, würde allerdings auch nicht ausreichen, da es stets auch darauf ankommt, wie diese durch das Angebot bewirkt wurden. Hier kommt erschwerend hinzu, dass das gleiche Angebot sehr unterschiedliche Wirkungen haben kann, wie die Medienwirkungsforschung oft gezeigt hat (Schenk 2007): Ein direkter, monokausaler Schluss vom Angebot auf seine Wirkungen ist unzulässig. Neben dem Angebot müssen auch zahlreiche Rezipienten- und Kontextvariablen berücksichtigt werden. Ob ein Unterhaltungsangebot tatsächlich unterhält, hängt nicht alleine von der Intention des Unterhaltungskünstlers und seiner „Performance" ab, sondern auch z. B. von der Stimmungslage und dem Humorverständnis der Rezipienten. Und auch der Informationsgehalt einer Nachrichtensendung ergibt sich nur relativ zum Interesse und Vorwissen des Zuschauers.

Qualitätssicherung

Neben der Definition und Messung ist die Sicherung von Qualität der dritte zentrale Aspekt: Was können Redaktionen unternehmen, um die Qualität ihrer Arbeit zu verbessern?

- Im Abschnitt über die Qualitätsfrage aus Sicht der Praxis wurde eingangs bereits ausführlich das *Qualitätsmanagement* vorgestellt. Konzepte wie „Total Quality Management" und „Benchmarking" werden auch in der Journalismusforschung entwickelt und diskutiert (Wyss 2002; Rau 2006). Über das Qualitätsmanagement der öffentlich-rechtlichen Rundfunkanstalten berichtet häufig die Fachzeitschrift *Media Perspektiven* (media-perspektiven.de).
- Qualitätssicherung findet nicht nur in den Redaktionen statt, sondern auch *berufsintern* in der Aus- und Weiterbildung, in der medienkritischen Öffentlichkeit, an der sich via Internet immer häufiger auch das Publikum beteiligt, und in Selbstregulierungseinrichtungen (Puppis 2009) wie dem *Deutschen Presserat*.
- Schwerer zu beeinflussen als die redaktionellen und beruflichen Voraussetzungen sind die allgemeinen politischen, rechtlichen, ökonomischen, technischen und sonstigen gesellschaftlichen *Randbedingungen* des Mediensystems (Hallin/Mancini 2004; Puppis 2010). Wie abhängig die journalistische Qualität von solchen äußeren Umständen ist, hat nicht zuletzt die ökonomische Krise des Journalismus in den letzten Jahren gezeigt (Beck/Reineck/Schubert 2010).

Zusammenfassung

Der Druck auf die Redaktionen ist gewachsen, ein systematisches Qualitätsmanagement zu betreiben. Qualität kann aus unterschiedlichen Perspektiven definiert werden: aus jener des Publikums, der Gesellschaft und der Profession. Gesellschaftliche Maßstäbe werden rechtlich in der „öffentlichen Aufgabe" der Presse und im Funktionsauftrag des öffentlich-rechtlichen Rundfunks festgehalten. Publikumserwartungen lassen sich über die Konsumenten- und Bürgerrolle bestimmen. Der Journalismus orientiert sich vor allem an Normen, die sich auf Produktion und Angebot beziehen (Objektivität, Transparenz, Relevanz, Analyse, Wertung und Diskurs). Darüber hinaus lässt sich Qualität über Wirkungen auf einzelne Rezipienten und die Gesellschaft definieren.

Literaturempfehlungen

Beck, Klaus/Reineck, Dennis/Schubert, Christiane (2010): Journalistische Qualität in der Wirtschaftskrise. Konstanz: UVK.

Kohring, Matthias (2004): Vertrauen in Journalismus. Theorie und Empirie. Konstanz: UVK.

Neuberger, Christoph (2011): Definition und Messung publizistischer Qualität im Internet: Herausforderungen des Drei-Stufen-Tests. Berlin: Vistas.

Netzwerk Recherche (2010): Fact-Checking: Fakten finden, Fehler vermeiden. Hamburg: Netzwerk Recherche (= nr-Werkstatt, 16). http://www.netzwerkrecherche.de/files/nr-werkstatt-16-fact-checking.pdf (28.08.2012).

Wyss, Vinzenz (2002): Redaktionelles Qualitätsmanagement. Ziele, Normen, Ressourcen. Konstanz: UVK.

Kapitel 6:
Objektivität im Journalismus –
Was bedeutet „Objektivität"?
Und können Journalisten objektiv berichten?

Es war ein echter Coup, den die Boulevard-Zeitschrift *Neue Welt* auf der Titelseite ihrer Ausgabe vom 22. Februar 2012 mit den größtmöglichen Buchstaben verkündete: „Victoria: Hurra, ein Junge!" stand da unter dem Foto der glücklich lächelnden schwedischen Prinzessin. Für die Leser des Blattes, die sich gern über das Geschehen an Europas Adelshöfen auf dem Laufenden halten, war das offenbar eine ungemein wichtige Neuigkeit, was die Aufmachung durch die Redaktion belegt. Zumal die Zeitschrift die Nachricht vom Enkel des schwedischen Königspaares ihrem Publikum auch noch exklusiv und schneller als die Konkurrenz präsentieren konnte, nämlich einen Tag *vor* der Geburt des Kindes. Ein großer Erfolg also für die Redaktion des Blattes, das im angesehenen *WAZ*-Verlag erscheint – wenn man einmal absieht von einer Kleinigkeit, die erst einen Tag nach dem Erscheinen der Zeitschrift offenbar wurde, also am Tag der Geburt: Der Junge war in Wahrheit – ein Mädchen. Das dürfte die Freude der Mutter über ihr Neugeborenes kaum getrübt haben, die des Chefredakteurs über seine Exklusivgeschichte allerdings schon. Eine verlässliche Quelle im engsten Umkreis des schwedischen Königshauses habe man für die Geschichte gehabt, beteuerte Kai Winckler anschließend in zahlreichen Interviews. Trotzdem war die Information – objektiv betrachtet – falsch.

Längst nicht immer ist der Verstoß einer journalistischen Information gegen die Objektivitätsnorm so offensichtlich wie in dem gerade geschilderten Fall. Wohl jeder langgediente Redakteur hat schon einmal die Erfahrung gemacht, dass ihm aus den Reihen seines Publikums oder von Seiten derjenigen, über die er schreibt, mangelnde Objektivität vorgeworfen wurde, während er selbst der festen Überzeugung war, wahrheitsgemäß berichtet zu haben. Solche Konflikte gehören zum Alltag in jeder Redaktion. Objektivität ist vielleicht das wichtigste Qualitätskriterium des Journalismus (Kapitel 5) – mit Sicherheit ist Objektivität aber das am meisten umstrittene Kriterium. Praxis und Wissenschaft sind sich hier weitaus weniger einig als in anderen Fragen. Deshalb wird ihr hier ein eigenes Kapitel gewidmet. Wie also lässt sich definieren, was Objektivität im Journalismus bedeutet? Und welche Anforderungen stellt eine solche Norm an die journalistische Arbeit?

Lernziele

- Wo liegen Unterschiede im Verständnis von Objektivität in der Praxis und der Wissenschaft?
- Ist Objektivität im Journalismus erreichbar?
- Welchen Regeln sollten Journalisten folgen, um objektiv zu berichten?

Sichtweisen der Praxis

Keine Frage: Die Objektivitätsnorm ist das komplizierteste Qualitätskriterium des Journalismus. Einerseits verlangen Pressegesetze und Berufskodizes vom Journalismus, objektiv und wahrheitsgemäß zu berichten. Andererseits geht ein großer Teil der Wissenschaft davon aus, dass Objektivität im Journalismus nicht oder jedenfalls nur in einem deutlich enger gefassten Sinn erreichbar ist, als dies der Berufsstand für sich selbst beansprucht. Deshalb widersprechen sich die Positionen, die hier im Praxis- und Forschungsteil dargestellt werden. Der praktische Journalismus ist sich durchaus der Schwierigkeit bewusst, die sich daraus ergibt, dass die Profession den Begriff der Objektivität sehr weit fasst. Im Berufsalltag stützt er sich deshalb auf ein Hilfskonstrukt, das in den redaktionellen Grundsätzen der *Deutschen Presse-Agentur* so auf den Punkt gebracht wird:

> „Die Journalistinnen und Journalisten, die hören und sehen, recherchieren, urteilen und schreiben, sind Menschen in all ihren gesellschaftlichen, sozialen und persönlichen Bedingtheiten. Objektivität als Maßstab der Arbeit kann deshalb kein naturwissenschaftlich exakter Begriff sein. Aber diesen Begriff in einer erkenntnistheoretischen Diskussion völlig aufzulösen, hieße, zu jeder Verfälschung, Lüge und Manipulation einzuladen." (Segbers 2007: 122)

Das hier dokumentierte Festhalten an einer Zielvorgabe – im Wissen um das Unvermögen, sie vollständig einlösen zu können – verleiht der Objektivität im Journalismus den Charakter einer „konkreten Utopie".

(Zschunke 2000: 109). Sie ist eine Zielmarke, die Orientierung bietet, der es sich anzunähern gilt – im Wissen darum, dass sie letztlich nie erreicht werden kann.

Objektivitätsnorm in Deutschland

Ernst Ludwig Posselt, der erste Chefredakteur der *Neuesten Weltkunde*, die später unter dem Titel *Allgemeine Zeitung* Geschichte schrieb und Maßstäbe setzte, definierte schon 1797 Richtlinien für das neue Blatt, die sich wie ein ausdifferenziertes Konzept eines objektiven Journalismus lesen. Die *Neueste Weltkunde* sei ein „politisches TagBlatt, das wie ein treuer Spiegel die wahre und ganze Gestalt unsrer Zeit zurückstrahle" (zitiert nach: Lindemann 1969: 175). Posselt versprach seinen Lesern:

> „Vollständigkeit. Unparteylichkeit, (...) treue Darstellung dessen, was geschieht (...) Wahrheit, so weit diese bei einem Stoff, den man schon im ersten Moment seines Werden aufgreifen muß, nur irgend denkbar ist. Immer soll genau unterschieden werden, was zuverlässiges (...) Faktum; was blose Muthmasung, oder Raisonnement (...) ist." (zitiert nach: ebd.)

Die „erstaunlich moderne" (Müchler 1998: 17) Programmatik dieser Zeitung aus dem ausgehenden 18. Jahrhundert umfasst viele jener Kriterien und Verfahrensweisen, mit denen auch heute noch versucht wird, im nachrichtlich orientierten Journalismus der Verwirklichung der konkreten Utopie „Objektivität" möglichst nahe zu kommen.

Erst nach dem Zweiten Weltkrieg sind die aus dem angelsächsischen Journalismus stammenden Regeln des Nachrichtenjournalismus in Westdeutschland flächendeckend etabliert worden – als Reaktion auf den Missbrauch der Medien durch den Nationalsozialismus (Blöbaum 2002). Nach der Machtübergabe an die Nazis waren Presse und Rundfunk gleichgeschaltet und dann von den Nationalsozialisten für ihre Propaganda und Desinformation instrumentalisiert worden. Hans Fritsche, der von Reichspropagandaminister Joseph Goebbels installierte Chefredakteur des Reichsrundfunks, hatte z. B. für die „blutleere Objektivität" des Rundfunks der Weimarer Republik nur Hohn übrig. Er belächelte sie als „Feigenblatt einer getarnten Tendenz" und gab die Weisung aus, dass die nationalsozialistische Idee die Grundlage sei, "von der auch der Mann des Rundfunknachrichtendienstes ausgeht" (zitiert nach: Horsch/Ohler/Schwiesau 1994: 138). Nach dem Zweiten Weltkrieg verbreiteten die westlichen Alliierten in ihren Besatzungszonen dann das Leitbild eines Journalismus, der sich der Objektivität verpflichtet fühlt. Ihr Ziel war es unter anderem, eines der „deutschen Erbübel" zu beenden, wie es Peter von Zahn nannte, ein Mann der ersten Stunde beim damaligen *NWDR*, nämlich die „Vermischung von Nachricht und Meinung" (von Zahn 1991: 259). Damit war eine Facette des Ideals vorgegeben, an dem sich in den folgenden Jahrzehnten der Berufsstand in Ausbildung und Praxis orientierte.

Objektivitätskriterien in der beruflichen Praxis

Ein breites Objektivitätsverständnis findet sich in Walther von La Roches (2008) „Einführung in den praktischen Journalismus", dem Klassiker unter den deutschsprachigen Lehrbüchern: Objektivitätskriterien sind für ihn die Faktentreue, Vollständigkeit, Ausgewogenheit, die Trennung von Nachricht und Kommentar sowie die Wichtigkeit (La Roche 2008: 132-148).

Beginnen wir dort, wo Leser, Hörer und Zuschauer ganz unbestritten Objektivität vom Journalismus erwarten: Alle in Artikeln und Beiträgen enthaltenen, überprüfbaren Tatsachen müssen korrekt sein. Oder um es mit La Roche zu sagen: „*Die Fakten müssen stimmen*". (ebd.: 133; H. i. O.) Das bringt für Journalisten die Pflicht mit sich, z. B. Namen, Zahlen, Daten, Zeitangaben und Funktionsbezeichnungen vor der Veröffentlichung sorgsam zu prüfen. Und natürlich auch – siehe oben – das Geschlecht eines blaublütigen Sprosses. Aus diesem Gebot der Faktentreue leitet La Roche eine weitere Objektivitätsregel ab: nämlich die Forderung, dass Journalisten *transparent* und damit für das Publikum nachvollziehbar machen, wenn sie über ein Faktum *keine* Gewissheit erlangen können, weil etwa die Nachprüfbarkeit kaum möglich ist. Also: Unwissenheit und Ungewissheit müssen mitgeteilt werden.

Februar 2011. Die Bürger Libyens demonstrieren gegen Muammar al Gaddafi. Der weist daraufhin alle ausländischen Journalisten aus. Die Korrespondenten verfolgen von da an die Ereignisse in Libyen vom benachbarten Ausland aus: von Tunesien und Ägypten. Ihr Zugang zu Informationsquellen ist damit stark eingeschränkt. Sie beobachten die Programme im libyschen Staatsfernsehen, recherchieren im Internet nach Amateurfilmen, die Demonstranten dort zugänglich gemacht haben, interviewen an den Grenzübergängen Flüchtlinge und versuchen per Telefon Kontakt zu Informanten in Libyen aufzunehmen. Ganz gleich, wie dramatisch oder beeindruckend die Bilder, O-Töne und Informationen sein mögen, die die Korrespondenten auf diese Art sammeln: Ihren Wahrheitsgehalt und die Glaubwürdigkeit der Quellen können sie nicht überprüfen. Deshalb hat zu dieser Zeit jeder Korrespondent, der sich der Objektivitätsnorm verpflichtet fühlt, in seinen Beiträgen und Artikeln genau darauf hingewiesen. „Die Lage in Libyen ist von außen nur schwer zu beurteilen", so begannen viele Berichte in diesen Tagen. Bei der Verwendung von Bildmaterial aus dem Internet benutzten die Journalisten distanzierende Formulierungen wie: „Diese Bilder sollen in Tripolis entstanden sein." Und Informationen aus dem libyschen TV wurden mit dem Hinweis versehen, dass es sich dabei um das Staatsfernsehen handelt – ein deutlicher Hinweis an die Zuschauer, dass dieses Programm der Zensur unterliegt.

Die Forderung nach der *Vollständigkeit* der gelieferten Informationen ist eine weitere Leitlinie, die La Roche aufstellt. Der Grund ist offensichtlich: Nur wenn das Publikum alle wichtigen Details und alle relevanten Auffassungen kennt, die einen gesellschaftlichen Diskurs ausmachen, kann es sich selbst eine Meinung bilden. Und zu dieser Meinungsbildung sollen die Medien ja beitragen. Natürlich kann kein Journalist alle sein Thema betreffenden Informationen und Positionen zusammentragen, schließlich unterliegt er beständig Restriktionen, die sich aus dem im Journalismus üblichen Zeitdruck einerseits und aus dem limitierten Umfang einer Sendung oder einer Zeitungsseite andererseits ergeben und die ihn zwingen, aus der Fülle verfügbarer Informationen zu selektieren. Das entlässt ihn aber nicht aus der Pflicht, einer recherchierten Position auch immer die Gegenseite gegenüber zu stellen, um so zu einer ausgewogenen und in diesem Sinne vollständigen Darstellung zu kommen.

Februar 2011. Bundesverteidigungsminister Karl Theodor zu Guttenberg steht im Kreuzfeuer der Kritik. Ihm ist nachgewiesen worden, dass er auf hunderten von Seiten seiner Dissertation Texte anderer Autoren wiedergegeben hat, ohne die Quellen auszuweisen. Dafür muss er sich

Sichtweisen der Praxis 151

in einer Bundestagsdebatte als Lügner, Fälscher, Täuscher und Hochstapler bezeichnen lassen (Denkler/Jakat/Kruse 2011). Neben den Kollegen aus seiner Partei verfügt zu Guttenberg vor allem über einen mächtigen Verbündeten in der Abwehrschlacht, die er zu diesem Zeitpunkt vor seinem Rücktritt noch führt: die *Bild-Zeitung*. Zu Guttenbergs „Leibgarde", wie *Der Spiegel* die Boulevardzeitung bezeichnet (Brauck et al. 2011), lässt sich für den Tag, an dem der Minister im Bundestag Rede und Antwort stehen muss, einen ganz besonderen Schachzug einfallen: Die Leser werden aufgefordert, per Fax oder Telefon der Redaktion mitzuteilen, ob zu Guttenberg zurücktreten soll oder nicht. Das Ergebnis dieser „Call-In"-Aktion, an der mehr als 260.000 Menschen teilnehmen, prangt am nächsten Tag in großen Lettern auf Seite Eins: „87 Prozent Ja-Stimmen beim *Bild*-Entscheid: Ja, wir stehen zu Guttenberg!" Dem zu dieser Zeit beliebtesten Politiker Deutschlands scheint die Plagiats-Affäre (noch) nichts anhaben zu können – jedenfalls nach Ansicht der *Bild*. Das Ergebnis einer anderen Erhebung bleibt den *Bild*-Lesern allerdings verborgen, obwohl auch diese von *Bild* organisiert wurde. Und zwar auf der Website des Blattes, wo sich an einer Umfrage bis zu diesem Zeitpunkt mehr als 630.000 Menschen beteiligt haben. Dieses Online-Voting kommt zu einem ganz anderen Ergebnis als das telefonische „Call-In": 57 Prozent der Abstimmenden fordern dort den Rücktritt des Ministers. Doch die Printausgabe der *Bild* verschweigt diese Information. Erst am nächsten Tag, nachdem andere Medien die Online-Umfrage der *Bild* thematisiert haben, wird deren Ergebnis auf der zweiten Seite verschämt mitgeteilt – und da es nicht in die Blattlinie passen will, seine Aussagekraft in Zweifel gezogen. Ein Experte darf seine Meinung kundtun, wonach Internet-Umfragen generell leicht manipuliert werden können. Doch verschweigt *Bild* eine weitere Information, die zu einer vollständigen Berichterstattung gehört hätte: nämlich die, wonach es zu diesem Zeitpunkt längst deutliche Hinweise gibt, dass die Telefonaktion der *Bild*, die das gewünschte Ergebnis erbracht hat, von Parteifreunden und Unterstützern zu Guttenbergs beeinflusst worden war (Jakat 2011). Diese hatten nämlich über den Informationsdienst *Twitter* und soziale Netzwerke wie *Facebook* zur Teilnahme am „Call-In" der *Bild* aufgerufen.

Ein weiterer Aspekt der Objektivitätsnorm, wie sie im praktischen Journalismus verstanden wird, betrifft die *Trennung von Nachricht und Kommentar*. Diese Forderung leitet sich ebenso wie die Leitlinie der

Vollständigkeit von der Rolle ab, die Medien in der Demokratie übernehmen sollen. Das Publikum hat ein Anrecht darauf, sich seine Meinung selbst bilden zu können, statt das Urteil eines Journalisten vorgegeben zu bekommen. Die Trennlinie zwischen Nachricht und Kommentar zu beachten, ist schwieriger, als es zunächst scheint. Die Meinung eines Verfassers sickert häufig nicht offensichtlich oder absichtsvoll in einen Beitrag oder Artikel ein. „Meinungsmache" schleicht sich oft beiläufig ein, oft sogar unbeabsichtigt, manchmal auch nur wohlmeinend. Etwa, wenn die Polizei nach wochenlanger Fahndung einen gesuchten Kindermörder fasst. „Endlich!" denken dann wohl viele – und viele Journalisten auch. Und doch hat dieses Wort – außer, es handelt sich um ein Zitat – in einer Meldung nichts zu suchen, weil es keine Tatsache, sondern eine Wertung des Verfassers transportiert.

Auf der Goldwaage – Worte machen Meinung
Streiten die Regierungsparteien gerade über die Gesundheitsreform? Oder sind sie lediglich dabei, in einem Diskussionsprozess eine einheitliche Linie zu finden? Für die Berichterstattung eines *dpa*-Korrespondenten macht das einen großen Unterschied. Der Begriff „Streit" hat einen negativen Beiklang, er nährt das Bild einer entscheidungsunfähigen Politik, in der jeder nur auf seinen Vorteil bedacht ist und niemand an das Gemeinwohl denkt. Deshalb geht der Korrespondent mit diesem Wort vorsichtig um – oder er sollte es zumindest. Andererseits ist es selbstverständlich nicht die Aufgabe eines Journalisten, einen politischen Streit durch verharmlosende Begriffe unter den Teppich der öffentlichen Wahrnehmung zu kehren. Was Streit ist, sollte auch so genannt werden. Wie entscheidet ein Berichterstatter der *Deutschen Presse-Agentur* aber, ob er gerade Zeuge eines veritablen politischen Streits ist, oder doch nur einen notwendigen Klärungsprozess erlebt, der in einer Koalition nun einmal zum Tagesgeschäft gehört?
„Nein, es gibt keinen Sprach-Kodex bei *dpa*", sagt Gerd Roth, der bei der Agentur für die Ausbildung der Volontäre zuständig ist. „Ein solcher Katalog zu vermeidender Worte wäre immer unzureichend, denn fast jedes Wort kann unpassend sein, wenn man es nachlässig und unbedacht verwendet." Letztlich, so fügt er hinzu, sei das Ringen um das richtige Wort immer eine Gratwanderung. Die Autoren der *dpa* sollen möglichst lebendig schreiben, um die Texte für die Kunden attraktiv zu machen. Manchmal aber, so Roths Erfahrung, verwechseln Korrespondenten das Bemühen um Attraktivität mit einer Kommentie-

rung – und die verstößt gegen die Regeln der Objektivität, wie sie bei der *dpa* angewendet werden.

Zurück zum Wort „Streit": Es ist ein für Journalisten überaus attraktives Wort, das den beschriebenen Sachverhalt mit einer Sour Dramatik würzt, ein möglicherweise ansonsten langweiliges Ereignis ein wenig hochjazzt. Was also rät Gerd Roth seinen Volontären? Wann ist ein Streit ein Streit? „Es gibt auf diese Frage keine schematische Antwort", sagt er. Wichtig für die Einschätzung seien Erfahrung und Vorwissen. Welche Vorgeschichte hat die Auseinandersetzung, über die der Korrespondent da schreibt? Weiß er vielleicht, dass sich die Protagonisten nicht ausstehen können, es also möglicherweise gar nicht um eine Sachauseinandersetzung geht, sondern tatsächlich um einen Streit zwischen ambitionierten Politikern? Kann er beurteilen, ob die unterschiedlichen Positionen so weit auseinanderliegen, dass sie kaum unter einen Hut zu bekommen sind? Auch in einem solchen Fall nicht kompatibler Grundüberzeugungen wäre es gerechtfertigt, von Streit zu sprechen. Oder können sich die Regierungsparteien einfach deshalb nicht einigen, weil die Stimmung innerhalb der Koalition völlig ruiniert und das Reservoir der Gemeinsamkeiten schlichtweg erschöpft ist? Solche Fragen sind es, die Gerd Roth im Gespräch mit seinen Volontären aufwirft, um sie für einen scheinbar so simplen Begriff wie das Wort „Streit" zu sensibilisieren.

Dies ist der richtige Zeitpunkt, um noch einmal auf das publizistische Programm zu schauen, das Ernst Ludwig Posselt schon 1797 für die *Neueste Weltkunde* entworfen hat. Er versprach den Lesern, das Blatt werde das Bild der Welt wahrhaftig und vollständig wiedergeben, unparteiisch, ausgewogen und immer, wenn notwendig, unter Verweis auf Unwissenheit und Ungewissheit („bloße Muthmasung"), bei gleichzeitig strikter Trennung von Nachricht und Kommentar („Faktum" und „Raisonnement"). Keine Frage: Dieses Konzept ist nicht weit von dem entfernt, was sich mehr als 200 Jahre später in Lehrbüchern für den praktischen Journalismus findet. Etwa bei La Roche (2008: 143), der diese Konkretisierungen der Objektivitätsnorm – Faktentreue, Vollständigkeit, Ausgewogenheit sowie die Trennung von Nachricht und Kommentar – unter dem Begriff der „äußeren Objektivität" zusammenfasst. Diese lasse sich „durch die Einhaltung formaler Prinzipien und Maßstäbe" erreichen.

La Roche geht aber noch einen Schritt weiter und bezieht auch die Informationsauswahl in den Bereich der Objektivitätsnorm ein. Hier spricht er von der „inneren Objektivität" (ebd.: 147). Mit der Aufgabe, aus einer Fülle von Informationen jene auszuwählen, die veröffentlicht werden sollen, ist nicht nur jeder Reporter konfrontiert, der Informationen für seine Geschichte zusammenträgt. Erst recht müssen sich ihr die Redakteure stellen, die eine Zeitung oder eine Sendung gestalten:

Die Qual der Wahl –
Vom Versuch, die Welt in eine Sendung zu packen
10. März 2011. Ein ganz normaler Tag in der Redaktion *Zeitfunk* des *DLF*. Um 8.15 Uhr startet der Moderator der Mittagssendung im Newsroom „NC Power", jenes Computerprogramm, das ihm die Meldungen aller Agenturen liefert, die der *Deutschlandfunk* abonniert hat, zusammengenommen 8000 bis 9000 Meldungen pro Tag. Bis zum Rotlicht um 12.10 Uhr bleiben ihm knapp vier Stunden, um mit seinem Team, zu dem zwei weitere Redakteure gehören, die Themen der Sendung zu planen und vorzubereiten. Zunächst verschafft sich der Moderator einen Überblick über die Nachrichten der letzten Stunden, um einschätzen zu können, welche Themen und Ereignisse gerade besonders wichtig sind. Dann greift er zu einem Papier, das ihm die Redaktionssekretärin ausgedruckt hat: Die Tagesvorschauen, die die Agenturen im Laufe der Nacht und am frühen Morgen geliefert haben. An diesem Tag umfasst allein die Terminvorschau der *Deutschen Presse-Agentur* 24 Seiten. Sortiert nach Ressort, Ereignisort und Uhrzeit sind da die vorhersehbaren Ereignisse des laufenden Tages aufgelistet. Vom „Großen Zapfenstreich", mit dem der zurückgetretene Verteidigungsminister zu Guttenberg am Abend verabschiedet werden wird, über das tagesaktuelle Wettkampfprogramm bei der Eisschnelllauf-WM in Inzell bis hin zum Prozess gegen einen Jugendlichen in Baden-Baden, der seinen Vater mit einem Samurai-Schwert getötet haben soll. Alle Termine und Ereignisse, die die *dpa* als relevant erachtet hat, sind hier aufgelistet. Die Agentur hat das Weltgeschehen für ihre Kunden also vorsortiert. Danach überfliegt der Moderator den Stapel der überregionalen Tageszeitungen auf seinem Schreibtisch. Mit routiniertem Blick scannt er die Politik- und Wirtschaftsteile, um zu sehen, welche Geschichten die Printkollegen liefern. Der nächste Griff geht zum Telefonhörer: Ein Anruf im Berliner Studio zeigt die Richtung, die der Nachrichtentag in der Hauptstadt nimmt. Im Telefonat werden jene Themen definiert, die auf jeden Fall in der Sendung platziert werden sollen. Während des Gesprächs werden

schon die E-Mails gesichtet, um herauszufinden, welche Themen die Korrespondenten im In- oder Ausland für die Mittagssendung anbieten. Bis 9.30 Uhr haben die Redakteure aus der Flut von Terminen und Ereignissen eine Liste von 15 möglichen Themen für die Sendung destilliert. Die nächste Station auf dem Weg zur Mittagssendung ist die Schaltkonferenz, die der Chefredakteur leitet. In einem großen Sitzungssaal versammeln sich dazu Redakteure aller Fachredaktionen, per Telefon sind die Korrespondentenbüros in Berlin und Brüssel zugeschaltet. Hier trägt der Moderator seine Programmüberlegungen vor, gleicht sie mit den Planungen der anderen Redaktionen ab und notiert Vorschläge aus der Kollegenrunde. Als er um kurz vor zehn in den Newsroom zurückkehrt, stehen auf seinem Notizzettel jene elf Themen, die den Hörern ab 12.10 Uhr präsentiert werden sollen:

DLF, Informationen am Mittag, **10.03.2011**

Teil I, 12.10-12.50 Uhr

Anke Petermann:	Lokführer-Streik nach sechs Stunden beendet
Peter Kapern:	Zu den wirtschaftlichen Auswirkungen des Bahnstreiks: Fragen an Martin Wansleben, DIHK-Hauptgeschäftsführer
Esther Saoub:	Aktuelle Lage in Libyen
Sabina Matthay:	Schwere Vorwürfe gegen Bundeswehr in Afghanistan
Gudula Geuther:	Neue Debatte um Leitkultur nach Seehofer-Äußerungen
Peter Kapern:	Nach der Rückzugsankündigung des Dalai Lama Interview mit Volker Beck, Parlamentarischer Geschäftsführer der Grünen im Bundestag
O-Ton:	Stadionsprecher: Schalke im Champions League-Viertelfinale
Peter Kapern:	„Trainer-Chaos auf Schalke: Felix Magath vor der Kündigung" – Gespräch mit Manfred Breuckmann, Ex-Sportreporter

Teil II, 13.10-13.30 Uhr
Björn Blaschke: Aktuelle Lage in Libyen
Doris Simon: EU-Außenminister beraten über Lage in Nord-Afrika
Marc Dugge: Marokkos König bietet Demokratisierung an
Ulrich Leidholdt: Jemens Präsident Saleh verspricht neue Verfassung
Clemens Verenkotte: Israels Staatspräsident kritisiert Regierungschef Netanjahu
Peter Kapern: Zur Veröffentlichung des zweiten Bands der Jesus-Biographie des Papstes: Fragen an Matthias Drobinski, Kirchenredakteur der *Süddeutschen Zeitung*

Drei Faktoren waren dafür ausschlaggebend, dass sich die Redakteure der Mittagssendung für genau diese Themen entschieden haben. Zum einen haben sie sich von ihrem Publikumsbild leiten lassen, also von ihren Mutmaßungen darüber, was ihre Hörer für interessant und wichtig halten. Ein weiteres Kriterium bei der Themenauswahl war das Sendungskonzept, das die *Informationen am Mittag* als aktuelles Magazin mit hoher Informations- und Wortdichte ausweist. Und drittens haben sie bei der Themenauswahl natürlich auch auf ihr eigenes journalistisches Urteilsvermögen vertraut. Es gibt also durchaus gewichtige Argumente, die sich für genau diese Sendungsplanung anführen lassen. Das Gütesiegel einer objektiven Themensetzung können sie der Sendung allerdings nicht verleihen. Denn bei allen Selektionsentscheidungen, die von der Redaktion getroffen wurden, handelt es sich letztlich um subjektive Werturteile.

Solche Auswahlentscheidungen, wie sie gerade beschrieben wurden, ordnet La Roche also dem Bereich der „inneren Objektivität" zu. Eine problematische Wortschöpfung, die im Verdacht steht, der Verschleierung zu dienen. Denn nicht nur La Roche selbst, sondern auch die Verfasser der oben zitierten Redaktionsgrundsätze der *dpa* sind sich im Klaren darüber, dass es sich dabei gerade *nicht* um Aspekte der journalistischen Arbeit handelt, die den Anspruch der Objektivität einlösen können. Und doch hält La Roche im Zusammenhang mit solchen Auswahlentscheidungen am Begriff der Objektivität fest. Warum? Er meint – ebenso wie die *dpa* – damit ein Bollwerk gegen die Beliebigkeit im Journalismus errichten zu können:

„Dass diese innere, letzte, absolute Objektivität vom Menschen nicht zu verwirklichen ist, heißt aber nicht, sie als anzustrebendes Ziel aufzugeben [...] Das Bemühen um eine niemals ganz erreichbare Objektivität bringt zumindest Annäherungen an die Realität, bringt jedenfalls ein Mehr an Objektivität." (La Roche 2008: 147f.)

Perspektiven der Forschung

In der Wissenschaft wird Objektivität in einem deutlich engeren Sinn verstanden als in der beruflichen Praxis. Hier wird dem Journalismus vorgeschlagen, dieser Begriffsfassung zu folgen, weil er sich so einiger Schwierigkeiten entledigen könnte, die sich aus dem überstrapazierten Objektivitätsbegriff ergeben.

Entstehen der Objektivitätsnorm

Woher stammt die Objektivitätsnorm im Journalismus? Oben wurde bereits ihre (Vor-)Geschichte in Deutschland geschildert. Als formelle Berufsnorm hat sie ihre Wurzeln allerdings im angelsächsischen Journalismus. Für ihr Entstehen werden zumeist ökonomische und technische Gründe angeführt. Im Zuge der Kommerzialisierung der Presse im 19. Jahrhundert entstanden billige Massenblätter: die „Penny Press". Das Ziel einer möglichst großen Leserschaft ließ sich am besten durch eine neutrale Berichterstattung erreichen. Der Nachrichtenjournalismus verzichtete deshalb auf eine einseitige Parteinahme. Auch die Nachrichtenagenturen hatten das Interesse, möglichst viele Abnehmer zu finden. Eine weitere, nämlich technische Erklärung soll der damals neue elektrische Telegraf liefern: Mit ihm wurde es möglich, Nachrichten über große Distanzen schnell in die Redaktionen zu übermitteln. Seine Störanfälligkeit soll zu einem knappen und sachlichen Stil geführt haben (Kapitel 2).

Der Journalismusforscher Michael Schudson (2001) bestreitet, dass diese gängigen Erklärungen zutreffen: Gerade die erfolgreichen Zeitungen von William Randolph Hearst (*New York Journal*) und Joseph Pulitzer (*New York World*) führten häufig politische Kampagnen, waren also keineswegs neutral. Stattdessen sei, so Schudson, das Entstehen eines professionellen Bewusstseins im Journalismus in den zwanziger

Jahren des 20. Jahrhunderts ausschlaggebend gewesen. Erst damals tauchte die Norm in Lehrbüchern und Kodizes auf. Journalisten fühlten sich stärker dem Publikum und ihren Berufskollegen verpflichtet als den Medienbesitzern. Das Drängen auf mehr Autonomie diente auch der Abgrenzung gegenüber Propaganda und „Public Relations", also der strategischen Beeinflussung der öffentlichen Meinung; beide gewannen damals an Bedeutung und sollten durch die Norm abgewehrt werden. Mit der Objektivitätsnorm, die zugleich ein wissenschaftliches Ideal ist, rückte der Journalismus außerdem in die Nähe der angesehenen Wissenschaft. Allerdings entwickelte sich im Journalismus ein breiteres Verständnis von Objektivität als in der Wissenschaft.

Was ist wirklich, was ist wichtig?

Wie also wird Objektivität im Journalismus verstanden? Eine Auswertung (Neuberger 1996: 100-135) ergab, dass ihr in Lehrbüchern und in der Fachdiskussion – neben der Richtigkeit der Aussagen, also der angemessenen Darstellung von Aspekten der Realität – viele weitere Regeln zugeordnet werden: Neutralität, Sachlichkeit, die Trennung von Nachricht und Meinung, Vollständigkeit, Maßstabsgerechtigkeit, Ausgewogenheit, Vielfalt, Genauigkeit, Wichtigkeit, das Beantworten der W-Fragen und das Prinzip der „umgekehrten Pyramide". Ähnlich breit verwendet auch La Roche (2008) – wie dargestellt – den Objektivitätsbegriff. Im Grunde genommen wird unter der Bezeichnung „Objektivität" das gesamte Regelwerk des Nachrichtenjournalismus zusammengefasst. In den USA spricht man deshalb auch von „Objective Reporting".

Eine Reihe von Regeln wird allerdings zu Unrecht der Objektivitätsnorm subsumiert (Neuberger 1997). Sie haben nämlich mit der Erkenntnisfrage nichts oder nur am Rande zu tun. Dies gilt besonders für alle *Auswahlregeln*: Die Frage nämlich, was wichtig oder unwichtig ist, welcher Aspekt eines Ereignisses berichtenswert ist oder nicht, lässt sich nicht objektiv entscheiden. Dafür ist jeweils eine *wertende* Entscheidung notwendig, die mal so, mal so ausfallen kann – je nachdem, welche Präferenzen eine Redaktion, das Publikum oder die Gesellschaft zu einem bestimmten Zeitpunkt haben. Hier stoßen wir auf die fundamentale Unterscheidung zwischen „Tatsachen und Entscheidungen" (Popper 1980: 98) bzw. zwischen „Erkennen und Beurteilen" (Weber 1968: 155). Der Philosoph Karl R. Popper und der Soziologe

Max Weber haben betont, dass das Objektivitäts- und das Relevanzproblem, die Fragen „Was ist wirklich?" und „Was ist wichtig?", getrennt behandelt werden müssen.

Ein Beispiel zur Erläuterung: Man stelle sich einen Nachrichtenredakteur vor, der an einem Tag Hunderte von Agenturmeldungen auf den Schreibtisch (oder auf den Bildschirm) bekommt und entscheiden muss, welche Nachrichten er ins Blatt nimmt und welche er draußen lässt. Kann man die Auswahl, also die Entscheidung darüber, welche Nachricht ins Blatt gehört oder in den Papierkorb wandert (oder am Bildschirm ignoriert wird), danach beurteilen, ob sie objektiv ist? Nein, dies ist nicht möglich. Der Redakteur einer Boulevardzeitung wie der *Bild*-Zeitung wird anders entscheiden als der Vertreter eines Qualitätsblattes wie der *Frankfurter Allgemeinen Zeitung*. Beide orientieren sich an ihrer Leserschaft und deren Vorlieben, an beruflichen Regeln und gesetzlichen Vorgaben, an den ökonomischen Interessen ihres Verlags, an ihrer persönlichen Haltung zu einem Thema usw. Das Ergebnis der Auswahl mag man aus unterschiedlichen Gründen für gut oder schlecht halten. Nur mit dem Maßstab der Objektivität lässt es sich nicht bewerten. Auch Vielfalt, Ausgewogenheit und Vollständigkeit sind Auswahlkriterien und enthalten Wertungen. Auch sie sollten nicht der Objektivitätsnorm zugeordnet werden, sondern als Relevanzkriterien verwendet werden, für die eine andere Begründung gefunden werden muss.

Jede Beobachtung eines Ereignisses und jede Berichterstattung darüber ist zwangsläufig *subjektiv, selektiv und perspektivenabhängig*. Es ist unmöglich, vollständig über die unendliche Zahl von Themen und Ereignissen zu berichten. Personen und soziale Systeme, also auch Mediennutzer, Journalisten und Redaktionen, verfügen nur über ein bestimmtes Maß an Aufmerksamkeit. Ihre Kapazität, die Umwelt zu beobachten, Informationen aufzunehmen und zu verarbeiten, ist begrenzt. Deshalb herrscht immer und überall ein Zwang zur Selektion. Wie aber ausgewählt wird, ist eine wertende Entscheidung, die stets subjektiv bleibt. Daran ändert sich auch dann nichts, wenn in einer Gesellschaft ein weit reichender Konsens darüber besteht, was wichtig oder unwichtig ist. Die Theorie des *Sozialkonstruktivismus* erläutert, wie es in einer Gesellschaft zur Herausbildung von Institutionen, d. h. zur Verfestigung, Verdinglichung und Tradierung von Beobachtungs- und Deutungsmustern kommt (Berger/Luckmann 1980; Searle 1997).

Die Vereinheitlichung der Auswahl ist eine notwendige Voraussetzung dafür, dass es eine Einrichtung wie den Journalismus geben kann.

Nur mit einem standardisierten Angebot kann er die Erwartungen eines Massenpublikums befriedigen. Im Journalismus, das zeigen die Ergebnisse der *Nachrichtenwerttheorie*, herrscht eine recht große Einigkeit über die Auswahlkriterien. Die Analyse solcher Nachrichtenfaktoren hat eine lange Tradition in der Kommunikationswissenschaft. Zu den Ersten, die sich damit intensiver befasst haben, zählen der norwegische Friedensforscher Johan Galtung und seine Mitarbeiterin Mari Holmboe Ruge (1970). Sie unterschieden zwölf Faktoren, von denen sie einige für kulturunabhängig (Ereignisdauer, Eindeutigkeit, Überraschung, Betroffenheit etc.) und einige für kulturabhängig (Negativismus, Personalisierung, Elitepersonen und -nationen) hielten. Vor allem die Faktoren „Prominenz", „Elitepersonen", „Negativismus", „Konflikt" und „Etablierung" (damit ist gemeint, dass Themen, die sich bereits durchgesetzt haben, weiterhin bevorzugt werden) erwiesen sich in vielen Studien als wichtige Faktoren der Nachrichtenauswahl (Maier/Stengel/Marschall 2010: 79). Galtung und Ruge behaupteten nicht, dass die von ihnen ermittelten Faktoren die einzig richtigen seien, diese also das „tiefere Wesen" des Journalismus widerspiegeln würden. Im Gegenteil: Sie erkannten in ihrer Anwendung eine Verzerrung in der Berichterstattung. Vor allem die Betonung des Negativen, die Präferenz für Krisen, Kriege und Konflikte, aber auch die Orientierung an den Mächtigen unter den Nationen und Personen wurden immer wieder kritisiert.

So berechtigt diese Kritik sein mag, so wenig lässt sie sich unter Verweis auf eine angeblich objektive Nachrichtenauswahl rechtfertigen, die ein angemessenes Abbild der Realität liefert. Einen solchen unabhängigen Maßstab gibt es nicht, da Wertungen über die Wichtigkeit immer relativ zum Beobachter sind. *Die Wirklichkeit sagt uns nicht selbst, was an ihr wichtig ist, sondern wir tragen die Maßstäbe an sie heran.* In diese Richtung argumentieren auch Winfried Schulz (1976) und Friedrich-Joachim Staab (1990), zwei deutsche Kommunikationswissenschaftler: Schulz kritisierte Widerlegungsversuche für Nachrichtenfaktoren, und Staab wies auf die eigenen Interessen hin, die Journalisten mit der Nachrichtenauswahl verfolgen.

Auch eine *vielfältige* und *ausgewogene* Auswahl von Themen und Meinungen macht das Gesamtbild nicht objektiver. Ganz ohne Zweifel: Eine solche Selektion ist wünschenswert und lässt sich gut rechtfertigen, nämlich unter Verweis auf die Werte der Demokratie und den Prozess der öffentlichen Meinungsbildung. Aber ihre Rechtfertigung hat nichts mit Objektivität zu tun. Außerdem soll die Objektivitätsnorm im

Journalismus immer gelten (klammert man ganz seltene Ausnahmefälle wie Notlügen und Aprilscherze aus). Dagegen hat die Forderung nach Vielfalt deutlich erkennbare Grenzen: Die Vielfaltsnorm steht in einem Spannungsverhältnis zur Beschränkung auf das Relevante, zur Reduktion von Komplexität, die ebenfalls vom Journalismus erwartet wird. Journalisten sollen z. B. einen knappen Überblick über die wichtigsten Themen des Tages geben. Auch im politischen Diskurs ist es notwendig, über das möglichst „herrschaftsfreie" und rationale Abwägen von Argumenten und Gegenargumenten schrittweise die Zahl der Meinungen zu reduzieren, um am Ende idealerweise einen Konsens zu erzielen, dem alle zustimmen können. So wird der vielfältige Input in *eine „öffentliche Meinung"* umgewandelt.

Vollständigkeit ist ein unerreichbares Ziel, weil die Realität prinzipiell unter unendlich vielen Aspekten beobachtet und beschrieben werden kann. Deshalb ist eine Auswahl unumgänglich. Jedes Auswahlkriterium – sei es für ganze Nachrichten (Nachrichtenfaktoren) oder einzelne Aspekte eines Ereignisses (W-Fragen) – enthält aber eine implizite Wertung über deren Wichtigkeit. Und implizite Wertungen sind genauso wenig objektivierbar wie explizite, also ausdrückliche Wertungen in einem Kommentar.

Wenn dem Objektivitätsbegriff aber solche Auswahlkriterien zugeordnet werden, dann wird er überstrapaziert. Dies führt zu unangemessenen Erwartungen über den Bereich des Erkennbaren. Oder man stellt fest, dass ganz unterschiedlich gewertet wird, und zieht daraus den Schluss, dass Objektivität nicht erreichbar und die Norm unerfüllbar ist. Dieser Schluss ist aber voreilig, da die Frage der Erkenntnis damit noch gar nicht erörtert wurde; ihr wenden wir uns erst im nächsten Abschnitt zu. *Fragen der Objektivität und der Relevanz sollten also nicht vermischt, sondern getrennt behandelt werden.*

Warum hat der Journalismus diesen breiteren Objektivitätsbegriff als die Wissenschaft? Warum vermischt er Objektivität und Relevanz? Ein Grund dafür ist sicherlich, dass der Glanz des Objektiven auch auf die – stets angreifbaren – wertenden Entscheidungen von Journalisten fallen soll. Dadurch lassen sie sich leichter der Kritik entziehen, denn eine Diskussion über Auswahl und Gewichtung scheint sich zu erübrigen, wenn etwas als objektiv gilt. Unter dem Deckmantel der Objektivität werden allerdings auch partikulare Interessen verfolgt. Auch Ideologien erheben Anspruch auf Objektivität, enthalten aber „maskierte Werturteile" (Albert 1991: 97). Dass der ideologische Standpunkt des

Marxismus-Leninismus der einzig richtige sei, wurde in der Journalistenausbildung in der DDR gelehrt. So hieß es in einem Lehrbuch: „Es gibt in der sozialistischen Journalistik keinen Widerspruch zwischen Objektivität und Parteilichkeit." (Budzislawski 1966: 135) Die weit gefasste Norm dient also auch dazu, den Journalismus gegen Kritik zu immunisieren, und sie verhindert eine offene Auseinandersetzung darüber, was der Journalismus leisten soll.

Ist objektive Erkenntnis möglich?

Hat man das eigentliche Objektivitätsproblem erst einmal auf die Erkenntnisfrage eingegrenzt, ist das Ziel aber noch nicht erreicht, denn es bleibt die Frage: Ist Erkenntnis möglich? Darauf eine halbwegs befriedigende Antwort zu geben, das hieße, große Teile der Philosophiegeschichte zu rekapitulieren. Weil dies nicht der geeignete Ort dafür ist, muss ein kurzer Ausflug in die Erkenntnistheorie genügen.

Um objektiv berichten zu können, muss die Voraussetzung erfüllt sein, dass unsere Wahrnehmung ein verlässliches Bild der Umwelt liefert, beide also miteinander korrespondieren. Diese Korrespondenztheorie ist von philosophischer Seite vielfach kritisiert worden. Denn niemand weiß, ob die Bilder in unseren Köpfen etwas mit der Außenwelt zu tun haben, da wir – neben unseren Sinnesorganen – über keinen zweiten Zugang zur Realität verfügen, der uns die richtigen Bilder als Vergleichsmaßstab zur Überprüfung unserer Sinneseindrücke liefern könnte. Salopp formuliert: Wir können unser Kopfkino nicht verlassen. Deshalb können wir nie mit letzter Gewissheit davon ausgehen, dass Objektivität erreicht ist.

Dennoch sind wir im Alltag naive Realisten, die so tun, als sei dies – meistens jedenfalls – kein Problem. Wir können gar nicht anders, wenn wir handlungsfähig bleiben wollen. Auch Journalisten stellen mehrheitlich den Anspruch an sich, die „Realität genauso ab[zu]bilden, wie sie ist": Knapp drei Viertel (74%) der deutschen Journalisten stimmten 2005 in der repräsentativen Studie „Journalismus in Deutschland" dieser Zielsetzung ihrer Arbeit zu (Weischenberg/Malik/Scholl 2006: 356). Und von diesen Befragten wiederum waren etwa zwei Drittel (67%) der Überzeugung, dieses Ziel auch erreichen zu können. Auch das Publikum erwartet Glaubwürdigkeit und urteilt differenziert darüber, welches Maß davon die verschiedenen Medien besitzen: Die repräsentative

"Langzeitstudie Massenkommunikation" von *ARD* und *ZDF* kam 2010 zum Ergebnis, dass das Fernsehen (63%) und die Tageszeitung (62%) die höchste Glaubwürdigkeit genießen. Danach folgten der Hörfunk (49%) und das Internet (29%) (Ridder/Engel 2010: 542).

Journalisten und ihr Publikum gehen also davon aus, dass Objektivität nicht nur verlangt wird, sondern auch erreichbar ist. Die feste Verankerung dieser Norm im Journalismus belegen auch Gesetze und Kodizes. So wird im Auftrag des öffentlich-rechtlichen Rundfunks ausdrücklich auf den Grundsatz der Objektivität hingewiesen (§ 1(2) 13. RÄStV). Ebenfalls im Rundfunkstaatsvertrag wird von journalistisch gestalteten „Telemedien" (dazu zählen auch Websites) verlangt, dass Nachrichten „vom Anbieter vor ihrer Verbreitung mit der nach den Umständen gebotenen Sorgfalt auf Inhalt, Herkunft und Wahrheit zu prüfen" sind (§54(2) RÄStV). Auf diese Sorgfaltspflicht verweisen auch die Landespressegesetze, z. B. jenes von Nordrhein-Westfalen: „Die Presse hat alle Nachrichten vor ihrer Verbreitung mit der nach den Umständen gebotenen Sorgfalt auf Inhalt, Herkunft und Wahrheit zu prüfen." (§6 LPrG NW) Und im Pressekodex befassen sich die Ziffern 1 bis 3 mit der Achtung vor der Wahrheit, der gebotenen Sorgfalt und der Notwendigkeit der Richtigstellung.

Wenn wir keine völlige Gewissheit darüber erlangen können, ob Aussagen über die Realität zutreffen: Wie soll dann aber die Norm erfüllt werden können? Und wie lassen sich Unwahrheiten widerlegen? Wie soll es möglich sein, Medienfälschern wie Konrad Kujau, Michael Born, Tom Kummer und Jayson Blair auf die Spur zu kommen, denen es zumindest zeitweise gelungen ist, mit ihren erfundenen Stories und Interviews sogar Redaktionen von Qualitätsmedien hinters Licht zu führen?

In der Wissenschaft, auch in der Kommunikationswissenschaft, wurden prinzipielle Zweifel an der Erfüllbarkeit der Objektivitätsnorm laut. *Skeptiker* sind vor allem die Vertreter des sogenannten „Radikalen Konstruktivismus" (Bentele/Rühl 1993; Merten/Schmidt/Weischenberg 1994). Sie gehen davon aus, dass das Gehirn kognitiv geschlossen ist. Sie stützen sich auf Ergebnisse der Neurophysiologie, wonach von der Umwelt bewirkte neuronale Erregungen unspezifisch sind. Erst das Gehirn weise ihnen nach eigenen Kriterien Bedeutungen zu. Die individuellen Wirklichkeitskonstruktionen seien dennoch nicht willkürlich, weil sie gesellschaftlich parallelisiert werden. Dies soll durch Kommunikation gelingen, wobei den Massenmedien ein großer Einfluss auf die gemeinsamen Wirklichkeitsvorstellungen zugeschrieben wird. Die Frage, ob diese Wirklichkeitsbilder irgendwie mit der Realität zusammenhängen, wird dagegen als nicht beantwortbar zurückgewiesen. Kritiker dieser Position gestehen zwar zu, dass es keinen übergeordneten, quasi göttlichen Standpunkt geben kann, von dem aus das Verhältnis zwischen den Repräsentationen im Kopf und der Realität, die sie angeblich darstellen, überblickt werden könnte (Neuberger 1996: 185-240). Dass ein solcher Vergleich nicht möglich ist, schließe aber nicht aus, dass Aktivationsmuster des Gehirns die Umwelt repräsentieren. Dass Wahrnehmungen bestimmte Regelmäßigkeiten aufweisen und sie auch zwischen Personen häufig übereinstimmen, lässt den vorsichtigen Schluss zu, dass wir nicht völlig im Dunkeln tappen. Außerdem verwickeln sich „Radikale Konstruktivisten" in Widersprüche: Einerseits unterstellen sie das Gelingen von Kommunikation, weil darüber ja gesellschaftliche Wirklichkeitsvorstellungen abgestimmt werden sollen, andererseits erklären sie aber die Realität für unzugänglich. Hier entsteht deshalb ein Widerspruch, weil ein Teil der Kommunikation selbst im Erkennen materieller Zeichen (gedruckte Buchstaben, Laute beim Sprechen etc.) besteht, die wahrgenommen und anschließend interpretiert werden. Wenn also das Erkennen scheitert, so gilt dies zwangsläufig auch für Kommunikation. Die Konsequenz wäre: Jeder erfindet seine eigene Welt und bleibt in ihr gefangen. Dass der „Radikale Konstruktivismus" seine Theorie durch Ergebnisse empirischer Studien über die Funktionsweise des Gehirns stützt, überzeugt ebenfalls nicht. Denn damit will er belegen, dass solche Forschung über reale Vorgänge gar nicht möglich ist. Weder die Haltung des radikalen Skeptizismus noch jene des naiven Realismus führen also zu einem befriedigenden Ergebnis.

Eine mittlere Position zwischen diesen beiden extremen Haltungen nimmt die Erkenntnistheorie des *Kritischen Rationalismus* ein, die auf den Philosophen Karl R. Popper (1994) zurückgeht. Sie ist in erster Linie eine Theorie über das Erkennen in der Wissenschaft, doch ist sie auch auf andere Lebensbereiche wie die Politik und den Journalismus übertragbar. Popper geht davon aus, dass hypothetische, also vorläufige Aussagen über die Realität möglich sind, die stets erneut überprüft und korrigiert werden können, d. h. nie völlig gewiss sind. Er nimmt also eine weniger radikale, aber auch keine unkritische Position ein, die von einem schlichten Abbildungsverhältnis ausgeht. Der Forschungsprozess soll durch bestimmte Prinzipien angeleitet werden. Zentral sind dafür das Bestreben, vorläufige Annahmen zu widerlegen (und nicht zu bestätigen), um sie so der härtest möglichen Prüfung zu unterziehen (Falsifikationismus), sowie die Offenheit des Erkenntnisprozesses, d. h., dass Annahmen und ihre Prüfung für Kritiker intersubjektiv nachprüfbar und kritisierbar sein müssen. Gegenstand der Prüfung ist dabei nicht das Beobachtungsergebnis selbst, sondern der Weg dorthin, also die angemessene Verwendung von Methoden. Welche Beobachtungs- und Prüfmethoden geeignet sind, ist eine Frage der geltenden Standards in einem Fach, auf die sich die „Scientific Community" geeinigt hat.

Auch der Kritische Rationalismus löst nicht alle Probleme. Er nimmt – wie gesagt – eine mittlere Position ein, die zwischen den Extremen hindurchmanövriert und eine pragmatische Lösung vorschlägt: Letzte Gewissheit über Fakten und Erklärungen ist ausgeschlossen – was aber nicht bedeutet, dass wir *nichts* wissen können. Deshalb unternehmen wir Schritte, die vernünftig erscheinen, uns einem objektiven Ergebnis anzunähern. Der fortwährende, offene, kritische und rationale Diskurs soll dabei helfen, einen Zipfel der Wahrheit zu fassen zu bekommen. Außerdem schließt der Kritische Rationalismus jene journalistischen Fragen aus dem Bereich der Objektivitätsnorm aus, die nur wertend – also nur subjektiv und nicht objektiv – beantwortet werden können.

Regeln für einen kritisch-rationalen Journalismus

Der Journalismus ist mit dem „Kritischen Rationalismus" und seinem methodischen Objektivitätsverständnis in weiten Teilen vereinbar, auch wenn sich Ziele und Bedingungen zwischen Wissenschaft und Journalismus erheblich unterscheiden (Kapitel 1): Journalisten führen keine Experimente durch; dies ist aber auch gar nicht nötig, da sie keine Gesetze, also allgemeine Ursache-Wirkungs-Zusammenhänge ermitteln wollen. Vielmehr ist ihr Ziel die Beschreibung eines Ereignisses als einzelner Fall und dessen Erklärung. Und natürlich muss eine Redaktion Tag für Tag Ergebnisse liefern und kann sich nicht Monate oder Jahre Zeit lassen, bis eine Frage untersucht ist. Vieles muss schnell gehen und kann deshalb nur weniger gründlich untersucht werden. Dies ist aber kein Freibrief für schlampige Recherche und den Verzicht auf eine Gegenprüfung. Entscheidend ist die „nach den Umständen gebotene Sorgfalt": Der Aufwand muss abgewogen werden zwischen der Brisanz der Nachricht, vor allem den möglichen negativen Folgen für Betroffene und Publikum, und den zeitlichen Möglichkeiten, die ein Journalist für die Prüfung hat. Im Zweifel muss immer der Sorgfalt Vorrang gegenüber der raschen Verbreitung eingeräumt werden. Dieser Zielkonflikt spitzt sich im Internet zu, in dem ohne Redaktionsschluss fortlaufend publiziert werden kann. Zwischen dem Eintreffen einer Nachricht in der Redaktion und der Weitergabe an das Publikum entsteht kein technisch erzwungener Zeitverzug mehr. Auf welche Regeln kommt es im Journalismus an?

⊃ Zunächst sind *Recherche- und Prüfregeln* erforderlich (Haller 2008), welche das Beobachten vor Ort und die Rekonstruktion eines Ereignisses anleiten, falls der Journalist nicht selbst anwesend war, was vor allem bei unvorhersehbaren (Negativ-)Ereignissen wie Unfällen, Naturkatastrophen und Gewalttaten der Fall ist. Aufzeichnungstechniken erleichtern die vollständige und präzise Beobachtung (Stenografie, Ton- und Bildaufnahmen). Für die nachträgliche Erfassung des Geschehens sollten jene befragt werden, die als Betroffene oder Augenzeugen möglichst nahe am Geschehen waren und als glaubwürdig gelten können. Außerdem sollten unterschiedliche Blickwinkel berücksichtigt werden, und Nachrichten sollten durch eine zweite, unabhängige Quelle bestätigt werden.

⊃ Die Ergebnisse und der Verlauf des Beobachtungs- und Prüfprozesses sollten – zumindest im Falle wichtiger Nachrichten – dokumentiert und dem Publikum mitgeteilt werden, damit es sich selbst ein kritisches Urteil über die Aussagekraft bilden kann. Damit sind *Transparenzregeln* angesprochen. Offen gelegt werden sollten vor allem der Name der Quelle, Hinweise auf ihre Glaubwürdigkeit, die Art der Beobachtung (War der Journalist selbst vor Ort?) und Prüfung (Waren die Betroffenen erreichbar?), Widersprüche in den Aussagen verschiedener Quellen und der Gewissheitsgrad von Aussagen als Prüfergebnis (z. B. durch den Gebrauch des Konjunktivs). Erst Transparenz ermöglicht die intersubjektive Nachprüfbarkeit durch die Rezipienten. Journalistische Angebote sind in weiten Teilen sogenannte „Vertrauensgüter", deren Qualität die Rezipienten selbst nach dem Konsum nicht angemessen bewerten können. Dies gilt besonders für die Frage nach der Richtigkeit der Informationen: Nur in Ausnahmefällen war man als Leser selbst Augenzeuge oder ist Experte für ein Thema. Auch der Aufwand, weitere Quellen zum Vergleich heranzuziehen, dürfte meistens zu hoch sein. Das unterscheidet journalistische Angebote von Gütern, deren Qualität vor dem Kauf (Inspektionsgüter) oder spätestens nach ihrem Konsum (Erfahrungsgüter) feststellbar ist. Solche Zusatzinformationen erleichtern dem Publikum aber die Qualitätsbewertung und können die Glaubwürdigkeit eines Mediums stärken.

⊃ Nach der Publikation ist der Erkenntnisprozess noch nicht abgeschlossen: Behauptungen können jederzeit wieder infrage gestellt werden. Dafür ist es notwendig, dass sie kritisch geprüft und Korrekturen öffentlich vorgetragen werden können. Deshalb braucht es Regeln, die *Kritik* ermöglichen. Redaktionen sollten einerseits Selbstkritik (Korrekturspalte, Ombudsleute) zulassen, andererseits aber auch Fremdkritik an anderen Medien üben (Medienjournalismus). Auch dem Publikum sollte die Möglichkeit der öffentlichen Kritik eingeräumt werden (Leserbriefe, Online-Foren), wobei eine Richtigstellung auch rechtlich durchgesetzt werden kann (Gegendarstellung, Widerruf).

Das Einhalten von Recherche- und Prüfregeln in den Redaktionen, Transparenz und das Zulassen von Kritik sind also wesentliche Gesichtspunkte für Objektivität im Journalismus. Nur durch die Beachtung solcher Regeln kann sich der Journalismus deutlich von Propaganda, Werbung, Öffentlichkeitsarbeit und Gerüchten abgrenzen.

Zusammenfassung

Die Auffassungen darüber, was unter „Objektivität" zu verstehen ist, liegen in Praxis und Wissenschaft weit auseinander: Im Journalismus ist ein weites Objektivitätsverständnis verbreitet, das – neben der Richtigkeit von Fakten und Erklärungen – auch Normen wie Vollständigkeit, Vielfalt, Ausgewogenheit, Trennung von Nachricht und Meinung sowie die Wichtigkeit umfasst. Von wissenschaftlicher Seite wird dagegen empfohlen, zwischen der Objektivitätsfrage „Was ist wirklich?" und der – nur wertend beantwortbaren – Relevanzfrage „Was ist wichtig?" zu unterscheiden. Jede Beobachtung und Berichterstattung beruht notwendig auf subjektiven Selektionsentscheidungen. Fasst man den Objektivitätsbegriff deshalb enger, dann geht es nur noch um die Frage, ob und wie die Realität erkannt werden kann (also um die Richtigkeit von Fakten und Erklärungen). Auch dazu gibt es unterschiedliche Auffassungen. Eine mittlere Position nimmt der „Kritische Rationalismus" ein, der eine Annäherung an die Wirklichkeit für möglich hält, wenn bestimmte Regeln zur Recherche, Prüfung, Transparenz und Kritik eingehalten werden.

Literaturempfehlungen

La Roche, Walther von (2008): Einführung in den praktischen Journalismus. 18., aktualisierte und erweiterte Auflage, Berlin: Econ.

Merten, Klaus/Schmidt, Siegfried J./Weischenberg, Siegfried (Hrsg.) (1994): Die Wirklichkeit der Medien. Eine Einführung in die Kommunikationswissenschaft. Opladen: Westdeutscher Verlag.

Neuberger, Christoph (1997): Was ist wirklich, was ist wichtig? Zur Begründung von Qualitätskriterien im Journalismus. In: Bentele, Günter/Haller, Michael (Hrsg.): Aktuelle Entstehung von Öffentlichkeit. Akteure – Strukturen – Veränderungen. Konstanz: UVK Medien, S. 311-322.

Schudson, Michael (2001): The objectivity norm in American journalism. In: Journalism. 2. Jg., H. 2, S. 149-170.

Schulz, Winfried (1976): Die Konstruktion von Realität in den Nachrichtenmedien. Analyse der aktuellen Berichterstattung. Freiburg/München: Karl Alber.

Kapitel 7:
Der Journalismus und sein Publikum –
Was denkt und erwartet das Publikum?
Und wie erfährt der Journalismus davon?

„Ich erkläre hiermit meinen Rücktritt – mit sofortiger Wirkung." Der Mann, der diesen Satz stockend von einem Zettel abliest, schaut kurz auf und blickt in die erstaunten Gesichter der eilig zusammengerufenen Journalisten. Berlin, Schloss Bellevue, 31. Mai 2010, früher Nachmittag. Bundespräsident Horst Köhler tritt ab. Unter den vielen Fragen, die von jenem Moment an diskutiert werden, ist auch diese: Haben Leser, Hörer, Zuschauer und User das deutsche Staatsoberhaupt gestürzt? Ein Blick auf ein Lehrstück über die Beziehung zwischen Medien und ihrem Publikum:

22. Mai 2010. Der *Deutschlandfunk* und sein Schwesterprogramm *Deutschlandradio Kultur* strahlen ein Interview mit Horst Köhler aus. Aufgezeichnet hat es der Reporter Christopher Ricke, der Köhler auf einer Auslandsreise begleitet hat. Diese führte auch zu den in Mazar-i-Scharif in Afghanistan stationierten Bundeswehrsoldaten. Auf dem Rückflug nach Deutschland beantwortet der Bundespräsident Rickes Fragen. Unter anderem sagt er, dass „im Zweifel auch militärischer Einsatz notwendig ist, um unsere Interessen zu wahren, zum Beispiel freie Handelswege" (zitiert nach: dradio.de 2010). Diese Antwort steht eindeutig, das ergibt sich aus dem Interview-Verlauf, im Zusammenhang mit dem Afghanistan-Einsatz. Deutsche Soldaten, die am Hindukusch nicht, wie es die Regierung betont, die Sicherheit Deutschlands, sondern dessen Wirtschaftsinteressen verteidigen? Gegen die Bestimmungen des Grundgesetzes? Und das mit dem Segen des Staatsoberhauptes? Ein politischer Sprengsatz mit Zeitzünder. Zurück in Deutschland übergibt Ricke das Interview seinen beiden Heimat-Redaktionen. Im *Deutschlandradio Kultur* wird das Gespräch in voller Länge gesendet, im *Deutschlandfunk* läuft eine andere Version, die von einer Redakteurin um genau diese kritische Passage gekürzt wurde. Ihr schien das Interview zu lang und die herausgeschnittene Antwort entbehrlich. Im Online-Angebot beider Programme findet sich nach der Sendung neben der „Audio-on-Demand"-Fassung beider Interview-

Versionen nur eine Textfassung: die gekürzte. Das weckt das Misstrauen jener Hörer, die die ungekürzte Fassung im *Deutschlandradio* gehört haben, nun aber nur die gekürzte Textfassung online nachlesen können. Das Resultat: eine Flut von E-Mails, die zwei unterschiedliche Reaktionen zeigen. Die einen kritisieren die Kürzung des Interviews im *Deutschlandfunk* und vermuten eine – von wem auch immer – angeordnete Zensur zum Schutz des Staatsoberhaupts. Die anderen hingegen empören sich über den Inhalt der Interviewpassage, die nur im *Deutschlandradio Kultur* zu hören war. Die folgenden Leseproben aus den E-Mails zeigen die Vielfalt der Meinungen:

- „Gab es Versuche, die Verbreitung des Interviews zu verhindern?"
- „Auf wessen Weisung wurde hier Zensur ausgeübt?"
- „Ich möchte Ihnen zur perfekt gelungenen Selbstzensur gratulieren!"
- „Ist ja wirklich starker Tobak, was der Köhler da loslässt!"
- „Wenn Köhler das wirklich gesagt hat, muss er zurücktreten!"
- „Wir bomben uns zum Exportweltmeister."

Was folgt, ist eine der mutmaßlich längsten Schrecksekunden der deutschen Mediengeschichte. Während sich die Journalisten zunächst um andere Themen kümmern, z. B. um den Rücktritt des hessischen Ministerpräsidenten Roland Koch, der alle anderen Geschichten vorübergehend in den Hintergrund treten lässt, bedrängen Hörer, Leser, Zuschauer und User alle möglichen Redaktionen von *Spiegel Online* über das *Deutschlandradio* bis zur *Süddeutschen Zeitung*. Sie wollen wissen, warum die Journalisten den Äußerungen des Bundespräsidenten nicht nachgehen. Erst Mitte der folgenden Woche, also fünf Tage nach der Interview-Ausstrahlung, nehmen die Redakteure den Faden wieder auf: *Spiegel Online* befragt den *SPD*-Politiker Thomas Oppermann, der *Deutschlandfunk* den *CDU*-Politiker Ruprecht Polenz. Beide kritisieren Horst Köhlers Äußerungen. Jetzt gibt es kein Halten mehr. Alle Medien springen auf das Thema auf, fangen kritische Meinungen von Politikern und Wissenschaftlern ein. Bis zu jenem Tag, an dem der Bundespräsident seinen Rücktritt erklärt.

Ist der Bundespräsident also nur deshalb so sehr unter Druck und Rechtfertigungszwang geraten, weil die Medienutzer in Deutschland die Redaktionen auf die brisante Interviewaussage aufmerksam gemacht haben? Hatten die vielen Leser, Hörer, Zuschauer und User, die sich in E-Mails und Blogs über die anfängliche Untätigkeit der Medien beschwert haben, das bessere Gespür für ein großes Thema?

Dieses Beispiel führt zur allgemeinen Frage nach der Beziehung zwischen dem Journalismus und seinem Publikum: Kontakt haben die Redaktionen einerseits durch ein solches „Feedback" der Mediennutzer, andererseits durch die Ergebnisse der Publikumsforschung. Im Internet kann der Nutzer darüber hinaus zum Mitautor werden.

Lernziele

⊃ Wie gehen Redaktionen mit dem „Feedback" ihres Publikums um?
⊃ Welche Wege geht die Publikumsforschung, um Wünsche und Profile der Mediennutzer kennenzulernen?
⊃ Wie wird die Mediennutzung erklärt?
⊃ Was können Redaktionen unternehmen, um das Publikum enger an die Medien zu binden?

Sichtweisen der Praxis

Wenn sich der Kunde meldet – Wie Medien mit Publikumsreaktionen umgehen

Ein Blick in das Gesicht des Pförtners – das ist für Gabor Steingart, Chefredakteur des *Handelsblatt*, täglich der erste Lackmustest auf den Gemütszustand der Leser. Die Durchwahlnummer des Pförtners im Verlagshaus steht zwar in keinem Telefonbuch, trotzdem gelingt es besonders wütenden Lesern immer wieder, sie ausfindig zu machen. Und wenn Steingart dann am Vormittag ins Büro kommt, kann er dem Pförtner sofort ansehen, ob der sich bereits seit Stunden gegen eine Lawine zorniger Anrufe stemmen musste. Das ist dann ein klares Anzeichen dafür, dass eines der Themen der aktuellen Ausgabe „gezündet" hat. Dass der Pförtner zuweilen als Blitzableiter für aufgebrachte Leser herhalten muss, ist von der Redaktion der Wirtschaftszeitung natürlich nicht beabsichtigt. Er muss manchmal in diese unbeabsichtigte Rolle schlüpfen, weil er hin und wieder der erste Vertreter des Blatts ist, dessen die Anrufer habhaft werden. Ansonsten bedient sich das *Handelsblatt* selbstverständlich professioneller Mittel, um in Kontakt mit seinen Lesern zu kommen: Die Redaktion registriert Leserpost, beantwortet die Zuschriften und veröffentlicht einige von ihnen. Über diese Leserbriefe hinaus gibt es weitere Methoden, durch die Medien in Erfahrung bringen, was das Publikum denkt, wie es eine Zeitung oder eine Sendung beurteilt und welche Änderungen es verlangt: Einige Medien beschäftigen z. B. einen Ombudsmann, der gewissermaßen als Schiedsrichter zwischen Redaktion und Publikum fungiert, andere Medien stützen sich auf die Publikumsforschung. Und manchmal gehen Redaktionen noch einen Schritt weiter: Sie machen Leser zu Mitarbeitern, weil sie der Überzeugung sind, ihrer Berichterstattung auf diese Weise Facetten hinzufügen zu können, die nicht im Blickfeld der Redakteure liegen – etwa dann, wenn sie zufällig Augenzeugen eines Ereignisses geworden sind.

> Jeden Vormittag gegen zehn Uhr hat Marie-Anne Schlolaut sich ein Bild davon gemacht, wie die Leser des *Kölner Stadtanzeigers* an diesem Tag „ticken" – was sie ärgert, worüber sie sich aufregen. Bis dahin hat sie bereits fast alle Leserbriefe dieses Tages erhalten. „Jeden Morgen, wenn die Zeitung ausgetragen ist, beginnt derselbe Prozess", erzählt die zuständige Redakteurin der Leserbriefseite. „Lesen – wütend werden – schreiben." Das ist der Dreischritt, den allmorgendlich viele Abonnenten gehen. Und weil fast 90 Prozent der Leserbriefe als E-Mail eintreffen, weiß Marie-Anne Schlolaut spätestens um 10 Uhr, in welche Richtung der Hase an diesem Tag läuft. Die Reaktionen des kommenden Tages schon vorher einzuschätzen, sei gar nicht so einfach. Am Vorabend wetten Marie-Anne Schlolaut und die Kollegen häufig, welches der Themen des kommenden Tages wohl die meisten Reaktionen hervorrufen wird. „Unsere Trefferquote liegt bei höchstens 30 Prozent", sagt sie und klingt dabei durchaus erstaunt. Ihre Schlussfolgerung: „Was Themenwahl und Darstellung angeht, da haben Journalisten ganz andere Vorstellungen und Maßstäbe als Leser." Ihrer Meinung nach sind die Leser der Zeitung z. B. viel stärker an politischen, „harten" Themen interessiert, als die Redakteure glauben.

Journalisten schreiben und senden für ihre Leser, Hörer und Zuschauer. Das klingt selbstverständlich. Aber ist es das auch? Kurt Kister, Chefredakteur der *Süddeutschen Zeitung*, hat daran schon einmal Zweifel angemeldet. „Selbstverständlich schreiben wir auch häufig um die Anerkennung der Kollegen – oder auch der Politiker. Und nicht zuletzt schreiben wir für uns selber." (zitiert nach: Koelbl 2001: 14) Welche Rolle also spielt das Publikum als Bezugsgröße der journalistischen Arbeit? Das ist eine Frage, die ein Lokaljournalist, der seinen Lesern abends im Fußballverein oder am Stammtisch begegnet, sicherlich anders beantwortet als der Hauptstadtkorrespondent derselben Zeitung, der nur ein abstraktes Bild von seinen Lesern in der Heimat hat.

Zurück zu Marie-Anne Schlolaut und ihrer Aufgabe, die Leserpost zu bearbeiten: Jede Zuschrift wird an den Autor des Artikels weitergeleitet, auf den sie sich bezieht. Denn Leserbriefe sind für einen Journalisten eine wichtige Reaktion auf seine Arbeit. Sie geben ihm Hinweise, ob er die unterschiedlichen Aspekte eines Themas richtig gewichtet oder wichtige Facetten vergessen hat, auf die ihn nun erst sein Publikum aufmerksam macht. Solche Hinweise auf unbeachtete Aspekte können der Ausgangspunkt für neue Recherchen und eine Folgegeschichte sein. Leserbriefe sind also eine Fundgrube für neue Geschichten. Genauso wichtig – aber deutlich unangenehmer für Journalisten – ist der Hinweis der Leser auf Fehler im gedruckten Text. Und es gibt kaum einen, der von ihnen unbemerkt bleibt. Schließlich finden sich für fast jedes Thema, in das sich ein Journalist häufig unter Zeitdruck einarbeiten muss, unter seinen Lesern ausgewiesene Experten. Für den Umgang mit solchen Publikumsreaktionen sollte in allen Redaktionen dieselbe Regel gelten: Jede Zuschrift wird beantwortet. Abgesehen von wenigen Ausnahmen mit beleidigendem oder politisch extremistischem Inhalt.

Nachdem sie die Leserbriefe an die Kollegen weitergeleitet hat, macht sich Marie-Anne Schlolaut an die Gestaltung der Leserbriefseite des *Kölner Stadtanzeiger*, die mindestens viermal wöchentlich erscheint. Zunächst bewertet sie, welche Themen überdurchschnittlich viele Reaktionen hervorgerufen haben. Diese Themen sind dann für die kommende Ausgabe gesetzt. Dabei sucht sie in der Leserpost nach Argumenten und Aspekten, die in der Berichterstattung der Zeitung nicht aufgetaucht sind. Indem sie gerade diese für die Veröffentlichung auswählt, gelingt es ihr, eine Diskussion zum jeweiligen Thema anzustoßen. Solche Leserdebatten, die sich aus Leserbriefen zu Leserbriefen speisen, laufen dann häufig über mehrere Tage. „Eine wichtige Botschaft an die Leser", ist Marie-Anne Schlolaut überzeugt. Nur so könne die Zeitung zeigen, dass sie ihr Publikum ernst nimmt.

Durchschnittlich 1.400 Leserbriefe erhält Schlolaut monatlich. Manche davon sind aus journalistischer Sicht so herausragend, dass es ihr schwerfällt, den Beitrag auf die obligatorischen 20 Druckzeilen zu kürzen, die dafür auf der Seite vorgesehen sind. Für solche Leserbriefe hat sie sich eine eigene Rubrik im Blatt einfallen lassen. In „Mein Standpunkt" können Leser ausführlich ihre Meinung zu einem Thema darlegen. Die Artikel werden von Marie-Anne Schlolaut redigiert, für sie gelten also dieselben journalistischen Regeln wie für jeden anderen Artikel im Blatt.

Anwalt der Leser – Prügelknabe der Redakteure: Erfahrungen eines Ombudsmannes

„Es gibt einen Kollegen, der mich seit fast zwei Jahren nicht mehr grüßt, wenn ich ihm auf dem Redaktionsflur begegne", sagt Henrik Kaufholz und hebt die Schultern. Dabei hat Kaufholz nichts Unanständiges gemacht. Er hat lediglich einen Artikel dieses Kollegen kritisiert. Öffentlich. Das hat ihm der Kollege nicht verziehen. Dabei war genau das die eigentliche Aufgabe des Dänen. Zwei Jahre lang war Kaufholz als „Læsernes Redaktør" der dänischen Tageszeitung *Politiken* zuständig für Leserbeschwerden. Als Ombudsmann, als neutrale Anlaufstelle für Leser. Vor der Schaffung der Instanz eines Ombudsmannes war bei *Politiken* der Chefredakteur die einzige Adresse für Leserkritik. Der hatte aber ein großes Tagespensum zu erledigen und damit kaum Zeit, sich intensiv mit den Leserzuschriften zu befassen. Zudem war unter den Redakteuren die Bereitschaft nicht sehr ausgeprägt, sich mit den eigenen Recherchepatzern zu beschäftigen, auf die sie Leser aufmerksam machten. Kleinreden statt sich der Kritik zu stellen.

Bei den Lesern stellte sich zunehmend das Gefühl ein, von ihrer Zeitung nicht ernst genommen zu werden. Dann richtete die Zeitung den Posten des „Leser-Redakteurs" ein. Für jeweils zwei Jahre wird nun ein erfahrener Redakteur mit der Aufgabe betraut, der Kritik der Leser nachzugehen. Um sicherzustellen, dass er wirklich unabhängig handeln kann, tritt er für diese Zeit aus dem Redaktionsverbund aus. So ist der Ombudsmann einzig dem Vorsitzenden der Stiftung unterstellt, dem die Zeitung gehört. Es ist seine Aufgabe, von Lesern beschriebene Fehler in der Berichterstattung nachzurecherchieren. Bestätigt sich der Verdacht, wird der Fehler in der nächsten Ausgabe der Zeitung

korrigiert. Häufig zum Missfallen des Verfassers des Artikels, der sich an den Pranger gestellt fühlt. Die Korrektur findet sich an prominenter Stelle: gleich auf Seite zwei.
Die Fehlerquote im Journalismus liege hoch, sagt Kaufholz und hat dabei nicht nur seine Zeitung im Blick. Rund ein Fünftel aller Artikel bedürfe einer Korrektur. Entsprechend groß ist der Platz, den der Ombudsmann von *Politiken* auf Seite zwei beansprucht. Unter der Überschrift „Fehler und Fakten" wird dort alles berichtigt, was in der Zeitung falsch war. Namen, Zahlen oder Berufsangaben: Häufig sind Fakten betroffen, welche die Autoren für nebensächlich halten. Doch Henrik Kaufholz ist überzeugt: Gerade solche Fehler führen beim Leser zu einem deutlichen Verlust an Glaubwürdigkeit: „Wenn der nicht darauf vertrauen kann, dass wir die einfachen Dinge richtig machen, wie soll er dann glauben, dass wir die komplizierten Sachverhalte korrekt berichten?"
Doch es sind nicht nur Fehler, die er korrigiert. Oft sind es berufsethische oder rechtliche Fragen, die Leser aufwerfen und auf die er eine Antwort finden muss. Etwa immer dann, wenn die Redaktion ein Foto veröffentlicht, auf dem ein Toter zu sehen ist. Soll und darf die Zeitung so etwas tun? Und warum werden Menschen, die nach Dänemark zugezogen sind, in der Zeitung als Migranten und nicht als Ausländer bezeichnet? Immer wieder wird der Ombudsmann mit solchen Fragen aus dem Spannungsfeld zwischen „political correctness" und Ressentiment konfrontiert. In seiner samstäglichen Kolumne, einem Fünfspalter auf der Meinungsseite, versucht er, sie zu beantworten. Platzierung und Umfang zeigen: Der Ombudsmann ist *Politiken* wichtig. „Und die Leser sind es auch", sagt Henrik Kaufholz.

Befragt und gescannt:
Die angewandte Publikumsforschung

Briefe und Anrufe der Leser, Hörer oder Zuschauer – das waren lange Zeit die bevorzugten Wege, um herauszufinden, wie das eigene Publikum denkt, was es an der Zeitung oder der Sendung schätzt und was nicht. Insbesondere die zunehmende Konkurrenz zwischen den privaten und öffentlich-rechtlichen Sendern seit Beginn der 1990er Jahre sowie die ökonomische Krise der Zeitungen in der vergangenen Dekade haben dafür gesorgt, dass Medien ihr Publikum noch genauer kennenlernen möchten. Deshalb verwenden sie verstärkt die Instrumente der angewandten Publikumsforschung.

Zeitungen setzen unter anderem auf das Reader-Scan-Verfahren, um herauszufinden, wie die Leser die Zeitung nutzen. Entwickelt wurde dieses Verfahren vom Schweizer Medienforscher und Unternehmensberater Carlo Imboden. Er stattet bei seinen Untersuchungen Zeitungsleser – in der Regel mindestens 100 – mit einer Art elektronischem Lesestift aus. Mit diesem Stift fahren sie bei der Zeitungslektüre über den Text. Der Scanner registriert dabei exakt, in welcher Reihenfolge Überschriften und Texte gelesen werden, bis zu welchem Punkt ein Leser einem Text gefolgt und an welcher Stelle er ausgestiegen ist. Der Stift speichert die Daten und übermittelt sie bis zum Mittag des Erscheinungstages an die Redaktion, wo die Ergebnisse ausgewertet werden (Niggemeier 2006: 33).

Der *Kölner Stadtanzeiger* habe vom Reader-Scan-Verfahren durchaus profitiert, davon ist der Chef vom Dienst, Björn Schmidt, überzeugt. Besonders bei der formalen Gestaltung des Blattes wird dies deutlich. Die Redaktion hat gelernt, dass die typischen „Zwei-Spalter" von den Lesern nicht wahrgenommen wurden. Die Erkenntnis wurde von der Redaktion sofort umgesetzt: So fallen Geschichten heute nach Möglichkeit entweder länger oder kürzer aus. Eine weitere Erkenntnis bezieht sich auf sogenannte „Einstiegshilfen" in einen Artikel, wie etwa Dachzeilen, die über den Überschriften auf das Thema des Artikels hinweisen. Oder Zitate, die an markanten Stellen hervorgehoben im Text platziert werden. Solche Einstiegshilfen, so die Erkenntnis, ziehen Leser deutlich öfter an als die Texte, die im ursprünglichen Layout gesetzt sind. Auch die Kommentarseite wird seit der Auswertung des Reader-Scans anders gestaltet. Die Themen der Kommentare werden in den Überschriften klar benannt, die Texte sind mit dem Namen des Autors und dessen Foto versehen. Das Ergebnis: Die Meinungsbeiträge werden häufiger und intensiver gelesen als früher.

Außerdem hat die *Stadtanzeiger*-Redaktion auch Erkenntnisse über inhaltliche Präferenzen der Leser gewonnen. Bestes Beispiel: Fußball. So werden Themen rund um den Fußballverein der Stadt, den 1. FC Köln, überdurchschnittlich oft gelesen. Alles andere als eine profane Erkenntnis, wie Björn Schmidt betont. Denn bei anderen Zeitungen, die mit dem Reader-Scan untersucht wurden, hat sich insbesondere der Lokalsport als Quotenkiller erwiesen. Das aber wirft die Frage auf, wie die Ergebnisse angemessen zu interpretieren sind. Denn die

Wertschätzung des einzelnen Lesers wird damit nicht gemessen. Die Vermutung, dass viele Leser eine Zeitung auch deshalb abonnieren, weil sie erfahren wollen, wie die Kreisligamannschaft in ihrem Stadtteil abgeschnitten hat, liegt sehr nahe. Auf solche Vorlieben nimmt die Konstruktion eines „Durchschnittslesers" im Zuge des Reader-Scan-Verfahrens aber keine Rücksicht. Deshalb könnte es fatal sein, auf eine breite Sportberichterstattung über die lokalen Vereine zu verzichten, weil der einzelne Artikel im Durchschnitt selten gelesen wird.

Für die Kulturredakteure hielt die Reader Scan-Untersuchung eine bittere Erkenntnis bereit: Zu den beim Leser weniger beliebten Teilen des *Stadtanzeiger* gehörte das Feuilleton. Seither muss die Redaktion versuchen, in der Wahl der Themen und auch der Art der Berichterstattung nicht nur den kleinen Kreis der Kulturenthusiasten mitzunehmen, sondern die Auswahl breiter anzulegen. Auf die Idee aber, das Feuilleton einzustellen, sei beim *Stadtanzeiger* niemand gekommen, so der Chef vom Dienst – eine Feststellung, die auf die Achillesferse jeder Publikumsforschung zielt. Denn sie steht gewissermaßen im Generalverdacht, ein journalistisches Produkt hemmungslos dem Publikumsgeschmack zu unterwerfen. „Ist ein Ressort als Quotenkiller ausgemacht, kann es unter erheblichen Rechtfertigungsdruck geraten", fürchtet zum Beispiel der Medienjournalist und Blogger Stefan Niggemeier. Zumal seiner Auffassung nach das Reader-Scan-Verfahren im Wesentlichen nur das bestätigt, was ohnehin zu den Grunderkenntnissen des Journalismus zählt:

> „Gute Texte werden mehr gelesen als schlechte, es hilft, wenn Text und Bild nicht auseinander klaffen, wenn überhaupt ein Bild da ist." (Niggemeier 2006: 33)

Ist das Reader-Scan-Verfahren also gefährlich und überflüssig? Hans-Peter Buschheuer, Chefredakteur des *Berliner Kurier*, kommt zu einem anderen Urteil. Seine Zeitung habe durch das Reader-Scan-Verfahren „die Erdung wiedergefunden". Seiner Meinung nach ist das Verfahren ein „Hilfsmittel, um nicht gegen das Leserinteresse zu arbeiten" (zitiert nach: ebd.).

Der Begriff des „Quotenterrors", den Niggemeier mit seinem kritischen Blick auf das Reader-Scan-Verfahren warnend in die Welt des Printjournalismus einführt, entstammt ursprünglich dem Streit um die Entwicklung der Fernsehprogramme. Er unterstellt, dass alle

Sendungsformate, die nicht genügend Zuschauer finden, eingestellt oder ins Nachtprogramm abgeschoben werden und schließlich nur noch massenkompatible Fernsehware zu den besten Sendezeiten angeboten wird. Ein Vorwurf, der vor allem die öffentlich-rechtlichen Sender mit ihrem angeblich durch Quotenorientierung ausgehöhlten Bildungs- und Informationsauftrag treffen soll.

Doch tut er das? Erk Simon vermittelt nicht den Eindruck, als sei dies der Fall. Aus seinem Büro im „Vier-Scheiben-Haus" blickt er über einen Teil der Kölner Innenstadt. „Natürlich hat die Relevanz der Einschaltquote zugenommen, seit wir im Wettbewerb mit den Privatsendern stehen", sagt er. „Wir" – damit meint er die öffentlich-rechtlichen Sender im Allgemeinen und seinen Arbeitgeber, den *WDR*, im Speziellen. Und dann erklärt er, warum es seiner Ansicht nach bei der Zuschauerforschung, die er betreibt, um viel mehr geht als um die bloße Quotenjagd. Am Anfang der Zuschauerforschung steht die Quotenmessung. Die lassen die großen deutschen Fernsehsender von der *GfK*, der *Gesellschaft für Konsumforschung*, erledigen. Die *GfK* hat rund 5600 repräsentativ ausgewählte Haushalte soziodemographisch erfasst und mit Messgeräten ausgestattet. Die *GfK* weiß, welche Personen zum jeweiligen Haushalt zählen, sie kennt ihr Alter, ihren Bildungsstand, ihr Geschlecht. Die Messgeräte registrieren die Fernsehnutzung in diesen Haushalten. Sekundengenau speichern sie, wer vor dem Fernseher sitzt, welche Sendung eingeschaltet ist, ob gerade der Videotext gelesen wird oder der Videorecorder eine aufgezeichnete Fernsehsendung abspielt. Alle Daten werden den Sendern dann nachts über die Telefonleitung übermittelt. Bis neun Uhr am Vormittag hat die Zuschauerforschung beim *WDR*, für die Erk Simon arbeitet, die Daten aufbereitet und den Redaktionen im Intranet des Senders zur Verfügung gestellt. Nun wissen die Redakteure, wie sich die Quote ihrer Sendung vom Vortag von Sendeminute zu Sendeminute verändert hat. Sie müssen sich dann etwa die Frage stellen, warum die Einschaltquote der Nachrichtensendung am Vorabend höher lag als in den vorangegangenen Wochen. Und warum eigentlich hat die folgende Talksendung exakt vier Mal im Sendungsverlauf deutlich an Zuschauern verloren? Die Antwort auf diese Frage findet die Redaktion, als sie die Sendung parallel zum Quotenverlauf anschaut. Dabei zeigt sich, dass immer dann, wenn ein bestimmter Teilnehmer der Gesprächsrunde zu Wort kommt, viele Zuschauer zur Fernbedienung greifen. Der Redaktion stellt sich nun die Frage, ob sie diesen Gast noch einmal einladen soll. Kommt sie zu dem Ergebnis, dass dieser Gesprächspartner wegen seiner speziellen Positionen einfach unverzichtbar ist, dann, das versichert Erk Simon, wird sie ihm auch künftig den Vorzug vor höheren Quoten geben: „Die Deutung der Daten erfolgt immer auf der Grundlage redaktioneller Erfahrungen", betont er. Das gilt auch für die erstaunlich hohe Einschaltquote der Nachrichtensendung an diesem Tag. Die Redakteure wissen, dass Nachrichten immer dann besonders gefragt sind, wenn der Tag ein politisches Großereignis oder etwas Aufsehenerregendes gebracht hat. Hat es also am Tag des Quotenerfolgs beispielsweise ein starkes Unwetter gegeben, wird die Redaktion damit den hohen Zuschauerzuspruch erklären. Rückschlüsse auf die Qualität der speziellen Nachrichtensendung erlaubt die gemessene Quote in einem solchen Fall also nicht.

Seit 2007 hat die *ARD* das Steuerungsinstrument der *GfK* noch deutlich verfeinert, indem sie eine Typologie der Fernsehzuschauer entwickelt hat (Oehmichen 2007). Die erlaubt es ihr zu analysieren, wer vor dem Bildschirm sitzt und eine bestimmte Sendung anschaut – und zwar viel genauer, als dies mit den Daten der *GfK* bisher möglich war. Dafür haben Medienforscher die Gesamtheit der Fernsehzuschauer in zehn Mediennutzergruppen eingeteilt, die sich in ihrer Lebensführung und -orientierung unterscheiden. Kriterien für diese Einteilung sind etwa bevorzugte Freizeitaktivitäten, allgemeine Werte und Lebensziele, Musik- und Modepräferenzen oder auch die Nutzung von Tageszeitungen sowie Ernährungsgewohnheiten. Die Bandbreite dieser Gruppen reicht von den „Jungen Wilden", die durchschnittlich 23 Jahre alt sind, private TV-Sender bevorzugen und ihre Freizeit mit Freunden in der Kneipe oder vor dem Computer verbringen, über die Gruppe der „Modernen Kulturorientierten", die durchschnittlich 53 Jahre alt sind, Opern und Chansons hören und häufig *arte* einschalten, bis hin zu den „Zurückgezogenen", die im Schnitt fast 70 Jahre alt sind, gern Volksmusik hören und religiösen Leitsätzen folgen.

Der Nutzen, den Redaktionen aus einem derart aufgeschlüsselten Publikum ziehen können, ist offensichtlich: Da die Redakteure wissen, welcher Mediennutzergruppe ihr Publikum überwiegend angehört, ist es nun ihre Aufgabe, neue Zuschauer zu gewinnen, indem sie benachbarte Nutzertypen in den Blick nehmen, die bislang durch ihre Sendung noch nicht erreicht wurden. Ein Beispiel: Eine Sendung, die unter ihren Zuschauern viele „Kulturinteressierte Traditionelle" hat (durchschnittlich 67 Jahre alt, interessiert an Politik und Kultur, überwiegend

Nutzer öffentlich-rechtlicher Programme), kann ihr Zuschauerspektrum möglicherweise erweitern durch Mitglieder des Typus „Vielseitig Interessierte". Die sind fast genauso alt, nämlich im Durchschnitt 65 Jahre, und stehen Themen aus Politik und Kultur nicht ablehnend gegenüber. Außerdem bevorzugen sie ebenfalls die öffentlich-rechtlichen Programme. Die Aufgabe der Redaktion ist es nun herauszufinden, ob man Präsentation, Themen und Darstellungsformen der Sendung so verändern kann, dass sich Zuschauer des einen Typus hinzugewinnen lassen, ohne das Stammpublikum des anderen Typus zu vergraulen. Eine Herausforderung.

Die Zuschauerforschung der *ARD*: Ausdruck des „Quotenterrors" oder „ein Mittel zur Erdung" einer Fernsehsendung? Stefan Niggemeier und Erk Simon dürften diese Frage wohl ganz unterschiedlich beantworten.

Vom erforschten Konsumenten zum aktiven Mitspieler: Wie Medien ihr Publikum einbinden

Dass die Mediennutzer häufig andere Themen für wichtig halten oder Themen andere Facetten hinzufügen als die Medienmacher, erfährt jeder Redakteur, der sich mit seiner Kundschaft befasst. Deshalb lag die Idee nahe, das Publikum zum Co-Autor zu machen. Da Sendeminuten aber knapp und Zeitungsseiten teuer sind, hat sich dieses Konzept erst mit der Verbreitung des Internets großflächig durchgesetzt. Das Internetportal *myheimat.de* z. B. bietet Hobbyautoren eine Plattform, ihre eigenen Geschichten aus ihrer Heimatregion zu publizieren. Eine Reihe von Regionalzeitungen haben Verträge mit den Betreibern des Portals abgeschlossen, die es ihnen erlauben, die für sie relevanten Artikel in ihr Printangebot zu übernehmen. Die Tatsache, dass mittlerweile zwei Zeitungsverlage, nämlich die *WAZ* und die *Madsack*-Gruppe, als Miteigentümer bei *myheimat.de* eingestiegen sind, belegt den Erfolg des Konzepts. Einen ähnlichen Weg sind die Redakteure von *RP-Online*, des Online-Portals der *Rheinischen Post*, der in Düsseldorf erscheinenden Regionalzeitung, gegangen. Sie gründeten 2005 *Opinio*, ein Portal für Leser, die selbst schreiben wollten – und das schon nach wenigen Monaten mit dem *European Newspaper Award* in der Kategorie „Innovation" ausgezeichnet wurde. Die User sollten, so das Ursprungs-Konzept, Beiträge liefern, die für andere Leser von hohem Alltagsnutzen sind: vom Testbericht über den neuen Staubsauger bis hin zur Bewertung von Restaurants in der Stadt. Doch innerhalb kürzester Zeit entwickelte sich *Opinio* zu einem Medium des umfassenden Bürgerjournalismus: Die Grenzen der Themenpalette hatten die Leser schnell gesprengt, sie schrieben über alles, was ihnen wichtig war, allerdings unter der Kontrolle einer professionellen Redaktion. Die Autoren mussten sich registrieren, bevor ihre Texte erscheinen konnten. Auf ihren Wunsch wurden die Beiträge unter einem Autorenkürzel veröffentlicht, ihre richtigen Namen waren der Redaktion allerdings immer bekannt. Außerdem behielt sich die Redaktion vor, die Leserbeiträge zu überprüfen, bevor sie ins Netz gestellt wurden, um Verstöße gegen das Presserecht oder das Verbreiten politisch extremer Inhalte zu verhindern. Nur selten aber musste die Redaktion eingreifen – der Versuch, *Opinio* für eigene Zwecke zu missbrauchen, beschränkte sich auf einige wenige Geschäftsleute, die versuchten, Werbung für das eigene Unternehmen als User-Beiträge zu kaschieren. Eine weitere Facette redaktioneller Steuerung bestand für die *Opinio*-Redaktion darin, den Amateur-Journalisten gelegentlich thematische Impulse zu geben. So riefen während der Fußball-WM 2010 die Redakteure die Hobbyautoren dazu auf, Geschichten über eigene WM-Erlebnisse und -Erfahrungen aufzuschreiben – mit Erfolg: In einer Fülle von Beiträgen erinnerten sich die Nutzer, wie sie das Wembley-Tor 1966 erlebt oder welche Spiele der WM 1974 in Deutschland sie besucht hatten.

200 Leser-Autoren schrieben regelmäßig für Opinio, weitere 2000 taten es gelegentlich. Im Verbreitungsgebiet der *Rheinischen Post* gründeten sich sogar einige Autoren-Stammtische, bei denen die Hobbyjournalisten ihre Erfahrungen untereinander austauschten. Bald schon strahlte *Opinio* auf das eigentliche Kernangebot der *Rheinischen Post* aus. Regelmäßig griffen Redakteure der Tageszeitung oder des Nachrichtenportals *RP-Online* Geschichten aus *Opinio* auf, um sie als Ausgangsmaterial für eigene Recherchen zu nutzen. Und anfänglich veröffentlichte die *Rheinische Post* zudem einmal pro Woche eine komprimierte „Best-of"-Printversion von *Opinio*: Drei Artikel wurden auf einer eigenen Zeitungsseite abgedruckt, und zudem wurde der sogenannte „*Opinio*-Autor der Woche" vorgestellt.

Dennoch kam Ende 2012 das Aus für das Bürgerjournalisten-Portal. Für die Schließung, sagt Carsten Fiedler, der Chef von *RP-Online*, gebe es mehrere Gründe. An erster Stelle stand ihm zufolge die Tatsache, dass die technische Plattform, auf der Opinio lief, sich als veraltet und störanfällig erwiesen hatte. *Opinio* konnte auf dieser Plattform nicht mehr weiterbetrieben werden, und die Entwicklung einer neuen Plattform, so Fiedler, wäre für den Verlag sehr teuer geworden. Außerdem, so fügt er hinzu, habe sich das Publikationsverhalten der Bürgerjournalisten durch die Popularisierung der sozialen Netzwerke verändert. Vieles von dem, was Leser vor wenigen Jahren noch auf *Opinio* veröffentlicht hatten, werde nun im privaten Profil z. B. bei *Facebook* gepostet. Deshalb entschloss sich der Verlag, einen Schlussstrich unter das Kapitel *Opinio* zu ziehen und ein Nachfolgeprojekt zu entwickeln, das in absehbarer Zeit an den Start gehen soll. Auch dieses Projekt soll Bürgerjournalisten eine Plattform bieten, verrät Fiedler. Allerdings wird es, so wie *RP-Online* und die *RP* auch, stärker regional ausgerichtet sein. So wie die professionellen Journalisten des Verlags sollen auch die Amateur-Autoren ihre Leser verstärkt mit Geschichten aus deren unmittelbarem Lebensumfeld beliefern. „Das wird", da ist sich Carsten Fiedler sicher, „die Relevanz des Bürgerjournalismus noch steigern."

Perspektiven der Forschung

Schlechte Sichtverhältnisse

Was weiß der Journalismus über sein Publikum? Und welche Schlüsse zieht er aus diesem Wissen für die redaktionelle Arbeit? Auch die Wissenschaft hat sich intensiv mit dieser Frage auseinandergesetzt.

In den traditionellen Massenmedien, also in Presse und Rundfunk, herrschen schlechte Sichtverhältnisse: Im Unterschied zu anderen Professionen wie z. B. dem Arzt- oder Anwaltsberuf, deren Vertreter sich individuell mit ihren Patienten und Klienten befassen können, haben Journalisten nur selten direkten Kontakt zu ihrem Publikum. Ähnlich wie in der industriellen Massenproduktion fertigen sie standardisierte Medienangebote für ein großes und heterogenes Publikum, das in der Regel auf Distanz bleibt und den Journalisten nicht zu Leibe rückt – was zunächst einmal bequem, vor allem aber eines ist: riskant. Lange Zeit wurde den Journalisten in Deutschland die fehlende Orientierung am Publikum zum Vorwurf gemacht. Darüber hinaus wurde ihnen ein negatives Publikumsbild unterstellt. „Der mißachtete Leser" war der Titel eines Buches, mit dem Peter Glotz und Wolfgang R. Langenbucher

1969 die Zeitungen wachrütteln wollten. Eine vom Publikum abgewandte Haltung – die übrigens in Befragungen nicht bestätigt werden konnte (Weischenberg/Bassewitz/Scholl 1989; Hohlfeld 2002: 171-174) – kann sich der Journalismus heute jedenfalls nicht mehr leisten, weil die Redaktionen unter hohem Konkurrenzdruck stehen und um Akzeptanz auf dem Publikumsmarkt kämpfen müssen.

Angewandte und akademische Publikumsforschung

Wie findet der Journalismus einen Zugang zu seinem Publikum? Neben dem individuellen „Feedback", das die Redaktionen erreicht (Leserbriefe, Anrufe, E-Mails etc.), orientiert sich der Journalismus auch an Forschungsergebnissen über das Publikum (Hohlfeld 2002: 173f.). Dabei wird zwischen der angewandten und der akademischen Publikumsforschung unterschieden.

Angewandte Forschung ist in erster Linie *Werbeträgerforschung*. Eine Reihe von Standarduntersuchungen dient der Messung des Kontakts zwischen Medien als Werbeträgern und dem Publikum (Meyen 2004). Ihre Ergebnisse sind die gemeinsame und geprüfte „Währung" für Werbekunden, die wissen wollen, ob sie ihre Zielgruppe mit einem bestimmten Werbeträger erreichen können. Für die Presse werden solche Daten durch Befragungen (*Media Analyse*[9]) und Auflagen-Kontrollen (*IVW*[10]) erfasst. Im Fernsehen dominiert die technische Messung (*GfK*[11]), während für das Radio die Nutzung erfragt wird (*Media Analyse*). Im Fall des Internets werden Befragungen (*Media Analyse*) um die automatische Messung der Nutzung von Webseiten ergänzt. Dabei zählt die Software die Seitenabrufe entweder auf der Nutzerseite (*AGOF*,[12] *Nielsen*[13]) oder auf der Anbieterseite (*IVW*). Auch Redaktionen nutzen die Ergebnisse der Werbeträgerforschung.

Spezielle *Studien für Redaktionen* werden dagegen immer noch selten durchgeführt. Zur Planung und Erfolgskontrolle finden qualitative Gruppen- und Einzelinterviews statt, oder es werden Copy-Tests (dabei

---

9 http://www.agma-mmc.de
10 http://www.ivw.de
11 http://www.gfk.com
12 http://www.agof.de
13 http://www.nielsen-online.com

werden Leser detailliert über die Nutzung und Bewertung einer einzelnen Ausgabe befragt) und Analysen des Blickverlaufs bei der Betrachtung des Bildschirms durchgeführt. Seit einigen Jahren wird auch das – oben bereits beschriebene – Reader-Scan-Verfahren eingesetzt, mit dem kurzfristig die Lesehäufigkeit einzelner Artikel erfasst wird. Das Internet hat die Besonderheit, dass dort beiläufig eine Unmenge an Daten anfällt, mit deren Hilfe Redaktionen in Echtzeit das Nutzerverhalten beobachten können. Neben „Klickzahlen" liefern ihnen auch Kommentare und andere Reaktionen der User wichtige Hinweise (Kapitel 8).

Wie wichtig sind Ergebnisse der Publikumsforschung für die redaktionelle Arbeit? Ralf Hohlfeld (2002: 183) hat dazu Journalisten befragt und festgestellt, dass solche Ergebnisse vor allem beim Hörfunk und etwas seltener beim Fernsehen ein grundlegendes Steuerungsinstrument von Redaktionen sind. Nach den beiden elektronischen Medien folgen die Zeitschriften. Rund zwei Drittel der befragten Journalisten hatten allerdings bereits einmal Zweifel an einzelnen Ergebnissen der Medienforschung, 16% zweifelten sogar grundsätzlich an ihrem Sinn (ebd.: 188). Die Journalisten wünschten sich vor allem einen stärker formalisierten Kontakt zur Medienforschung und mehr Transparenz über das Zustandekommen der Ergebnisse (ebd.: 192).

Ein Nachteil der angewandten Publikumsforschung besteht darin, dass sie sich weitgehend mit der bloßen Beschreibung der Mediennutzung begnügt. Sie sagt also etwas darüber aus, wie oft oder lange Rezipienten mit bestimmten Eigenschaften ein Medienangebot genutzt haben. Damit lässt sich zwar nachträglich bestimmen, wie erfolgreich ein Angebot war. Für Erklärungen, Prognosen und die Entwicklung einer Strategie zur Publikumsbindung oder -gewinnung reichen solche Ergebnisse aber bei weitem nicht aus. Erklärungen für das Rezipientenhandeln zu finden, ist dagegen das besondere Anliegen der akademischen Publikumsforschung. Um dies gleich an einem aktuellen Beispiel zu diskutieren: Wie lassen sich die Leserverluste der Tageszeitungen erklären?

Ratlos in der Zeitungskrise

Die Tageszeitungen sind nach wie vor das wichtigste Berufsfeld für Journalisten, auch wenn ihre Auflage und Reichweite sinkt. Vor allem junge Leute greifen immer seltener zur Zeitung, um sich zu informieren.

Mitte der 1990er Jahre trat das Internet als neuer Konkurrent hinzu, das als Nachrichten- und Werbemedium mittlerweile erhebliche Bedeutung gewonnen hat. Der plötzliche Einbruch bei den Anzeigenerlösen im Jahr 2001 weckte eine Branche auf, die lange Zeit im Internet keine Bedrohung sah. Die Tageszeitungen gerieten in ein Dilemma, aus dem so leicht kein Ausweg zu finden ist: Einerseits verlieren sie Leser und Inserenten im Printbereich, wobei die Hauptursache deren Abwanderung ins Internet ist. Andererseits gelingt es ihnen nicht, diese Verluste in der Online-Welt zu kompensieren. Was die Bevorzugung des Internets erklärt, wie journalistische Websites zu gestalten wären, damit sie als Nachrichtenquelle und Werbeumfeld attraktiv sind, und wie die Zahlungsbereitschaft der Nutzer geweckt werden kann – dies sind Fragen, die derzeit die ganze Branche bewegen.

Typisch für die Art, wie darüber in der Praxis nachgedacht wird, ist z. B. das Buch „Medienzukunft und regionale Zeitungen" (Friedrichsen 2010). Darin beschäftigen sich Verleger, Journalisten, Berater, Politiker und auch Wissenschaftler mit der Zukunft der Tagespresse. Fast alle Beiträge sind eine Mixtur aus Marktdaten, Zitaten prominenter Verleger und Journalisten sowie vagen Vermutungen über Auswege aus der Krise. Der Journalismus muss besser werden und sich stärker am Publikum orientieren – so lautet die oft wiederholte Botschaft. Wie dies konkret geschehen sollte, wird aber kaum einmal näher erläutert. So spiegelt der Band die in der Zeitungsbranche herrschende Ratlosigkeit wider.

Medienrezeption als Suche nach Gratifikationen

Wie kann man Medienrezeption erklären, prognostizieren und redaktionell beeinflussen? Konkret gefragt: Warum lesen immer weniger Menschen die gedruckte Zeitung? Werden die Leserverluste auch künftig anhalten? Und was sollten die Zeitungen unternehmen, um Leser zu halten und zu gewinnen?

Der wichtigste Ansatz zur Erklärung des Rezipientenhandelns ist in der Kommunikationswissenschaft der *„Uses-and-Gratifications Approach"* (Schenk 2007: 681-757; Schweiger 2007: 80f.), ins Deutsche übersetzt: Nutzen- und Belohnungsansatz. Er geht davon aus, dass Rezipienten Medienangebote nach der erwarteten Belohnung, d. h. den Gratifikationen auswählen. Das Spektrum möglicher Gratifikationen ist breit gefächert:

⊃ *kognitive Gratifikationen:* Suche nach Information und Wissen, Orientierung, Umweltbeobachtung;
⊃ *affektive Gratifikationen:* Entspannung, Erholung, Ablenkung, Verdrängen von Problemen, Bekämpfung von Langeweile, Suche nach Erregung;
⊃ *soziale Gratifikationen:* Anschlusskommunikation, parasoziale Beziehungen
⊃ *identitätsbezogene Gratifikationen:* Selbstfindung, Suche nach Rollenvorbildern, Identifikation, Bestärkung von Werthaltungen, sozialer Vergleich (nach oben und nach unten)

Der Gratifikationsansatz geht von den folgenden Grundannahmen aus (Schweiger 2007: 60-63):

⊃ Die Initiative zur Medienzuwendung liegt auf der Seite der Rezipienten: Sie wählen aus, was sie lesen, sehen und hören wollen (*aktiver* Rezipient).
⊃ Menschen rezipieren Medien, um einen angestrebten Nutzen zu erzielen (*rationale* Medienselektion und -rezeption).
⊃ Medien konkurrieren untereinander und mit nicht-medialen Alternativen *(funktionale Alternativen).*
⊃ Rezipienten sind sich ihrer Nutzungsmotive bewusst und können sie benennen, wenn sie danach gefragt werden (*Befragung* als Methode).

Der Rezipient wählt Medienangebote nach dem Prinzip der kalkulierenden Nutzenmaximierung aus (Erwartungs-Bewertungs-Modell): Er selektiert jene Option, für welche das Produkt aus Erwartungssicherheit (Einschätzung der Wahrscheinlichkeit, eine bestimmte Belohnung zu erhalten) und Bewertung (Bilanzierung von Nutzen und Kosten – berechnet in Geld, Zeit, kognitivem Aufwand etc.) am höchsten ist. Nach der Rezeption zeigt sich dann, ob die Erwartung berechtigt war. Auf solche Erfahrungen kann in späteren Nutzungsepisoden zurückgegriffen werden. Rezipienten lernen so z. B., welche Gratifikationen sie von welchem Medium mit hoher Wahrscheinlichkeit erwarten können.

Die *ARD/ZDF*-Langzeitstudie 2010, eine repräsentative Bevölkerungsbefragung, zeigt, dass Massenmedien klare Images, d. h. Gratifikationsprofile besitzen (Ridder/Engel 2010: 541): Das Fernsehen sorgt in erster Linie für Ablenkung und Entspannung, es vertreibt Einsamkeit, macht Spaß und liefert Informationen, um mitreden zu können. Auch das Radio sorgt für Entspannung und hilft gegen Einsamkeit. Tageszeitungen informieren und sind im Alltag nützlich; Zeitungsleser können mitreden und erhalten Denkanstöße. Ähnliche Vorzüge wie die Tageszeitungen besitzt auch das Internet.

Print- oder Online-Zeitung?

Kann der Gratifikationsansatz auch bei der Analyse der Zeitungskrise weiterhelfen? Dies soll am Beispiel einer Studie erläutert werden. Ursina Mögerle (2009) ist in ihrer Züricher Dissertation den folgenden Fragen nachgegangen: Werden Print-Zeitungen zunehmend durch ihre Online-Ausgaben ersetzt? Wie lässt sich die Wahl zwischen Print- und Online-Zeitung aus Sicht der Leserinnen und Leser erklären? Und wie lassen sich auf der Grundlage solcher Erkenntnisse Prognosen für das weitere Nutzerverhalten aufstellen und Schlüsse für eine bessere Gestaltung ziehen? Die Studie belegt, dass Rezipienten Medienangebote nach dem erwarteten Nutzen (Gratifikationen) auswählen. Neben inhaltlichen Gratifikationen, wie sie oben bereits aufgezählt wurden, gibt es auch strukturelle Gratifikationen, die sich aus den technischen Stärken eines Mediums ergeben (wie Schnelligkeit, Flexibilität, Bequemlichkeit, Informationsumfang, Personalisierbarkeit, Interaktivität, Multimedialität oder Haptik).

Entsprechend der mikroökonomischen Nachfragetheorie geht Mögerle davon aus, dass Rezipienten nach einer Kosten-Nutzen-Maximierung streben. Dabei werden neben dem Nutzen auch finanzielle, zeitliche und kognitive Kosten berücksichtigt. Diese Kostenseite wurde in der bisherigen Gratifikationsforschung meistens ausgeblendet. Außerdem hat Mögerle längerfristige Themeninteressen berücksichtigt, die gemäß der „The-more-the-more"-Regel zu einer vermehrten Nutzung beider Medien (und nicht zur Konkurrenz) führen sollten, da die Menschen möglichst viel über ihre Lieblingsthemen erfahren wollen (diese Annahme bestätigte sich hier allerdings nicht).

Mögerle hat die Nutzungs-Veränderungen im Rahmen einer Panelstudie auf individueller Ebene im Zeitverlauf (innerhalb eines Jahres) untersucht. In einer Panelstudie werden mehrfach die gleichen Personen zu unterschiedlichen Zeitpunkten befragt. Dadurch lassen sich Veränderungen beim einzelnen Leser beobachten. Konkret hat sie in den Jahren 2006 und 2007 die Nutzer von neun Online-Zeitungen in der Deutschschweiz befragt. An beiden Befragungsrunden nahmen 1.831 Personen teil, deren Auswahl allerdings nicht-repräsentativ war, was ihre Aussagekraft schmälert.

Zu den Ergebnissen: Wo liegen die besonderen Vorteile der beiden Zeitungs-Varianten? Sowohl bei der allgemeinen Informationsorientierung (Surveillance), d. h. beim Nachrichten-„Update" im Tagesablauf, als auch bei der gezielten Informationssuche (Guidance) schnitt die Online-Zeitung besser ab als die Print-Zeitung. Dagegen ergab sich weder bei der Unterhaltung noch bei der Sozialfunktion ein signifikanter Unterschied zwischen den beiden Zeitungs-Varianten. Während somit die Online-Zeitung bei den *inhaltlichen* Gratifikationen überlegen war, punktete die Print-Zeitung bei den *strukturellen* Gratifikationen, und zwar wegen ihrer Flexibilität, besonderen Haptik (Gefühl beim Tasten der Papieroberfläche) sowie der besseren Möglichkeit, sich vertieft zu informieren oder etwas zufällig zu finden (Serendipity). Bei den strukturellen Gratifikationen schnitt die Online-Zeitung nur bei der Bequemlichkeit besser ab. Besonders die kognitiven *Kosten* wurden bei der Online-Zeitung als signifikant höher eingeschätzt: Die Bedienung des Computers ist komplizierter als das Blättern und Zurechtfinden in der gedruckten Zeitung.

Die theoretische Vorannahme, dass die *Print-Online-Bilanz aus Kosten und Nutzen* die Wahl der Zeitungsvarianten erklären kann, bestätigte sich in der Studie an mehreren Stellen. Fiel die Bilanz für die Online-Zeitung günstig aus, förderte dies auch die Nutzungshäufigkeit. Außerdem verschob sich die Gesamtbilanz zwischen den beiden Befragungen signifikant zu Gunsten der Online-Zeitung, was eine Abwanderung ins Internet zur Folge hat. Auch die Bereitschaft, auf die Printzeitung zu verzichten, ergab sich aus der Bilanzierung von Kosten und Nutzen. Zwei Merkmale waren dafür besonders wichtig: Falls die Haptik der Print-Zeitung und ihre Unabhängigkeit von einem technischen Gerät für den Leser eine geringe Rolle spielten, wurde zunehmend auf die Print-Version zu Gunsten der Online-Version verzichtet.

Grenzen des Modells rationalen Handelns

Die Studie von Mögerle kann nachweisen, dass sich die Medienwahl durch ein Kosten-Nutzen-Kalkül erklären und auch prognostizieren lässt – in bestimmten Grenzen jedenfalls. Denn nicht immer machen sich Menschen die Mühe, ein maximal vorteilhaftes Ergebnis zu erzielen, oder sie sind dazu gar nicht in der Lage. Die Kritik am Menschenbild des „homo oeconomicus" trifft gerade auf Medienrezipienten zu. Journalistische Angebote sind, wie in Kapitel 5 beschrieben wurde, *Erfahrungs- und Vertrauensgüter*, deren Qualität die Rezipienten vor dem Konsum und selbst anschließend nicht angemessen beurteilen können. Dies führt zu einer paradoxen Situation:

> „Man kann die Qualität von Informationen nicht beurteilen, bevor man sie konsumiert hat. Wenn man sie aber kaufen und konsumieren wollte, müsste man ihre Qualität vorher kennen. Wenn man aber die Qualität der Information kennt, braucht man sie nicht mehr zu kaufen. Und eine Rückgabe von Informationen, deren Qualität sich als schlecht herausstellt, ist nicht möglich." (Heinrich 2001: 99)

Zwischen Journalisten und Rezipienten besteht eine Informationsasymmetrie, Journalisten sind besser über ihre Qualität informiert als das Publilkum. Diese besondere Eigenschaft von Medienprodukten ist eine Ursache für das Marktversagen: Weder sind die Konsumenten bereit, für höhere Qualität mehr zu bezahlen, weil sie „die Katze im Sack" kaufen müssen, noch sind die Produzenten motiviert, bessere Qualität zu höheren Kosten herzustellen. „Das bewirkt, dass nur die schlechtere = billigere Qualität auf den Markt kommt" (ebd.: 101). Diese Abwärtsspirale lässt sich bremsen, wenn Rezipienten bereits vor dem Kauf und Konsum über *Qualitätshinweise* verfügen, die ihnen die Entscheidung erleichtern:

- Sie können sich am Urteil Dritter orientieren, sich also von Experten (Medienkritiker, Juroren von Medienpreisen, Wissenschaftler etc.) oder anderen Rezipienten beraten lassen.
- Sie können auf eigene Erfahrungen zurückgreifen, die sie bereits früher mit einem Medium gesammelt haben.
- Oft ist auch in einem befristeten Zeitraum eine kostenlose Prüfung möglich (Probeabonnement).
- Zudem können sich Rezipienten auch an der langfristig erworbenen Reputation als Qualitätssignal orientieren. Marken mit hoher Reputation sind deshalb von großer Bedeutung für den Journalismus.
- Darüber hinaus können Redaktionen durch entsprechende Hinweise die Qualität ihrer Informationen transparent machen, z. B. durch Quellenangaben.

Die Bereitschaft der Rezipienten, sich über die journalistische Qualität besser zu informieren, ist aber vergleichsweise gering. Die Rezeption von Massenmedien ist nämlich oft eine sogenannte „Niedrigkostensituation" (Jäckel 1992): Der Schaden bei der Wahl eines minderwertigen Angebots bleibt so gering, dass der hohe Aufwand für eine gründliche Vorinformationen oder eine nachträgliche Prüfung gar nicht lohnt:
Die meisten Nachrichten betreffen den Leser nicht so direkt oder gar existentiell wie z. B. die Diagnose eines Arztes. Und im Falle einer Fehlentscheidung ist man rasch von einem Sender zum anderen gewechselt und hat zumindest ein weniger schlechtes Programm gefunden. Die Wahl der besten Lösung scheitert hingegen oft daran, dass Rezipienten entweder gar keine Wahlmöglichkeit haben, z. B. bei einem Monopol auf dem lokalen Zeitungsmarkt, oder aber sie haben – ganz im Gegenteil – so viele Möglichkeiten, dass sie gar nicht in der Lage sind, sie alle zu überblicken und im Hinblick auf ihre Kosten und ihren Nutzen zu beurteilen. Dies gilt etwa für die Vielzahl der TV-Programme und Websites. Man begnügt sich dann oft mit jenen Optionen, die man bereits kennt.

Die Medienrezeption ist deshalb häufig habitualisiert: Nicht in jedem Fall wird mit großem Aufwand zunächst geprüft und reiflich überlegt, sondern man wiederholt – z. B. als Zeitungsabonnent, Serienfan oder regelmäßiger *Tagesschau*-Seher – fortlaufend die gleiche Auswahl. Diese langfristige Festlegung der Medienauswahl muss keineswegs irrational sein: Wenn die ursprüngliche Entscheidung sorgfältig getroffen wurde und sich die Angebotsqualität und Erwartungen des Rezipienten seither nicht wesentlich verändert haben, trägt sie sogar dazu bei, Informations- und Entscheidungskosten zu reduzieren.

Dass der Zeitungswahl kein reines Kosten-Nutzen-Kalkül zugrunde liegt, zeigt übrigens auch die Studie von Mögerle (2009): Der Zeitfaktor selbst, also ein Gewöhnungseffekt, verstärkte ebenfalls die Nutzung der Online-Zeitung. Vermutlich ist dann, wenn sich – wie im Fall des Internets – eine *neue* Alternative zu einem alten Medium bietet, der Reflexionsgrad höher als in Normalphasen. Man denkt dann mehr über die Vor- und Nachteile der Alternativen nach.

Mehr als nur Mutmaßungen

Mögerles Studie, aber auch andere Untersuchungen liefern viele Anhaltspunkte dafür, dass der Leser kein „unfassbares" Wesen ist, dessen Erwartungen und Entscheidungen außerhalb der Reichweite wissenschaftlicher Analyse liegen und allenfalls von erfahrenen Redakteuren erspürt werden können. Der Journalismus darf sich nicht mit Mutmaßungen darüber zufrieden geben, was die Leser bewegt und wie die Zeitung ihre Zukunft sichern kann. Sich wissenschaftlich damit zu beschäftigen, heißt aber auch, sich – wie in diesem Fall – durch über 400 Textseiten mit theoretischen Modellen und komplizierten statistischen Auswertungen zu arbeiten und am Ende keine simplen „Patentrezepte" in der Hand zu halten. Aber so und nicht anders funktioniert Wissenschaft – und so komplex sind die Fragen, die sich den Zeitungen stellen.

Wichtige Ergebnisse finden sich auch in anderen Studien über Tageszeitungen. So hat Klaus Arnold (2009) die Leser danach gefragt, welche Qualitäten der Tageszeitung sie für besonders wichtig halten, und er hat ermittelt, wie sie die Zeitung, die sie am meisten nutzen, bewerten. Aus dem Vergleich von Wunsch und Wirklichkeit ergeben sich Stärken-Schwächen-Profile der verschiedenen Zeitungstypen aus der Sicht unterschiedlicher Zielgruppen – und damit auch konkrete und differenzierte Hinweise für Verbesserungsmöglichkeiten. So sollten z. B. Regionalzeitungen vor allem auf ihren Lokalteil achten: „Hier muss die Zeitung zeigen, dass sie unabhängig und überparteilich ist, gleichzeitig aber nicht davor zurückschreckt, brisante Themen anzupacken." (ebd.: 479f.) Es reicht den Lesern nicht, wenn unredigierte Pressemitteilungen von Kommunen, Vereinen und Unternehmen abgedruckt werden.

Besonders intensiv wird die Zeitung in den USA erforscht. Darüber informieren z. B. das *Newspaper Research Journal*[14] und die jährlichen Berichte „The State of the News Media"[15] oder Bücher wie „Vanishing Newspaper: Saving Journalism in the Information Age" von Philip Meyer (2009) und „Kreative Zerstörung: Niedergang und Neuerfindung des Zeitungsjournalismus in den USA" von Stephan Ruß-Mohl (2009).

Die Unberechenbarkeit des Journalismus

Wie wichtig ein angemessenes Publikumsverständnis ist, zeigt das Internet. Dort erhalten die Redaktionen nicht nur viele nützliche Kommentare ihrer Nutzer, etwa über Fehler in ihren Texten, sondern können auch ihr Ver-

---

14 http://www.newspaperresearchjournal.org
15 http://www.stateoffthemedia.org

halten in Echtzeit beobachten. „Klickzahlen" liefern ständig Informationen über Auswahlentscheidungen und den Erfolg einzelner Beiträge. Doch: Wie aussagekräftig sind solche Daten? Was lässt sich ihnen für die künftige Angebotsgestaltung entnehmen? Abrufzahlen geben sicherlich allgemeine Hinweise auf Vorlieben des Publikums – aber sie sind nicht so präzise, dass sich davon direkt künftige redaktionelle Auswahlentscheidungen ableiten ließen. Das hat mit der besonderen Funktion des Journalismus zu tun, der auf „zuverlässige Überraschungen" (Schönbach 2005) und „Irritationen" (Luhmann 1996: 46-48) spezialisiert ist – auf böse Überraschungen und glückliche Zufälle, die prinzipiell nicht vorhersehbar sind. Hier liegen die Grenzen der Berechenbarkeit des Journalismus. Deshalb ist nach wie vor journalistische Kompetenz notwendig, damit Tag für Tag neu entschieden werden kann, welche Themen relevant sind.

Zusammenfassung

Das Repertoire an Feedback- und Beteiligungsmöglichkeiten für das Publikum ist breit: Über die klassische Leser-, Zuschauer- und Hörerpost hinaus sind Ombudsleute als Anlaufstelle für das Publikum, Mitschreibeprojekte, in denen Rezipienten zu Kommunikatoren werden, und die Publikumsforschung Mittel, um die Distanz zum Publikum zu verringern. Während die angewandte Publikumsforschung differenziert die Mediennutzung erfasst und beschreibt, bemüht sich die akademische Publikumsforschung zusätzlich um die Erklärung von Auswahlentscheidungen, etwa durch die Betrachtung des Rezipientenhandelns als Kosten-Nutzen-Kalkül.

Literaturempfehlungen

Arnold, Klaus (2009): Qualitätsjournalismus. Die Zeitung und ihr Publikum. Konstanz: UVK.
Hohlfeld, Ralph (2002): Journalismus für das Publikum? Zur Bedeutung angewandter Medienforschung für die Praxis. In: Hohlfeld, Ralf/Meier, Klaus/Neuberger, Christoph (Hrsg.): Innovationen im Journalismus. Forschung für die Praxis. Münster/Hamburg/London: Lit, S. 155-201.
Mögerle, Ursina (2009): Substitution oder Komplementarität? Die Nutzung von Online- und Print-Zeitungen im Wandel. Konstanz: UVK.
Ridder, Christa-Maria/Engel, Bernhard (2010): Massenkommunikation 2010: Funktionen und Images der Medien im Vergleich. Ergebnisse der 10. Welle der ARD/ZDF-Langzeitstudie zur Mediennutzung und -bewertung. In: Media Perspektiven. H. 11, S. 537-548.
Schweiger, Wolfgang (2007). Theorien der Mediennutzung. Eine Einführung. Wiesbaden: VS.

Kapitel 8:
Ausblick – Vor welchen Herausforderungen steht der Journalismus?

**Erfolgreich und arm –
Wirtschaftliche Krise eines Traumberufs**
Selbst mit dieser Geschichte musste Gabriele Bärtels lange hausieren gehen, bis sie eine Redaktion fand, die bereit war, sie zu drucken. Und das, obwohl es sich um eine Exklusivgeschichte handelte, um eine Geschichte, die zuvor noch kein Journalist aufgeschrieben und keine Zeitung veröffentlicht hatte. Es war die Geschichte über Gabriele Bärtels, eine erfahrene freie Journalistin, deren Arbeit mit mehreren Preisen ausgezeichnet worden war und die dennoch ständig am Rande des wirtschaftlichen Ruins lebte. „Schreiben macht arm" – so lautete die Überschrift, als die *Zeit* im November 2007 den Artikel druckte (Bärtels 2007). Darüber ein Foto, das der beklemmenden Story einen romantisch-biedermeierlichen Akzent gab: Gabriele Bärtels hatte sich auf einem Dachboden im Bett ablichten lassen – ein Laptop auf dem Schoß, Handtücher auf der Wäscheleine, Bücherstapel auf dem Boden und ein Regenschirm über dem Kopf. So, wie Spitzweg seinen armen Poeten gemalt hatte. „Viele Journalisten haben dieses Selbstportrait damals als Tabubruch empfunden", sagt Bärtels heute, „obwohl es vielen Freien so ging, wollte außer mir niemand öffentlich darüber reden."

„Heute ist der Tag, an dem ich nicht mehr aufstehen will, denn ich habe seit einer Woche kein Geld mehr und glaube auch nicht, dass nächste Woche welches kommt." So begann der Text, in dem Gabriele Bärtels die wirtschaftliche Seite ihres Berufs schilderte. Wäre sie eine Autorin gewesen, die das Handwerk nicht beherrscht, der das Talent zur Themensuche und zum Schreiben gefehlt hätte – man hätte den Artikel ignorieren können. Aber der Fall Bärtels lag anders: Als Quereinsteiger war sie Journalistin geworden, hatte für namhafte Zeitungen und Magazine große Geschichten geschrieben, sich damit einen Namen gemacht – und den *Robert-Bosch-Journalistenpreis* erhalten. Sie hatte dreieinhalb Jahre lang das Online-Frauenmagazin *Frida* herausgegeben und dafür den *Alternativen Medienpreis* eingeheimst. Und trotzdem konnte sie von ihrer Arbeit nicht leben.

In ihrem *Zeit*-Artikel berichtet sie über Redaktionen, die ihr begeistert eine Geschichte abnehmen und dann trotzdem wochenlang nicht drucken – und natürlich auch das Honorar nicht zahlen. Sie erzählt, wie sie selbst nach der Veröffentlichung wochenlang auf ihr Geld warten muss. Und dass sie regelmäßig ganzseitige Artikel bei Zeitungen unterbringt, an denen sie drei bis vier Tage lang gearbeitet hat, um am Ende ganze 250 Euro dafür zu erhalten. Und sie schildert, dass freie Mitarbeiter, die Redakteure an ausstehende Honorare erinnern, schnell zur persona non grata werden. Heute schreibt Gabriele Bärtels nur noch selten journalistische Texte. Sie ist es leid, sagt sie, „beruflich als Glücksritter unterwegs zu sein, der nie weiß, ob er von seiner Arbeit auch leben kann."

Auch heute noch, so viele Jahre nach dem *Zeit*-Artikel, wird sie manchmal von jungen Menschen gefragt, ob sie Journalist werden sollen. Sie sagt, sie könne diese Fragen nicht beantworten. „Ich habe damals doch nur aufgeschrieben, wie es mir persönlich ergangen ist", erläutert sie. „Deshalb weiß ich auch nicht, ob sich das verallgemeinern lässt." Doch diesen einen Ratschlag gibt sie immer, wenn ihr die Frage gestellt wird: „Stell Dich darauf ein, dass es ein hartes Brot sein kann!"

Gabriele Bärtels Geschichte kommt aus dem „Kellergeschoss der Medienhierarchie" – dorther also, wo sich nach Auffassung des Medienjournalisten Tom Schimmecks (2009) das „publizistische Prekariat" aufhält: die freien Mitarbeiter. Schon vor Bärtels Selbsterfahrungsbericht galt die prekäre wirtschaftliche Lage freier Journalisten als Symptom für den Wandel des Journalistenberufs. Im letzten Kapitel dieses Buches geht es um Zustand und Zukunft dieses Berufsstandes.

Vermutlich steht der Journalismus vor der größten Herausforderung in seiner noch nicht zweihundertjährigen Geschichte. Der Grund ist bekannt: Bis Mitte der neunziger Jahre hatten die Redaktionen von Presse und Rundfunk praktisch alleine die Kontrolle darüber, welche Nachrichten und Meinungen in die Medienöffentlichkeit gelangen. Das verlieh den Journalisten nicht nur Macht, sondern sicherte ihnen auch ein einträgliches Auskommen. Das Internet hat viel durcheinandergewirbelt – in allen Lebensbereichen: Theoretiker wie Manuel Castells (2004) und Jan van Dijk (2012) sehen uns bereits auf dem Weg in eine Netzwerk-Gesellschaft. Im Journalismus hat das Internet aber erst einmal zu einer großen Verunsicherung geführt: Anblick und Ausblick des Journalismus haben eine kontroverse Debatte ausgelöst, in der ihn manche schon am Abgrund sehen – für andere hat er eine große Zukunft.

Dass sich die soziale Lage von Journalisten verschlechtert hat, ist vor allem auf die Krise der Tageszeitungen zurückzuführen, das bis heute wichtigste Berufsfeld im Journalismus. Die Tagespresse leidet am stärksten unter der Abwanderung von Lesern und Inserenten ins Netz. Dies zeigte sich im Jahr 2012 etwa daran, dass die *Frankfurter Rundschau* Insolvenz anmelden und die *Financial Times Deutschland* ihr Erscheinen einstellen musste. Doch der Journalismus ist längst dabei, sich den neuen Gegebenheiten anzupassen: Mit dem Newsroom-Konzept sollen Redaktionen besser auf das crossmediale Arbeiten eingestellt werden. Und im Internet lernt der Journalismus Schritt für Schritt, die enormen Möglichkeiten dieses Mediums für seine Zwecke zu nutzen.

Lernziele

◯ Was sind Ursachen, Merkmale und Folgen der Zeitungskrise?
◯ Wie passen Redaktionen ihre Strukturen an die Erfordernisse der crossmedialen Produktionsweise an? Welche Vor- und Nachteile hat das Newsroom-Konzept für Zeitungsredaktionen?
◯ Welche Möglichkeiten eröffnen sich dem Journalismus im Internet? Und wie ändert sich dort seine Rolle?

Wegen der Vielzahl der Themen, die im Folgenden angeschnitten werden, ist das letzte Kapitel nicht mehr – wie die anderen Kapitel – strikt zweigeteilt in einen Abschnitt über Praxis und Wissenschaft. Beide Perspektive wechseln sich hier ab.

Prekarisierung: Die soziale Lage der freien Journalisten

Zurück zur Situation der Freien im Journalismus. Daten, die der *Deutsche Journalisten-Verband* (DJV 2009: 43-59) geliefert hat, sprechen eine deutliche Sprache: Eine nicht-repräsentative Umfrage des Berufsverbands unter 2.000 freien Journalisten hat ergeben, dass deren Einkommen in der Dekade 1998-2008 inflationsbereinigt um vier Prozent gesunken sind. Ihr Durchschnittseinkommen betrug danach im Jahr 2008 2.147 Euro monatlich, wobei die Einkommensspreizung zwischen Männern und Frauen beträchtlich war: Männliche Freiberufler kamen durchschnittlich auf 2.429 Euro, weibliche lediglich auf 1.673 Euro. Mehr als 38 Prozent aller Freien verdienten weniger als 1.000 Euro monatlich – vor Abzug der Steuern und der Beiträge zur Künstlersozialkasse. Die Erhebung offenbarte zudem, dass es große regionale Unterschiede gibt sowie regelrechte Armenhäuser des deutschen Journalismus. So lag das monatliche Durchschnittseinkommen der Freien in Mecklenburg-Vorpommern bei 919 Euro. Unterschritten wurde dieser Wert noch im Saarland, wo es freie Journalisten auf gerade einmal 825 Euro monatlich brachten. Ein Einkommen, das – bei einem rechnerischen Stundenlohn von 5,25 Euro – um das Niveau der Grundsicherung pendelt, die auch Hartz IV abdeckt.

Sicherlich war der freie Journalismus schon immer in bestimmten Teilen der Medienlandschaft und in bestimmten Regionen des Landes ein wenig lukrativer Beruf. Gleichwohl bestätigen die Daten des *DJV*, was seit der Jahrtausendwende weite Teile des Journalismus in Deutschland prägt und zu einer Erosion seiner ökonomischen Basis geführt hat: die Zeitungskrise.

Krise der Tageszeitung – Abwanderung ins Netz

Zunächst einige Zahlen zum *Publikumsmarkt*: Im Jahr 2002 wurden in Deutschland pro Erscheinungstag noch 27,7 Millionen Tageszeitungen (inklusive Sonntagszeitungen) verkauft. Bis zum zweiten Quartal des Jahres 2012 sank die Auflage kontinuierlich auf 21,5 Millionen Exemplare (IVW 2012). Schon in den achtziger Jahren stagnierte die Zeitungsauflage, und seit den neunziger Jahren befindet sie sich im Sinkflug. Dafür lassen sich viele gesellschaftliche Ursachen anführen (Neuberger 2003), wie z. B. die immer spezielleren Leserinteressen und die höhere Mobilität, die zu einer sinkenden Ortsbindung und damit auch zu einem geringeren Interesse am örtlichen Geschehen führt. Vor allem die Jugendlichen greifen immer seltener zur Tageszeitung: Unter den 14- bis 19-Jährigen nutzten sie 2011 an einem durchschnittlichen Erscheinungstag nur 40 Prozent (BDZV 2011: 30), während es in der Gesamtbevölkerung immerhin noch 68 Prozent waren.

Die Konkurrenz zu anderen Medien spielte lange Zeit nur am Rande eine Rolle – selbst das Fernsehen war kein ernsthafter Rivale. Das hat sich mit dem Internet geändert, das im Jahr 2012 bereits 76 Prozent der Bundesbürger ab 14 Jahren zumindest gelegentlich genutzt haben (van

Eimeren/Frees 2012: 363). Damit hat es sich seit Mitte der neunziger Jahre rasant ausgebreitet. Die größten Zuwächse verbuchten in den letzten Jahren die höheren Altersgruppen: Unter den 50- bis 59-Jährigen zählen 77 Prozent zu den Onlinern. Und immerhin schon 39 Prozent der über 60-Jährigen sind „Silversurfer". Dass die Internetnutzung auf Kosten der Tageszeitung geht, ist mittlerweile in empirischen Studien erhärtet (Neuberger 2009: 30) und bereits in Kapitel 7 am Beispiel der Untersuchung von Mögerle (2009) näher ausgeführt worden. Als Konvergenzmedium vereint das Internet vielfältige Gebrauchsweisen, die weit über den Journalismus hinausreichen – wie den privaten E-Mail-Versand oder Online-Auktionen. 59 Prozent der Internetnutzer rufen laut ARD/ZDF-Online-Studie 2012 zumindest gelegentlich aktuelle Nachrichten im Internet ab (ebd.: 370).

Die Tageszeitungen verzeichnen nicht nur auf dem Publikumsmarkt Rückgänge, ebenso betroffen ist der *Anzeigenmarkt*: Dass die Anzeigenumsätze sinken, ist allerdings eine relativ neue Erscheinung: Die Netto-Werbeeinnahmen erreichten im Rekordjahr 2000 den Wert von 6,6 Milliarden Euro. Im Jahr 2001 kam es überraschend zu einem massiven Einbruch, der nicht nur konjunkturbedingt war, sondern auch und in wachsendem Maße strukturell: Kleinanzeigenmärkte mit vielen Zusatzfunktionen, Suchmaschinen-Marketing und andere innovative Werbemöglichkeiten lockten die Inserenten ins Netz. Die Werbeeinnahmen der Tageszeitungen sanken um 14 Prozent auf 5,6 Milliarden Euro. Der Abwärtstrend hält – trotz einer zwischenzeitlichen Erholung – weiter an: Im Jahr 2011 erzielten die Tageszeitungen nur noch Werbeerlöse in Höhe von 3,6 Milliarden Euro (Möbus/Heffler 2009: 281; Möbus/Heffler 2012: 299).

Zwar engagieren sich die Tageszeitungen auch im Internet. Doch vom Kuchen, der dort verteilt wird, scheinen für sie nur Krümel abzufallen. Nur 19 Prozent der Tageszeitungen konnten im Jahr 2007 kostendeckend im Internet arbeiten, ergab eine Befragung unter 63 Redaktionsleitern (Neuberger/Nuernbergk/Rischke 2009: 260). Schon seit den neunziger Jahren haben sie immer wieder versucht, die Leser an einer Bezahlschranke zur Kasse zu bitten – bisher jedoch ohne großen Erfolg. Die Überfülle, Allgegenwart, kostenlose Verfügbarkeit und Austauschbarkeit professionell-journalistischer Angebote im Internet dürften zur geringen Zahlungsbereitschaft geführt haben. Redaktionen müssen sich um eine höhere Qualität und mehr Exklusivität im Vergleich zu Konkurrenten bemühen, um im Netz erfolgreich zu sein. Dagegen sind Bürgerjournalisten keine ernsthafte Bedrohung für Profijournalisten: Internetnutzer sehen klare Qualitätsunterschiede und auch separate Leistungsprofile im Vergleich zwischen Medien-Websites und Social Media – so die Befunde einer Publikumsbefragung aus dem Jahr 2011 (Neuberger 2012). Da auch die Werbeerlöse auf vielen journalistischen Websites gering geblieben sind, sind die Verlage in ein Dilemma geraten (zur Finanzierung des Journalismus: Lobigs 2012a, b): Einerseits ist das Printprodukt immer noch ihr finanzielles Standbein, andererseits ist absehbar, dass es auf Dauer nicht mehr die gesamte Last alleine tragen kann. Doch ein neues Geschäftsmodell für Journalismus im Internet ist nicht in Aussicht. Die Betonung liegt auf *Journalismus* – denn gerade Großverlage wie Springer, Burda und Holtzbrinck haben im Internet andere lukrative Felder entdeckt, was dazu führen könnte, dass sie ihr Interesse am Journalismus verlieren und lieber mit E-Commerce, Venture Capital und Internettechnologien ihr Geld verdienen (Vogel 2012). Doch nicht nur die Zeitungen stehen vor wirtschaftlichen Problemen. Der Rückgang der Werbeerlöse hat auch den privaten Rundfunk getroffen, und selbst die gebührenfinanzierten öffentlich-rechtlichen Rundfunkanstalten geraten zunehmend unter finanziellen Druck.

In der Presselandschaft hat die Krise bereits tiefgreifende Spuren hinterlassen. Manchmal waren sie von so spektakulärem Ausmaß, dass sie landesweit für Schlagzeilen sorgten. Etwa, als im Januar 2007 eine komplette Lokalredaktion der *Münsterschen Zeitung* über Nacht vor die Tür gesetzt wurde. „Sie haben heute Ihre letzte Ausgabe einer *Münsterschen Zeitung* produziert" (zitiert nach: Freiburg 2007) – mit diesen Worten überraschte Verlagsleiter Lutz Schumacher damals die 18 Mitarbeiter der Redaktion. Der Verleger Lambert Lensing-Wolff begründete diesen Coup mit der „teilweise unterirdischen" Qualität der Lokalausgabe (zitiert nach: Klebon 2007). Die betroffenen Mitarbeiter sahen hinter der Aktion hingegen betriebswirtschaftliche Beweggründe und verwiesen darauf, dass die neue Redaktion deutlich billiger arbeitet als die alte. Neuere Beispiele ließen sich hier ergänzen.

Dies ist kein Einzelfall geblieben – andernorts sind solche Reformen allerdings geräuschloser umgesetzt worden. Personalabbau und Auslagerung von Redaktionen in betriebswirtschaftlich selbständige Einheiten, die nicht mehr der Tarifbindung unterliegen, hat es bei vielen Verlagen in allen Regionen Deutschlands gegeben. Der *DJV* führt über solche Fälle der Tarifumgehung auf seiner Website Buch.[16]

---

16 http://www.djv.de/startseite/infos/beruf-betrieb/zeitungen-zeitschriften-agenturen/tarifumgehung-der-verlage.html

Auf der Suche nach Auswegen aus dem oben geschilderten Dilemma wird auch diskutiert, ob Journalismus *jenseits des Marktes* finanziert werden kann und sollte. Die USA sind einige Schritte voraus, was die Finanzierung durch gemeinnützige Stiftungen betrifft: In einer Studie aus dem Jahr 2011 wurde ermittelt, dass in zehn Jahren über eine Milliarde Dollar für den Journalismus gespendet wurde, davon kamen allein 400 Millionen Dollar von der Knight-Stiftung (Friedland/Konieczna 2011: 14). Gefördert wurden damit auch innovative Projekte wie *Pro Publica*,[17] eine Redaktion, die investigative Recherche im öffentlichen Interesse betreibt und 2010 mit dem *Pulitzer*-Preis ausgezeichnet wurde. Das Portal *Spot.Us*[18] hingegen versucht sich im sogenannten „Crowd Funding": Einzelne Recherchen werden dabei durch Spenden des Publikums finanziert. Ebenfalls in der Debatte sind staatliche Subventionen, wie sie in Frankreich, Italien, Österreich und den skandinavischen Ländern an Verlage längst gezahlt werden. Alle diese Finanzierungsarten jenseits des Marktes sind umstritten – nicht zuletzt wegen der Gefahren für die Unabhängigkeit des Journalismus.

Neue Wege im Netz

Parallel zur Verarmung der Zeitungslandschaft ist aber auch die Entwicklung neuer publizistischer Produkte zu beobachten, die eines gemeinsam haben: Sie machen sich das Internet als vergleichsweise billigen Vertriebskanal zu Nutze. Etwa *detektor.fm*, das Internetradio aus Leipzig, das 2012 mit dem Deutschen Radiopreis ausgezeichnet wurde. Der Sender wird von professionellen Hörfunkjournalisten betrieben, die eine Alternative zu Formatradio-Programmen gesucht haben, um in den Bereichen Politik, Wirtschaft, Kultur und Musik Hintergrundinformationen und Analysen liefern zu können.

Oder die *Kontext:Wochenzeitung*,[19] ein Online-Portal, das seit dem Frühjahr 2011 von ehemaligen Zeitungsjournalisten in Stuttgart gestaltet und von einem Förderverein getragen wird. Insgesamt 15 Stifter, die dem Verein angehören, haben Geld gegeben, um die *Kontext:Wochenzeitung* zu starten – eine in Deutschland neue Form

---

17 http://www.propublica.org
18 http://spot.us
19 http://www.kontextwochenzeitung.de

der Finanzierung von Journalismus. Zu ihnen gehört Edzard Reuter, SPD-Mitglied und früher Vorstandsvorsitzender der *Daimler-Benz AG*. Sein Engagement begründet er mit seiner Sorge um den von Fusionen und Rationalisierungen geprägten Medienstandort Deutschland. Die *Kontext:Wochenzeitung* will – so ihre Zielsetzung – gründlich und hintergründig, mit langen Texten statt Häppchen informieren. Sie ist der „Versuch, investigativen Journalismus ins Internet zu stellen, der unabhängig ist – von Verlagen, Anzeigen und Geldgebern" (Reuter 2011). Die neue Ausgabe wird jeden Mittwoch ins Netz gestellt, und eine Auswahl von Artikeln wird jeden Samstag als Beilage der *taz* in mehreren Bundesländern verbreitet.

Detektor.fm und *Kontext:Wochenzeitung* schöpfen ihre Themen zwar auch aus der Region, in der die Redaktionen beheimatet sind, haben aber einen überregionalen Anspruch. Das unterscheidet sie von vielen neuen Internetangeboten mit Lokal- und Regionalbezug.

**Ein Blog gegen die journalistische Einförmigkeit –
Wie *regensburg-digital* die lokale Öffentlichkeit aufmischt[20]**
Als Stefan Aigner im April 2010 den Brief vom Regensburger Landgericht las, fühlte er sich ein wenig wie David nach dem Sieg über Goliath. Das Gericht hatte ihm in seinem Rechtsstreit mit dem Möbelhaus-Giganten *XXXLutz* gerade die Tadellosigkeit seiner journalistischen Arbeit bescheinigt. Aigner hatte über den drastischen Abbau von Vollzeitarbeitsplätzen in der nahe gelegenen Filiale des Möbelhändlers berichtet. Das Unternehmen klagte auf Unterlassung. „Das Verbreiten wahrer Tatsachen ist grundsätzlich nicht rechtswidrig", so stand es nun schwarz auf weiß in der Urteilsbegründung. Das war der Endpunkt einer langen Auseinandersetzung, in deren Verlauf über Stefan Aigner, dem Macher von *regensburg-digital*, das Damoklesschwert einer Strafandrohung von 100.000 Euro geschwebt war.

Allerdings: Seit Stefan Aigner im April 2008 das Ruder bei *regensburg-digital* übernommen hat, musste er schon manchen Gerichtstermin absolvieren. Insbesondere das Bistum Regensburg unternahm mehrere Anläufe, Aigner gerichtlich zu einer Unterlassungserklärung zu zwingen, nachdem er geschrieben hatte, die Diözese habe durch die Zahlung von Schweigegeld versucht, einen Missbrauchsskandal unter den Teppich zu kehren. Den Juristen des Erzbischofs von

---
20 http://www.regensburg-digital.de

Regensburg erging es allerdings nicht anders als dem Möbelhändler *XXXLutz* und anderen Klageführern: Sie alle bissen sich an Aigner und seinen makellosen Recherchen die Zähne aus. Ein ums andere Mal verließ der Lokaljournalist den Gerichtssaal als Sieger.

Nach dem Studium hatte Aigner bei einem Regensburger Anzeigenblatt gearbeitet. Schon damals ärgerte ihn die Einförmigkeit der lokalen Publizistik. Die *Mittelbayerische Zeitung* dominierte den Markt. Ihr Verlagschef, Peter Esser, der zudem Präsident der lokalen *IHK* ist, prägte nicht nur damals wie heute das Blatt, sondern auch das Lokalfernsehen und das Lokalradio. „In dieser Medienlandschaft", erzählt Aigner, „war für einige Themen einfach kein Platz, sie wurden ignoriert." Die zunehmende Zahl von Leiharbeitern im örtlichen *BMW*-Werk, der Streik der Mitarbeiter einer örtlichen Brauerei gegen die Auslagerung von Arbeitsplätzen – Stefan Aigner hat eine ganze Liste von Ereignissen parat, die von den etablierten Regensburger Medien ignoriert wurden. Die meisten davon drehten sich um die härter werdenden Bedingungen auf dem Arbeitsmarkt oder um die Arbeit von Betriebsräten und Gewerkschaften. Dann bot sich ihm im Frühjahr 2008 die Möglichkeit, den Internetauftritt des örtlichen Anzeigenblatts zu übernehmen und zu einem lokalen Blog umzubauen: zu *regensburg-digital* eben.

Fragt man ihn, wie es sich davon leben lässt, liefert Stefan Aigner eine überraschende Antwort. Sie lautet: „Ich liebe diesen Beruf!" Und dann blättert er die Details auf: Die wichtigste Einnahmequelle für *regensburg-digital* ist der Förderverein mit seinen rund 120 Mitgliedern. Sie liefern monatlich eine Spende ab, im Durchschnitt sind das acht Euro, die größte Einzelsumme liegt bei 50 Euro. Zweite Einnahmequelle sind die – wie Aigner selbst sagt – bescheidenen Werbeerlöse. Insgesamt kommen so jeden Monat zwischen 1500 und 2000 Euro zusammen, zwei Drittel davon stammen aus dem Förderverein. Diesen Einnahmen stehen Kosten gegenüber: für das Büro (155 Euro), das Telefon und den Server (150 Euro). Außerdem beschäftigt Aigner eine freie Mitarbeiterin auf 400-Euro-Basis und zahlt freien Autoren und Fotografen höhere Honorare als die lokalen Zeitungen. Mit dem, was dann noch übrig bleibt, liegt Stefan Aigner gerade noch oberhalb von Hartz-IV. Und das ist für ihn bereits ein Erfolg. „Vor einiger Zeit noch", berichtet Aigner, „war ich Aufstocker."

Wichtiger als das Geld, beteuert Aigner, sei ihm das, was er in Regensburg bewirkt habe. Der öffentliche Diskurs habe an Fahrt gewonnen, seit es *regensburg-digital* gibt. Im Durchschnitt liefern User zu jedem Artikel, der dort erscheint, 25 bis 30 Kommentare. Im Juli 2012 gab es 170.000 Zugriffe auf die Website. Damit ist das Portal für die Lokalpolitik so wichtig geworden, dass etliche Kommunalpolitiker es als Startseite auf ihren Rechnern eingerichtet haben, wie Aigner weiß. Und dass der Pressesprecher der Diözese heute die Straßenseite wechselt, wenn er ihm in Regensburg begegnet – das kann Stefan Aigner leicht verschmerzen.

Redaktionen – Neue Strukturen, neue Anforderungen

In vielen Medienhäusern haben sich die redaktionellen Abläufe in den letzten Jahren gravierend geändert. Die dezentrale Struktur der Redaktionen und Ressorts, deren Büros häufig weit voneinander entfernt lagen und deren Arbeit lediglich im Rahmen von gemeinsamen Konferenzen koordiniert wurde, ist durch den Newsroom ersetzt worden. Laien mag ein solcher Newsroom wie ein beliebiges Großraumbüro erscheinen. Tatsächlich ist er aber Ausdruck einer völlig neuen Topographie der redaktionellen Arbeitsprozesse: Im Zentrum des Newsrooms sind in der Regel die Arbeitsplätze derjenigen Redakteure, die die Verantwortung für das Gesamtprodukt tragen. Daran gliedern sich die Schreibtische der Kollegen an, die für bestimmte Ressorts oder Ausspielkanäle zuständig sind. Das Konzept eines Newsrooms besteht also darin, durch neue Formen der Teamarbeit auf zwei Entwicklungen der letzten Jahre zu reagieren: zum einen auf den Trend zur Beseitigung der Mauern – realer wie mentaler – zwischen den Ressorts mit dem Ziel, integrierte Redaktionen zu schaffen, die das Gesamtprodukt im Auge haben, statt den Ressort-Egoismus zu pflegen (Meier 2002b). Und zum anderen ist der Newsroom die räumlich-organisatorische Umsetzung einer Entwicklung, die als „Crossmedia" bezeichnet wird (zum Folgenden: Meier 2012). Damit ist das Ausspielen gleicher Inhalte über mehrere Kanäle gemeint, zusammengehalten von einer gemeinsamen Markenidentität, im Idealfall unter optimaler Nutzung der Potenziale des jeweiligen Mediums. Im Fall einer Tageszeitung werden Print und Internet kombiniert, öffentlich-rechtliche Sender bündeln Fernsehen, Hörfunk und Internet. Außerdem kommen mobile Verbreitungswege hinzu.

Avantgarde in der Provinz –
Crossmediales Arbeiten im *WDR*-Studio Bielefeld

Das Thema hatte alles, was sich ein Journalist nur wünschen kann: eine gehörige Portion Dramatik, eine Prise Skurrilität, Emotionen und eindrückliche Bilder – Bilder von einem Auto, das sich durch eine Schaufensterscheibe gebohrt hatte. 15 Mal schon waren Fahrer in dieser engen Kurve an genau derselben Stelle von der Straße abgekommen – und jedes Mal waren die Autos im selben Ladenlokal gelandet: in einem Friseursalon in Gütersloh. Claudia Fischer mobilisierte ihr Kamerateam und machte sich auf den Weg. Am Abend dann lief ihr Beitrag in der *Lokalzeit OWL* aus Bielefeld, dem regionalen TV-Magazin des *WDR* für Ostwestfalen und Lippe. Am nächsten Morgen war die Autorin erneut mit diesem Thema „on Air". Diesmal schilderte sie allerdings als Hörfunk-Reporterin den *WDR*-Hörern ihre Eindrücke aus dem gefährlichsten Friseursalon Deutschlands, sprach mit Kunden und Mitarbeitern darüber, wie es sich anfühlt, sich in einem Ladengeschäft aufzuhalten, das scheinbar magische Anziehungskräfte auf Autos ausübt. Alltagsgeschäft für Claudia Fischer: Sie bedient beide Medien, Radio und Fernsehen.

Ursprünglich war das *WDR*-Studio Bielefeld als reines Hörfunkstudio gegründet worden. Als dann im Zuge der Regionalisierung des TV-Programms das Fernsehen hinzukam, beschloss der *WDR*, erst gar keine Barrieren zwischen den Medien entstehen zu lassen; von Anfang an wurden TV und Radio eng verzahnt – organisatorisch und durch den bimedialen Einsatz der Autoren.

Der Newsroom ist in westfälischer Nüchternheit auf den Namen „Planungsbüro" getauft worden. Hier arbeiten die Planungsredakteure beider Medien Seite an Seite: der Hörfunk-Redakteur vom Dienst (RvD), der die Beiträge beauftragt und koordiniert, die von Bielefeld aus zu den verschiedenen Radioprogrammen des Senders beigesteuert werden, sein RvD-Kollege vom Fernsehen, der die TV-Zulieferungen steuert, und der Senderedakteur, der die Bielefelder Ausgabe der *Lokalzeit*, der regionalen Fernsehsendung des *WDR*, verantwortlich betreut. Gleich nebenan ist das Büro des Wochenplaners, der die längerfristigen Beiträge und Termine für beide Medien koordiniert. Und dann gibt es seit einiger Zeit noch den Redakteur, der den Online-Auftritt des Studios in Bielefeld betreut und dafür sorgt, dass die Regionalnachrichten der Hörfunkkollegen auf der Website des Studios landen und die Fernsehbeiträge in die Online-Mediathek des *WDR* eingestellt werden. Mittlerweile ist das Bielefelder Studio also trimedial aufgestellt.

„Unsere Mitarbeiter sind aber keine eierlegenden Wollmilchsäue", beteuert Ralf Becker, der Studioleiter. Soll heißen: Es muss nicht jeder alles gleichzeitig erledigen. Becker ist nämlich davon überzeugt, dass dem crossmedialen Arbeiten Grenzen gesetzt sind. Die ergäben sich zum einen durch die Charakteristika der einzelnen Medien: Der Produktionsaufwand sei im Fernsehen nun einmal viel größer als beim Radio, die tägliche Lokalzeit mit ihren 30 Sendeminuten erfordere einen ganzen Planer, der nicht noch nebenbei die Koordination des Hörfunks erledigen könne. Und zum anderen müssten sowohl die Radio- als auch die Fernsehbeiträge des Studios in die einzelnen *WDR*-Programme eingetaktet werden, von denen ein jedes seine eigenen Planungsabläufe habe. „Das könnte ein einzelner RvD niemals leisten", ist sich Ralf Becker sicher.

Auch auf Seiten der Autoren sind dem mehrmedialen Arbeiten Grenzen gesetzt. Die langjährige Praxis hat gezeigt, dass ein Autor nur außerhalb des tagesaktuellen Geschäfts ein Thema sowohl für den Hörfunk als auch für das Fernsehen aufbereiten kann. Der Produktionsaufwand beim Fernsehen sei mit den zeitraubenden Außendrehs und dem anschließenden Schnitt so groß, sagt Becker, dass der Hörfunk immer zu kurz kommen würde. „Das Bimediale darf aber keine Qualitätsabstriche mit sich bringen", setzt er hinzu. Deshalb wird dasselbe Thema nur dann von einem einzigen Autor für beide Medien aufbereitet, wenn er genügend Vorlauf hat. Ist das nicht der Fall, beauftragen die RvDs zwei verschiedene Autoren. Das Konzept des *WDR*-Bielefeld für crossmediales Arbeiten besteht also nicht in der Schaffung einer umfassenden journalistischen Personalunion für alle Medien. Im Mittelpunkt steht vielmehr eine Ideenbörse, die auch Synergien mit sich bringt. Zweimal täglich – morgens um 9 Uhr und mittags um 12.15 Uhr – treffen sich Redakteure und freie Autoren im Planungsbüro zu Sitzungen. Dann wird über Themen und Termine diskutiert mit dem gewinnbringenden Effekt, dass die Mitarbeiter des einen Mediums wissen, was die Kollegen des anderen Mediums planen. So ergibt sich die Möglichkeit, medienübergreifend von Recherchen zu profitieren. Die Autoren tauschen sich über die Umsetzung eines Themas aus, und der Hörfunk kann häufig O-Ton-Material nutzen, das ein Fernsehautor von seinem Dreh mitgebracht hat.

Claudia Fischer, eine der freien Autorinnen des Studios, genießt diese Art der Organisation des Journalismus. Bimedial arbeiten zu können, das motiviert sie – es unter Zeitdruck nicht tun zu müssen, aber ebenso. Da sie sowohl im Radio- als auch im Fernsehgeschäft erfahren ist, kann sie sich immer, wenn sie ein Thema recherchiert hat, überlegen, ob es sich für beide Medien realisieren lässt oder aber – etwa wegen des Mangels an guten Bildern – ausschließlich für den Hörfunk geeignet ist. Diese Freiheit verschafft ihr die Gewissheit, immer Qualitätsarbeit abliefern zu können. „Unsere Art des mehrmedialen Arbeitens", so ihr Resümee, „bietet Autoren riesengroße Chancen, wenn sie es verstehen, bimedial zu denken."

Wie das crossmediale Zusammenspiel optimiert werden kann, ist auch Gegenstand der Forschung. In einem internationalen Projekt, das Redaktionen in Deutschland, Österreich und Spanien in Fallstudien untersuchte, wurden drei Grade der crossmedialen Annäherung und redaktionellen Abstimmung beschrieben (García Avilés et al. 2009): In der einfachsten Form findet lediglich eine Koordination der verschiedenen Ausspielkanäle, Ressorts und/oder Sendungen statt. Es wird dafür gesorgt, dass ein permanenter Informationsfluss zwischen den Mitarbeitern entsteht, um etwa Doppelrecherchen zu vermeiden. Die Redakteure bleiben aber weiterhin Spezialisten für ihre jeweilige Abteilung, die auch ihre Autonomie bewahrt. In anderen Fällen werden die unterschiedlichen Medien, Ressorts und/oder Sendungen zentral koordiniert. Auch hier bleibt das Spezialistentum der Redakteure bestehen. Sie müssen aber in der Lage sein, crossmedial zu denken. Das heißt: Sie müssen die Produktionsabläufe, Formate und Darstellungsformen der anderen Abteilungen kennen. Diese Organisationsform ermöglicht es auch, die erarbeiteten Inhalte den anderen Abteilungen zur Verfügung zu stellen. Dieses zweite Konzept ist in vielen Zeitungshäusern umgesetzt worden, um eine reibungslose Mehrfachverwertung der Artikel im Online-Angebot und in der Printausgabe zu gewährleisten. Im integrierten Newsroom, der dritten Organisationsform, wird die Redaktion zentral über einen Newsdesk gesteuert. Das Spezialistentum der Journalisten ist weitgehend abgeschafft. Sie sind in der Regel nicht mehr bestimmten Ausspielkanälen und/oder Ressorts zugeordnet. In themenorientierten Teams erarbeiten sie den Stoff und bereiten ihn für alle Kanäle auf. Das stellt hohe Anforderungen an die Redakteure, denn sie müssen die journalistische Umsetzung für

alle Plattformen beherrschen, um die Möglichkeiten des crossmedialen Story-Telling optimal ausschöpfen zu können.
Was ist davon bisher in den Redaktionen umgesetzt? In einer Befragung von 90 Crossmedia-Verantwortlichen deutscher Tageszeitungen kamen die Journalismus-Forscherinnen Susanne Kinnebrock und Sonja Kretzschmar (2012) zwar zum Ergebnis, dass sich die Redaktionen generell „Crossmedia" auf die Fahne geschrieben haben und alle Kanäle bedienen. Doch ist bisher noch nicht allzu viel umgesetzt worden, betrachtet man die Details. So ist das crossmediale Story-Telling, d. h. das Erzählen über Mediengrenzen hinweg, kaum verbreitet. Gleiches gilt für das multimediale Erzählen im Internet. Auch die Abstimmung geschieht oft nur informell. Die Priorität liegt nach wie vor eindeutig auf der Printausgabe, was sich im Zeitbudget widerspiegelt: 80 Prozent der täglichen Arbeitszeit in den Zeitungsredaktionen werden im Durchschnitt in die Printausgabe investiert.

Die Vorteile einer besseren Vernetzung oder gar Integration der Redaktionen liegen aber auf der Hand: Sie schaffen Synergien, erschließen das, was die Redakteure der einen Abteilung erarbeiten, auch den anderen Kollegen und ermöglichen einen effizienteren Workflow. Durch die bessere Zusammenarbeit soll auch die journalistische Qualität steigen, weil das Gesamtprodukt „aus einem Guss" ist und Querschnittsthemen besser aufbereitet werden können.

Gleichwohl ist die Einführung von Newsrooms häufig auch von Kritik begleitet gewesen: Es wird bemängelt, dass er den Journalisten nicht mehr erlaubt, eine Expertise in bestimmten Themenbereichen zu erwerben. Als Ergebnis wird eine Verflachung der journalistischen Inhalte gesehen. Andere Kritiker richten ihren Blick auf die ökonomische Seite: Grundsätzlich ermöglichen es die Synergieeffekte, freigewordene Ressourcen in die Recherchekapazitäten einer Redaktion zu investieren. Je weniger Redakteure damit beschäftigt sind, Seiten oder Sendungen zu planen, Mitarbeiter zu koordinieren und Manuskripte zu redigieren oder für die unterschiedlichen Ausspielkanäle zu konfektionieren, desto mehr Reporter kann eine Redaktion mobilisieren, um Geschichten zu recherchieren, die andere Medien nicht haben und die dem eigenen Blatt oder Sender ein unverwechselbares Profil geben. Für diesen Effekt gibt es Beispiele wie die in Würzburg erscheinende *Main Post*. Hier ist mit der Einrichtung eines überregionalen und mehrerer regionaler Newsrooms gleichzeitig ein Reporterpool aufgebaut worden, dem es gelingt, für die Zeitung immer wieder Exklusivgeschichten zu recherchieren.

Doch in den Zeiten der Zeitungskrise setzte sich häufig ein anderes Kalkül durch: Die gewonnenen Kapazitäten fallen oft dem Rotstift der Verleger zum Opfer und werden nicht in eine bessere journalistische Qualität reinvestiert. Treibende Kraft hinter dem Newsroom ist in diesen Fällen nicht eine „zukunftsgerichtete publizistische Idee, sondern die Suche nach Einsparungen" (Neininger-Schwarz 2010). Fazit: Nicht die Einführung eines Newsrooms ist dafür ausschlaggebend, ob ein Medium die Fachkompetenz und Recherchemöglichkeiten seiner Redakteure bewahren oder gar ausbauen kann, sondern die Entscheidung des Verlegers oder der Senderleitung darüber, ob die Gewinne in die publizistische Kapazität des Hauses reinvestiert werden oder nicht.

Journalismus im Internet

Zu lange wiegte sich in den neunziger Jahren die Verlagsbranche in Sicherheit und sah im Internet lediglich ein Nebengeschäft wie zuvor im Bildschirmtext, im Lokalradio oder in den Anzeigenblättern. Das Platzen der „Dotcom"-Blase im Jahr 2000 schien jenen Recht zu geben, die zu Vorsicht bei Investitionen ins Internet geraten hatten. Als an der Substitution durch das Internet kein Zweifel mehr bestehen konnte, war es schon sehr spät. Nun erwachte zwar die Verlagsbranche und wurde experimentierfreudiger, doch gleichzeitig verengten sich die finanziellen Spielräume. Außerdem wurde erkennbar, dass die Verlage auf eine so turbulente Umwelt nicht vorbereitet waren: Lange Zeit hatten die regionale Monopolstellung vieler Blätter und die fehlende Konkurrenz durch andere Medien für stabile Verhältnisse und hohe Renditen gesorgt – zumindest ökonomisch gab es keinen Innovationszwang. Es reichte aus, journalistische „Handwerksregeln" an den Nachwuchs weiterzugeben. Über die Weiterentwicklung des Journalismus musste man sich in den Redaktionen keine grundsätzlichen Gedanken machen.

Ein redaktionelles Innovationsmanagement, wie es das dynamische, multioptionale Internet verlangt, konnte unter diesen Bedingungen nicht entstehen. Ohne eine solche Vorbereitung verhielten sich die Zeitungen defensiv gegenüber dem Internet, ergab 2007 eine Befragung der Leiter von Internetredaktionen in Deutschland (Neuberger/Nuernbergk/Rischke 2009). Sie wollten in erster Linie das Hauptmedium schützen, verzichteten oft auf eine eigenständige Internetredaktion, exklusive Online-Inhalte und aufwendige multimediale oder partizipative Anwendungen. Um Chancen und Risiken des Journalismus und Rollenerwartungen im Internet systematisch erschließen zu können, ist es sinnvoll, von den technischen Optionen des neuen Mediums auszugehen (Neuberger 2009: 22-26). Im Vergleich zu Presse und Rundfunk verfügt das Internet über deutlich mehr Möglichkeiten:

⊃ *Verbindung von Kommunikationsformen und flexibler Rollentausch:* Das Internet integriert Kommunikationsformen, die durch die Teilnehmerzahl („one-to-one", „one-to-many" und „many-to-many"), die Zugänglichkeit von Mitteilungen (öffentlich und privat) sowie die Kommunikationsrichtung (ein- und zweiseitig) bestimmt sind. Journalismus als Massenkommunikation (einseitig, öffentlich, „one-to-many") ist gegenüber anderen Kommunikationsformen nur noch schwer abgrenzbar. Er kann und muss sich nun auch mit kleineren Zielgruppen bis hin zum einzelnen Rezipienten auseinandersetzen (Personalisierung). Außerdem kann jeder ohne allzu großen Aufwand zum Kommunikator werden (Partizipation); und das Internet erlaubt den flexiblen Wechsel zwischen der Kommunikator- und der Rezipientenrolle (Interaktivität). Der Journalismus muss sich deshalb gegenüber seinem Publikum öffnen und ihm Mitsprachemöglichkeiten einräumen, z. B. durch den Einsatz von Social Media wie *Facebook*, *Twitter* und Blogs. Journalisten sind zunehmend in der Rolle des Moderators gefragt, der für eine gepflegte Diskussionskultur im Netz sorgt. Das Publikum kann sich via Internet nicht nur an der Diskussion, sondern auch an der Produktion von Nachrichten beteiligen („Leserreporter").

⊃ *Auflösen von Medien- und Angebotsgrenzen:* Das Internet verfügt über das komplette Kanal- und Zeichenrepertoire älterer Einzelmedien (Text, Foto, Grafik, Video, Audio, Animation). In den letzten Jahren ist vor allem die Bewegtbild-Nutzung stark angestiegen. Die Redaktionen müssen sich – wie oben bereits geschildert – auf diese Crossmedialität einstellen und multimediale Erzählformen entwickeln. Auch die Grenzen zwischen Angeboten lassen sich durch Hyperlinks problemlos überschreiten. Suchmaschinen helfen dabei, die Vielzahl der Angebote zu überblicken und den Ertrag des gesamten Netzes für eine Frage zu erschließen. Weil Suchmaschinen offensichtliche Schwächen haben, wenn sie die Qualität der Angebote bewerten sollen, ist auch hier der Journalist gefragt: als „Navigator", „Kurator" oder „Gatewatcher", der die Spreu vom Weizen trennt und den Lesern Tipps gibt, wo Wertvolles im Netz zu finden ist.

- *Flexibilität in Raum und Zeit:* Durch das Internet und andere digitale Medien erweitern sich die Optionen des Journalismus in Raum und Zeit. Das Internet verbindet die Stärken eines Online-Mediums (permanente und rasche Verbreitung) mit jenen eines Offline-Mediums (Speicherfähigkeit). Journalismus kann schneller werden, was aber auf Kosten der Sorgfalt gehen kann – und er kann langsamer werden: Die früheren Beiträge bleiben im Internet verfügbar, sodass Altes mit Neuem vernetzt werden kann (Additivität). Der Journalist wird dadurch auch immer mehr zum Archivar und Historiker. Journalistische Angebote sind für Rezipienten auf Abruf und – mit Hilfe eines mobilen Endgeräts (Smart Phone, Tablet) – auch zu jeder Zeit an jedem Ort verfügbar. Deshalb ist ein mobiler Journalismus im Entstehen begriffen, dessen Angebote für kleine Displays und eine kurze Rezeptionsdauer geeignet sein müssen. Schließlich sind Angebote im Internet auch global zugänglich – für eine transnationale Öffentlichkeit gibt es zumindest kein technisches Hindernis mehr. Englischsprachige Qualitätsmedien wie *BBC* und *New York Times* erreichen über das Netz längst ein globales Publikum.
- *Datenverarbeitung:* Der Computer ist in der Lage, große Datenmengen automatisch zu generieren, zu sammeln und auszuwerten. Verbessert haben sich dadurch die Möglichkeiten der wechselseitigen Beobachtung von Journalismus und Publikum (Transparenz; Neuberger/Wendelin 2012): Redaktionen erfahren in Echtzeit, was ihre Leser auswählen, und können ihr Angebot darauf abstimmen. Durch Personalisierung wird es auf das besondere Interesse des Einzellesers zugeschnitten. Neben dieser passiven Auswahl kann das Publikum auch aktiv besser selektieren: *Google News* macht ein größeres Nachrichtenangebot verfügbar als jeder Bahnhofskiosk. Metadaten über die Lese- und Kommentarhäufigkeit oder die Zahl der *Twitter-* und *Facebook*-Empfehlungen geben Lesern Hinweise darauf, was andere Leser besonders interessiert. Auch bei der Recherche kommt zunehmend der Computer zum Einsatz: Der Datenjour-

nalismus wertet große Datensätze statistisch aus, um z. B. einen Überblick über Bahnverspätungen zu geben wie der „Zugmonitor" von *Süddeutsche.de*.[21]

Gerade die Vielfalt der Möglichkeiten macht es den Redaktionen schwer, die richtigen Verwendungsweisen für das Internet zu finden. Viele enttäuschte Hoffnungen und Rückschläge zeugen davon. Wie Redaktionen gelernt haben, den Microblogging-Dienst *Twitter* einzusetzen, zeigen die Ergebnisse einer Redaktionsbefragung aus dem Jahr 2010 (Neuberger/vom Hofe/Nuernbergk 2011). Nach Auskunft der 70 befragten Redaktionsleiter ist *Twitter* ein vielfältig verwendbarer Kanal: Fast alle Redaktionen nutzten den Dienst, um für eigene Artikel zu werben und die Aufmerksamkeit der Nutzer auf die eigene Website zu lenken oder um damit zu recherchieren, wobei *Twitter* vor allem für „weiche" Rechercheziele eingesetzt wurde: Darüber sollten Stimmungsbilder und Themenideen eingeholt werden, oder es wurden Quellen und Augenzeugen gesucht. Häufig prüften Redaktionen auf *Twitter* auch die Resonanz auf die eigene Berichterstattung. Zwei Drittel der Redaktionen gebrauchten den Dienst für die Interaktion mit den eigenen Nutzern. Ebenfalls fast zwei Drittel verwendeten *Twitter* für die mobile Live-Berichterstattung über Ereignisse. Der Zwang zur Kürze („Tweets" können maximal 140 Zeichen lang sein) begrenzt allerdings die Einsatzmöglichkeiten von *Twitter*.

Wie gut sind die Journalisten auf den Umgang mit Social Media wie *Facebook*, Weblogs und *Twitter* vorbereitet? 60 Prozent der befragten Redaktionsleiter hielten die Kompetenz ihrer Mitarbeiter im Umgang mit Social Web-Diensten für stark verbesserungswürdig. Besonders in Tageszeitungsredaktionen wurden Ausbildungsmängel registriert. Am häufigsten eigneten sich Journalisten ihr Wissen durch „Learning by doing" und den informellen Austausch mit Kollegen an. Über das Volontariat und die sonstige Journalistenausbildung wurde „Social Web"-Kompetenz am seltensten vermittelt. Vor diesem Hintergrund überrascht es nicht, dass dem Statement: „Das ‚Social Web' sollte in der journalistischen Ausbildung eine größere Rolle spielen" die meisten Redaktionsleiter (85 Prozent) zustimmten.

Redaktionen müssen also lernen, wie sie am besten mit den neuen Möglichkeiten umgehen können, und sie müssen Regeln dafür finden.

---

21 http://zugmonitor.sueddeutsche.de

Wie dies gehen kann, soll ein letztes Beispiel zeigen: Ausgewählt wurde *ARD-aktuell*, das Flaggschiff des deutschen Nachrichtenjournalismus, die Redaktion, die für *Tagesschau* und *Tagesthemen* verantwortlich zeichnet.

Quellen im Netz – Die *Tagesschau* auf neuen Pfaden
Der Zeitenwandel bei *ARD-aktuell* lässt sich auch an den Türschildern ablesen. Früher hieß die Abteilung, die Michael Wegener in der Redaktion leitete, „Eurovision". Sie war damit beschäftigt, Bildmaterial von Sendern anderer Länder zu besorgen, um damit die *Tagesschau* und die *Tagesthemen* zu bestücken. Heute ist dies nur noch ein Teil der Arbeit dieser Abteilung. Zusätzlich durchsuchen ihre Mitarbeiter jetzt das weltweite Netz nach Bildern und Informationen – und auf den Türschildern steht nun: „Content Center".

Die alten Verfahrensweisen des Nachrichtengeschäfts haben sich im Internet-Zeitalter als zu langsam erwiesen. Die Recherchen des Korrespondenten vor Ort, die Meldungen der Nachrichtenagenturen, die Entsendung von Kamerateams und auch die Anforderung von Bildmaterial anderer Nachrichtenstationen – sie sind weiterhin unverzichtbar für die Arbeit von *ARD-aktuell*. Doch der Informationsfluss im weltweiten Netz ist schneller. Auf *Facebook* oder über *Twitter* sind Neuigkeiten häufig schon um die Welt gegangen, bevor die Hamburger Redaktion ihre Informationen und Bilder auf den traditionellen Wegen zusammengetragen hat. „Der Zuschauer wartet nicht mehr, bis wir mit dem Zwölftonner vom Hof gefahren sind", sagt Chefredakteur Thomas Hinrichs über die Probleme eines Nachrichtenjournalismus, der zuweilen erst einen Ü-Wagen losschicken muss, um über ein Ereignis berichten zu können (zitiert nach: Siegert 2011). Es war Zeit zu reagieren.

Zu Michael Wegeners Team gehören nun täglich zwei Redakteure, die im Schichtdienst das Netz durchforsten. Während der „Arabellion" haben sie bewiesen, wie nützlich ihre Arbeit für die Redaktion ist. Im autoritär regierten Syrien zum Beispiel hatten sie keine eigenen Korrespondenten vor Ort, als die Proteste gegen das Regime anwuchsen und die Regierung das Militär in Marsch setzte, um den Aufstand zu unterdrücken. Im Netz fanden die Redakteure aber immer wieder Informationen und Bildmaterial. Etwa Aufnahmen von Panzern am Stadtrand von Homs – das behauptete zumindest der User, der sein kurzes, mit einer Handykamera gedrehtes Video ins Netz gestellt hatte. Eine wichtige Information, weil bis dahin nicht bekannt war, dass

Regierungstruppen auch in diesen Ort eingerückt waren. Aber war die Information auch verlässlich? Diese Frage müssen die Rechercheure in Hamburg jedes Mal beantworten, bevor Informationen oder Bildmaterial aus dem Netz zum Bestandteil einer Sendung von *ARDaktuell* werden. „Diese Verifikation ist kein Hexenwerk", sagt Michael Wegener, „zur Überprüfung des Materials haben wir einen großen Instrumentenkasten." In vier Schritten wird das Material einer Prüfung unterzogen:

Am Anfang steht der im Journalismus zum Standardrepertoire zählende *Abgleich mit anderen Quellen*: Deckt sich die Aussage des geposteten Videos mit den Meldungen der Nachrichtenagenturen oder den Fotos, die etwa die Stringer der Nachrichtenagentur *Reuters* liefern? Auch in Foto-Datenbanken suchen die Rechercheure nach Aufnahmen aus Homs, um zu überprüfen, ob es sich bei der Stadt im Video tatsächlich um diese Ortschaft handelt. Und schließlich fahnden sie auch im Netz nach deckungsgleichen Informationen, um weitere Quellen ausfindig zu machen.

Dann richten die Rechercheure ihren Blick auf die *Eigenschaften der Quelle*: Was lässt sich herausfinden über denjenigen, der das spektakuläre Video gepostet hat? Sie überprüfen, was er vorher schon ins Netz gestellt hat, wie viele Follower sich für seine Postings interessieren und wie er von ihnen eingeschätzt wird. Vor allem aber checken sie, ob man mit ihm in Kontakt treten kann. Im Fall des Videos aus Homs ist dies gelungen – via *Facebook*. Bislang hat die Redaktion noch nie Informationen oder Bildmaterial aus dem Netz in ihre Sendungen integriert, ohne zuvor Kontakt zur Quelle aufgenommen zu haben. „Das ist einer der Gründe, warum uns noch nie das passiert ist, was bei anderen schon vorgekommen ist", sagt Michael Wegener: „Wir sind noch nie einem ‚U-Boot' aufgesessen."

Der dritte Schritt der Verifikation besteht darin, dass die Redaktion das *Urteil externer Experten* einholt. Die Mitarbeiter des „Content-Centers" haben dafür eine Experten-Datei aufgebaut, in der beispielsweise ehemalige Auslandskorrespondenten, deren Producer, aber auch Fachleute, etwa aus dem Wissenschaftsbetrieb, erfasst sind.

Und schließlich wird Bildmaterial, das aus dem Netz stammt, grundsätzlich einer *technischen Kontrolle* unterzogen, um herauszufinden, ob es möglicherweise manipuliert worden ist.

Selbst wenn das aus dem Netz stammende Material diese Überprüfungen bestanden hat und in eine *Tagesschau* aufgenommen wird, erhält es immer noch eine besondere Kennzeichnung. Sowohl im Text des Nachrichtenfilms als auch durch ein sogenanntes Insert weist die Redaktion ihre Zuschauer darauf hin, dass es sich um Bildmaterial aus dem Internet handelt und dass es nicht von einem *ARD*-Korrespondenten geliefert wurde.

Die Nutzung des Internets als Quelle ist aber, sagt Wegener, nur der erste Schritt der *Tagesschau* in die Netzwelt. Darüber hinaus will sich die Redaktion eine „Community" aufbauen, mit der sie in einen permanenten Dialog eintritt. Dass dies auf internationaler Ebene nur schwer möglich ist, weiß Wegener. Im globalen Nachrichtenjournalismus sind etwa *CNN* und die *BBC* die bekannteren Adressen, die eher zu Anlaufstellen für „Citizen Journalists" werden als die *Tagesschau*. Aber auf nationaler Ebene will sich die *Tagesschau* eine Spitzenposition im digitalen Nachrichtenjournalismus erobern, um im Austausch mit dem Publikum neue Themen und Perspektiven zu erschließen.

Zusammenfassung

Der Journalismus befindet sich in einer spannenden Phase: Das Modell des „Gatekeepers", der einseitig ein Massenpublikum informiert, ist zumindest im Internet zum Auslaufmodell geworden. Der Journalismus muss hier Wege finden, wie er das Publikum in die Nachrichtenproduktion und Diskussion einbeziehen kann. Darüber hinaus bietet das Internet viele weitere Möglichkeiten für einen hochwertigen Journalismus. Weitgehend ungelöst ist die Frage der künftigen Finanzierung des Journalismus im Internet. Auch die Subventionierung durch Erlöse der alten Medien stößt an Grenzen. Unter der Abwanderung von Rezipienten und Inserenten leiden besonders die Tageszeitungen. Sie sind ökonomisch in ein Dilemma geraten: Erlöse erzielen sie immer noch im Wesentlichen mit dem Printprodukt – dort aber bröckeln Auflage und Werbeumsatz, sodass langfristig auch im Internet Geld verdient werden muss. Doch womit?

Literaturempfehlungen

Fengler, Susanne/Kretzschmar, Sonja (2009): Innovationen für den Journalismus. Wiesbaden: VS Verlag für Sozialwissenschaften.

Hohlfeld, Ralf/Jakubetz, Christian/Langer, Ulrike (Hrsg.) (2011): Universalcode. Journalismus im digitalen Zeitalter. München: euryclia.

Neuberger, Christoph/Nuernbergk, Christian/Rischke, Melanie (Hrsg.) (2009): Journalismus im Internet: Profession – Partizipation – Technisierung. Wiesbaden: VS Verlag für Sozialwissenschaften. (2., aktualisierte Auflage erscheint 2013)

PEJ (2012): The State of the News Media 2012. Washington, D. C.: The Pew Research Center's Project for Excellence in Journalism. http://stateofthemedia.org/2012 (28.08.2012).

Schweiger, Wolfgang/Beck, Klaus (Hrsg.) (2010): Handbuch Online-Kommunikation. Wiesbaden: VS Verlag für Sozialwissenschaften.

Danksagung

Am Ende dieses Streifzugs durch die Medienlandschaft möchten die Autoren all jenen danken, ohne deren Unterstützung dieses Buch nicht zustande gekommen wäre. Redaktionen aller Mediengattungen haben sich im Verlauf der Recherchen bei ihrer täglichen Arbeit über die Schulter blicken lassen, freie Journalisten haben Einblicke in ihre Arbeitsweise gestattet, und altgediente Journalisten haben ihren Erfahrungsschatz offengelegt.

Ein Dankeschön geht an Konstantin von Hammerstein, den Leiter des *Spiegel*-Hauptstadtbüros, und Hauke Janssen, den Leiter der Dokumentation des *Spiegels*, sowie an Gabor Steingart, den Chefredakteur des *Handelsblatts*. Miriam Tebert, Erk Simon, Michael Grytz und Ralf Becker vom *WDR* haben die Recherchen genauso unterstützt wie Kuno Haberbusch, der Leiter der investigativen Dokumentation des *NDR*, Sabina Matthay vom *RBB* und Michael Wegener aus der *Tagesschau*-Redaktion.

Beim *Kölner Stadtanzeiger* haben Björn Schmidt, Tobias Kaufmann und Marie-Anne Schlolaut Einblicke in ihre Arbeit gewährt. Gerhard Kohlenbach, CvD der Nachrichtensendung *RTL-Aktuell*, und seine Kollegin Daniela Stolze waren genauso hilfreich wie Wolfgang Büchner, Chefredakteur der *dpa*, Gerd Roth, der sich bei der *dpa* um die Volontärsausbildung kümmert, Henrik Kaufholz, Redakteur bei *Politiken* und ehemaliger Ombudsmann der Zeitung, sowie Prof. Holger Wormer vom Institut für Journalistik der *Technischen Universität Dortmund*. Der Dank gilt ihnen ebenso wie Rainer Kurlemann und Carsten Fiedler von der *Rheinischen Post*. Birgit Morgenrath, Gerhard Klas und Karl Rössel vom *Rheinischen JournalistInnenbüro* haben die Arbeit an diesem Buch ebenso unterstützt wie die freien Journalisten Paul Reifferscheidt, Gabriele Bärtels, Stefan Aigner und Claudia Fischer. Und außerdem gilt der Dank den (ehemaligen) Mitarbeitern des *Deutschlandfunks* für ihre Unterstützung: Günter Müchler, dem früheren Programmdirektor, Stefan Detjen, dem Leiter des Hauptstadtstudios, den ehemaligen Chefredakteuren Rainer Burchardt und Dieter Jepsen-Föge, dem langjährigen Hauptstadtkorrespondenten Helmut Hohrmann, Marco Bertolaso, dem Leiter der Nachrichten-Abteilung, und Susanne Hirte, der Dienstleiterin der Nachrichten-Abteilung, sowie Wolf Renschke und Jasper Barenberg.

Sissi Pitzer, Medienjournalistin des *Bayerischen Rundfunks*, hat Inhalt und Stil des Buches kommentiert. Klaus Meier, Journalistik-Professor an der Katholischen Universität Eichstätt-Ingolstadt und selbst Verfasser mehrerer wichtiger Lehrbücher, sowie Jörg Sadrozinski, der Leiter der renommierten Deutschen Journalistenschule in München, waren bereit, den Text inhaltlich zu prüfen. Ihnen gebührt ein besonderes Dankeschön, ebenso Rainer Kühn, Melanie Longerich und Sandra Riedel für die akribische und deshalb enorm hilfreiche Durchsicht des Manuskripts. Testleserinnen und -leser waren außerdem Sanja Kapidzic, Christian Nuernbergk, Manuel Wendelin und Jennifer Wladarsch, denen wir ebenfalls manch wichtigen Hinweis verdanken. Als Lektorin hat Barbara Emig-Roller den Entstehungsprozess mit Geduld und Wohlwollen begleitet.

Ganz am Ende, aber zu allererst danken wir Sonja Kretzschmar, die als Mitherausgeberin der Reihe „Kompaktwissen Journalismus" nicht nur diesen Band angeregt, sondern alle Schritte auch mit Rat und Tat begleitet hat.

Literaturverzeichnis

Ahlke, Karola/Hinkel, Jutta (2000): Sprache und Stil. Ein Handbuch für Journalisten. 2., aktualisierte Auflage, Konstanz: UVK Medien.
Albert, Hans (1991): Traktat über kritische Vernunft. 5., verbesserte und erweiterte Auflage, Tübingen: Mohr (Siebeck).
Altmeppen, Klaus-Dieter/Hanitzsch, Thomas/Schlüter, Carsten (Hrsg.) (2007): Journalismustheorie: Next Generation. Soziologische Grundlegung und theoretische Innovation. Wiesbaden: VS Verlag für Sozialwissenschaften.
Altmeppen, Klaus-Dieter/Röttger, Ulrike/Bentele, Günter (Hrsg.) (2004): Schwierige Verhältnisse. Interdependenzen zwischen Journalismus und PR. Wiesbaden: VS Verlag für Sozialwissenschaften.
ARD (2008): Bundesregierung täuscht Parlament und Öffentlichkeit über verdeckte Hörfunk-PR aus dem Gesundheitsministerium. In: ARD.de. 07.07.2008. http://www.swr.de/report/presse/-/id=1197424/nid=1197424/did=3725528/giezgu/ index.html (28.08.2012).
Arnold, Klaus (2009): Qualitätsjournalismus. Die Zeitung und ihr Publikum. Konstanz: UVK.
Baerns, Barbara (1985): Öffentlichkeitsarbeit oder Journalismus. Zum Einfluß im Mediensystem. Köln: Wissenschaft und Politik.
Baerns, Barbara (Hrsg.) (2004): Leitbilder von gestern? Zur Trennung von Werbung und Programm. Eine Problemskizze und Einführung. Wiesbaden: VS Verlag für Sozialwissenschaften.
Barnhurst, Kevin G./Mutz, Diana (1997): American Journalism and the Decline in Event-Centered Reporting. In: Journal of Communication. 47. Jg., H. 4, S. 27-53.
Barnhurst, Kevin G./Nerone, John (2001): The Form of News. A History. New York/London: Guilford Press.
Bärtels, Gabriele (2007): Schreiben macht arm. In: Die Zeit. 31.10.2007. http://www.zeit.de/2007/45/C-Freie-Journalistin (28.08.2012).
Bauchmüller, M. (2009): Alle reden vom Wetter. PR-Skandal bei der Bahn. In: Süddeutsche.de. 28.05.2009. http://www.sueddeutsche.de/wirtschaft/pr-skandal-bei-der-bahn-alle-reden-vom-wetter-1.466109 (28.08.2012).
BDZV (2011): Die deutschen Zeitungen in Zahlen und Daten. Auszug aus dem Jahrbuch „Zeitungen 2011/12". Berlin: BDZV. http://www.bdzv.de/fileadmin/bdzv_hauptseite/ markttrends_daten/wirtschaftliche_lage/2011/assets/Zahlen-Daten_2011.pdf (28.08.2012).
Beck, Klaus/Reineck, Dennis/Schubert, Christiane (2010): Journalistische Qualität in der Wirtschaftskrise. Konstanz: UVK.
Bentele, Günter/Rühl, Manfred (Hrsg.) (1993): Theorien öffentlicher Kommunikation. Problemfelder, Positionen, Perspektiven. München: Ölschläger.
Berger, Peter L./Luckmann, Thomas (1980): Die gesellschaftliche Konstruktion der Wirklichkeit. Eine Theorie der Wissenssoziologie. Frankfurt a. M.: Fischer Taschenbuch.
Bleicher, Kristin/Pörksen, Bernhard (Hrsg.) (2004): Grenzgänger. Formen des New Journalism. Wiesbaden: VS Verlag für Sozialwissenschaften.

Blöbaum, Bernd (2002): Journalismus während der Besatzungszeit. In: Publizistik. 47. Jg., H. 2, S. 170-199.
Bonfadelli, Heinz/Friemel, Thomas N. (2011): Medienwirkungsforschung. 4., völlig überarbeitete Auflage, Konstanz: UVK/UTB.
Branahl, Udo (2005): Justizberichterstattung. Eine Einführung. Unter Mitarbeit von Ralf Bothge. Wiesbaden: VS Verlag für Sozialwissenschaften.
Brauck, Markus (2005): Anstoß zur Selbstkritik. In: Frankfurter Rundschau. 21.09.2005, S.18.
Brauck, Markus/Feldenkirchen, Markus/Fichtner, Ullrich/Hülsen, Isabell/Kurbjuweit, Dirk/Müller, Martin U./Würger, Takis (2011): Im Namen des Volkes. In: Spiegel Online. 28.02.2011. http://www.spiegel.de/spiegel/print/d-77222662.html (28.08.2012).
Brosius, Hans-Bernd (1995): Alltagsrationalität in der Nachrichtenrezeption. Ein Modell zur Wahrnehmung und Verarbeitung von Nachrichteninhalten. Opladen: Westdeutscher Verlag.
Budzislawski, Hermann (1966): Sozialistische Journalistik. Eine wissenschaftliche Einführung. Leipzig: Bibliographisches Institut.
Cario, Ingmar (2005): Drehbücher für Journalisten. In: Message. H. 2, S. 84-87.
Castells, Manuel (2004): Der Aufstieg der Netzwerkgesellschaft. Teil 1 der Trilogie: Das Informationszeitalter. Übersetzt von Reinhard Kößler. Opladen: Leske + Budrich.
Delfs, Arne (2009): CDU bejubelt zweitschlechtestes Ergebnis. In: ftd.de. http://www.ftd.de/politik/deutschland/:bundestagswahl-cdu-bejubelt-zweitschlechtestes-resultat/50015825.html (28.08.2012).
Denkler, Thorsten/Jakat, Lena/Kruse, Birgit (2011): „Den glänzenden Doktor zusammengeschnorrt." Guttenberg im Bundestag. In: Süddeutsche.de. 23.02.2011. http://www.sueddeutsche.de/politik/live-ticker-der-verteidigungsminister-im-bundestag-guttenberg-im-kreuzverhoer-1.1064004 (28.08.2012).
Der Spiegel (2010): Das ZDF ist beschädigt. Spiegel-Gespräch. In: Der Spiegel. Nr. 8 v. 22.02.2010, S. 130-133.
Deutsch Karlekar, Karin/Dunham, Jennifer (2012): Press Freedom in 2011: Breakthroughs and Pushback in the Middle East. Washington D. C./New York: Freedom House.
http://www.freedomhouse.org/sites/default/files/Booklet for Website.pdf (28.08.2012).
Deutscher Journalisten-Verband (DJV) (2008): Berufsbild Journalistin – Journalist. Stand: April 2008. Berlin: DJV.
http://www.djv.de/fileadmin/user_upload/Infos_PDFs/Flyer_Broschuren/Berufsbild_Journalistin_Journalist.pdf (28.08.2012).
di Lorenzo, Giovanni (2009): Kein Wort zum Sonntag. Die Kritik an der Politik hat jedes Maß verloren. In: Die Zeit. Nr. 40 v. 24.09.2009, S. 1.
DJV (2009): freien infos 2/2009: Arbeitsbedingungenfreier Journalisten – Bericht zu einer Umfrage unter freien Journalisten.
http://www.djv.de/fileadmin/user_upload/Freiendateien/Freie-Hintergrund/Umfrage2008.pdf (28.08.2012).

Literaturverzeichnis

Donsbach, Wolfgang/Rentsch, Mathias/Schielicke, Anna-Maria/Degen, Sandra (2009): Entzauberung eines Berufs. Was die Deutschen vom Journalismus erwarten und wie sie enttäuscht werden. Konstanz: UVK.
dradio.de (2010): „Sie leisten wirklich Großartiges unter schwierigsten Bedingungen" – Bundespräsident Köhler nach seinem Besuch in Afghanistan. Horst Köhler im Gespräch mit Christopher Ricke. In: dradio.de. 22.05.2012. http://www.dradio.de/aktuell/1191138/ (28.08.2012).
Egli von Matt, Sylvia/Gschwend, Hanspeter/von Peschke, Hans-Peter/Riniker, Paul (2008): Das Porträt. 2., überarbeitete und erweiterte Auflage, Konstanz: UVK.
Eilders, Christiane (1997): Nachrichtenfaktoren und Rezeption. Eine empirische Analyse zur Auswahl und Verarbeitung politischer Information. Opladen: Westdeutscher Verlag.
Eilders, Christiane/Wirth, Werner (1999): Die Nachrichtenwertforschung auf dem Weg zum Publikum: Eine experimentelle Überprüfung des Einflusses von Nachrichtenfaktoren bei der Rezeption. In: Publizistik. 44. Jg., H. 1, S. 35-57.
Erdmann, Bettina/Nehrlich, Helma (2005): Journalismus auf dem gesponserten Lotterbett? Debatte um Glaubwürdigkeit und Unabhängigkeit der Berichterstattung auf dem 18. Journalistentag der dju. In: „M" – Menschen Machen Medien. 14.01.2005. http://mmm.verdi.de/archiv/2005/02/journalismus/journalismus_auf_dem_ gesponserten_lotterbett (28.08.2012).
Fasel, Christoph (2004): Nutzwertjournalismus. Konstanz: UVK.
faz.net (2011): Peters Traum. In: faz.net. 02.07.2011. http:/www.faz.net/sonntagszeitung/politik/peters-traum-11413953.html (28.08.2012).
Fengler, Susanne/Kretzschmar, Sonja (2009): Innovationen für den Journalismus. Wiesbaden: VS Verlag für Sozialwissenschaften.
Fengler, Susanne/Vestring, Bettina (2008): Politikjournalismus. Wiesbaden: VS Verlag für Sozialwissenschaften.
Fey, Ulrich/Schlüter, Hans-Joachim (2006): Reportagen schreiben. Von der Idee zum fertigen Text. 3., aktualisierte und erweiterte Auflage, Bonn: ZV Zeitungs-Verlag Service.
Freiburg, Friederike (2007): Verleger stellt ganze Redaktion kalt. „Münstersche Zeitung". In: Spiegel Online. 24.01.2007. http://www.spiegel.de/wirtschaft/ muenstersche-zeitung-verleger-stellt-ganze-redaktion-kalt-a-461628.html (28.08.2012).
Friedland, Lewis A./Konieczna, Magda (2011): Finanzierung journalistischer Aktivitäten durch gemeinnützige Organisationen in den USA. Dortmund: TU Dortmund. http://www.wissenschaftsjournalismus.org/fileadmin/content_wj/Studie_ Stiftungsfinanzierter_Journalismus_in_USA_final.pdf (28.08.2012).
Friedrichsen, Mike (Hrsg.) (2010): Medienzukunft und regionale Zeitungen. Der lokale Raum in der digitalen und mobilen Medienwelt. Baden-Baden: Nomos.
Galtung, Johan/Ruge, Mari Holmboe (1970): The Structure of Foreign News. The Presentation of the Congo, Cuba und Cyprus Crises in Four Foreign Newspapers. In: Tunstall, Jeremy (Hrsg.): Media Sociology. A Reader. Chicago/London: University of Illinois Press, S. 259-298.

García Avilés, José A./Meier, Klaus/Kaltenbrunner, Andy/Carvajal Prieto, Miguel/ Kraus, Daniela (2009): Newsroom Integration in Austria, Spain and Germany: Models of Media Convergence. In: Journalism Practice, 3. Jg., H. 3, S. 285-303.
Gaschke, Susanne (2009): Das Volk sind wir. In: Die Zeit. Nr. 40 v. 24.09.2009, S. 5.
Geese, Stefan/Zeughardt, Claudia (2008): Die ARD-Themenwoche „Mehr Zeit zu leben: Chancen einer alternden Gesellschaft" im Urteil der Zuschauer. Ergebnisse der Repräsentativbefragung. In: Media Perspektiven. H. 8, S. 386-393.
Gerber, Maria (2010): Walnüsse helfen gegen Stress. In: Welt Online. 18.10.2010. http://www.welt.de/wissenschaft/article10381938/Walnuesse-helfen-gegen-Stress.html (28.08.2012).
Gerhards, Jürgen (1996): Reder, Schweiger, Anpasser und Missionare: Eine Typologie öffentlicher Kommunikationsbereitschaft und ein Beitrag zur Theorie der Schweigespirale. In: Publizistik. 41. Jg., H. 1, S. 1-14
Glotz, Peter/Langenbucher, Wolfgang R. (1969): Der mißachtete Leser. Zur Kritik der deutschen Presse. Köln und Berlin: Kiepenheuer & Witsch.
Habermas, Jürgen (1990): Strukturwandel der Öffentlichkeit. Untersuchungen zu einer Kategorie der bürgerlichen Gesellschaft. Mit einem Vorwort zur Neuauflage. Frankfurt a. M.: Suhrkamp.
Habermas, Jürgen (2008): Hat die Demokratie noch eine epistemische Dimension? Empirische Forschung und normative Theorie. In: Habermas, Jürgen: Ach, Europa. Frankfurt a. M.: Suhrkamp, S. 138-191.
Hachmeister, Lutz (2007): Nervöse Zone. Politik und Journalismus in der Berliner Republik. München: DVA.
Haller, Michael (2001): Das Interview. Ein Handbuch für Journalisten. 3., überarbeitete Auflage, Konstanz: UVK.
Haller, Michael (2006): Die Reportage. Ein Handbuch für Journalisten. 5., überarbeitete Auflage, Konstanz: UVK.
Haller, Michael (2008): Recherchieren. 7. Auflage, Konstanz: UVK.
Hallin, Daniel C./Mancini, Paolo (2004): Comparing Media Systems: Three Models of Media and Politics. Cambridge: Cambridge University Press.
Hallin, Daniel C./Mancini, Paolo (Hrsg.) (2012): Comparing Media Systems Beyond the Western World. Cambridge: Cambridge University Press.
Hanitzsch, Thomas (2009): Zur Wahrnehmung von Einflüssen im Journalismus: Komparative Befunde aus 17 Ländern. In: Medien und Kommunikationswissenschaft. 57. Jg., H. 2, S. 153-173.
Hanitzsch, Thomas/Seethaler, Josef (2009): Journalismuswelten: Ein Vergleich von Journalismuskulturen in 17 Ländern. In: Medien und Kommunikationswissenschaft. 57. Jg., H. 4, S. 464-483.
Harcup, Tony (2009): Journalism. Principles & Practices. 2. Auflage, London/ Thousand Oaks, CA/New Delhi/Singapore: Sage.
Häusermann, Jürg (2005): Journalistisches Texten. Sprachliche Grundlagen für professionelles Informieren. 2., aktualisierte Auflage, Konstanz: UVK.
Heijnk, Stefan (1997): Textoptimierung für Printmedien. Theorie und Praxis journalistischer Textproduktion. Opladen: Westdeutscher Verlag.
Heijnk, Stefan (2011): Texten fürs Web. Planen, schreiben, multimedial erzählen. 2., überarbeitete und erweiterte Auflage, Heidelberg: dpunkt.

Heinrich, Jürgen (2001): Medienökonomie. Bd. 1: Mediensystem, Zeitung, Zeitschrift, Anzeigenblatt. 2., überarbeitete und aktualisierte Auflage, Opladen/ Wiesbaden: Westdeutscher Verlag.
Heinrich, Jürgen/Moss, Christoph (2006): Wirtschaftsjournalistik. Grundlagen und Praxis. Wiesbaden: VS Verlag für Sozialwissenschaften.
Heiser, Sebastian (2011): Ich kauf mir eine Zeitung. In: taz. Nr. 9461 v. 02./03.04.2011, S. 20-23.
Hindman, Matthew (2008): The Myth of Digital Democracy. Princeton, NJ: Princeton University Press.
Hohlfeld, Ralph (2002): Journalismus für das Publikum? Zur Bedeutung angewandter Medienforschung für die Praxis. In: Hohlfeld, Ralf/Meier, Klaus/Neuberger, Christoph (Hrsg.): Innovationen im Journalismus. Forschung für die Praxis. Münster/Hamburg/London: Lit, S. 155-201.
Hohlfeld, Ralf/Jakubetz, Christian/Langer, Ulrike (Hrsg.) (2011): Universalcode. Journalismus im digitalen Zeitalter. München: euryclia.
Hömberg, Walter/Neuberger, Christoph (1994): Konturen und Konzepte des Ratgeberjournalismus. In: Bentele, Günter/Hesse, Kurt R. (Hrsg.): Publizistik in der Gesellschaft. Festschrift für Manfred Rühl. Konstanz: UVK, S. 211-233.
Hooffacker, Gabriele (2010): Online-Journalismus. Texten und Konzipieren für das Internet. Ein Handbuch für Ausbildung und Praxis. 3., vollständig aktualisierte Auflage, München: Econ.
Hoppe, Anja Maria (2000): Glossenschreiben. Ein Handbuch für Journalisten. Wiesbaden: Westdeutscher Verlag.
Horsch, Jürgen/Ohler, Josef/Schwiesau, Dietz (Hrsg.) (1996): Radionachrichten. Ein Handbuch für Ausbildung und Praxis. 2., bearbeitete Auflage, München/ Leipzig: List.
Hruska, Verena (1999): Die Zeitungsnachricht. Information hat Vorrang. 3., aktualisierte Neuauflage, Bonn: ZV Zeitungs-Verlag Service.
IVW (2012): Entwicklung Zeitungen/Zeitschriften (verkaufte Auflage in Millionen Stück) 2001 – 2011. In: ivw.de.
http://www.ivw.de/index.php?menuid=37&reporeid=10#tageszeitungen (28.08.2012).
Jäckel, Michael (1992): Mediennutzung als Niedrigkostensituation. Anmerkungen zum Nutzen- und Belohnungsansatz. In: Medienpsychologie. 4. Jg., H 4, S. 246-266.
Jäckel, Michael (2012): Medienwirkungen. Ein Studienbuch zur Einführung. 5., vollständig überarbeitete und erweiterte Auflage. Wiesbaden: VS Verlag für Sozialwissenschaften.
Jakat, Lena (2011): Bild, Guttenberg und die Plagiatsaffäre. Schön: Meinungsvielfalt bei Bild. In: Süddeutsche.de. 24.02.2011.
http://www.sueddeutsche.de/medien/bild-guttenberg-und-die-plagiatsaffaere-schoen-meinungsvielfalt-bei-bild-1.1064425 (28.08.2012).
Jellen, Reinhard/Schimmeck, Tom (2010): „Worunter wir gerade in den Chefetagen am meisten leiden, ist Charaktermangel". Interview mit Tom Schimmeck über Macht und Ohnmacht der Medien. In: Telepolis. 01./02.07.2010. 2 Teile.
http://www.heise.de/tp/artikel/32/32847/1.html (28.08.2012).

Kepplinger, Hans Mathias (1989): Instrumentelle Aktualisierung. Grundlagen einer Theorie publizistischer Konflikte. In: Kaase, Max/Schulz, Winfried (Hrsg.): Massenkommunikation. Theorien, Methoden, Befunde. Opladen: Westdeutscher Verlag (= Kölner Zeitschrift für Soziologie und Sozialpsychologie, Sonderheft 30), S. 199-220.

Kepplinger, Hans Mathias (2009): Wirkung der Massenmedien. In: Noelle-Neumann, Elisabeth/Schulz, Winfried/Wilke, Jürgen (Hrsg.): Das Fischer Lexikon Publizistik Massenkommunikation. Aktualisierte, vollständig überarbeitete und ergänzte Auflage, Frankfurt a. M.: Fischer Taschenbuch, S. 651-702.

Kepplinger, Hans Mathias (2012): Die Mechanismen der Skandalisierung. zu Guttenberg, Kachelmann, Sarrazin & Co.: Warum einige öffentlich untergehen – und andere nicht. München: Olzog.

Kienpointner, Manfred (1983): Argumentationsanalyse. Innsbruck: Verlag des Instituts für Sprachwissenschaft der Universität Innsbruck.

Kinnebrock, Susanne/Kretzschmar, Sonja (2012): Forschungsbericht Crossmedia 2012. In Zusammenarbeit mit dem Lokaljournalistenprogramm der Bundeszentrale für politische Bildung. Augsburg. http://www.bpb.de/gesellschaft/medien/137867/crossmedia (28.08.2012).

Klebon, Jutta (2007): Redaktion der Münsterschen Zeitung wehrt sich: „Wir haben eigene Reformkonzepte vorgelegt". MZ-Redakteure Protestbrief. Pressemitteilung. 27.02.2007.
http://dju/ver.di.dju-nrw.verdi.de/pressemitteilungen/showNews?id=60217132 c687-11db-6903-000e0c672486 (28.08.2012).

Kocks, Klaus (2008): Lobbyismus und Negative Campaigning. In: Netzwerk Recherche (Hrsg.): In der Lobby brennt noch Licht. Lobbyismus als Schattenmanagement in Politik und Medien. Wiesbaden: Netzwerk Recherche, S. 38-40.
http://www.netzwerkrecherche.de/docs/nr-werkstatt12-Lobbyismus-als-Schatten-Management-in-Politik-und-Medien.pdf (28.08.2012).

Koelbl, Herlinde (2001): Die Meute. Macht und Ohnmacht der Medien. München: Knesebeck.

Kohring, Matthias (2004): Vertrauen in Journalismus. Theorie und Empirie. Konstanz: UVK.

Kopperschmidt, Josef (2000): Argumentationstheorie zur Einführung. Hamburg: Junius.

Köster, Philipp (2009): Montag ist Zeugnistag. Notengebung im Fußball. In: 11 Freunde. http://www.11freunde.de/artikel/notengebung-im-fussball (28.08.2012).

Kretzschmar, Sonja/Möhring, Wiebke/Timmermann, Lutz (2008): Lokaljournalismus. Wiesbaden: VS Verlag für Sozialwissenschaften.

Kromrey, Helmut (2009): Empirische Sozialforschung. Modelle und Methoden der Datenerhebung und Datenauswertung. 12., neu bearbeitete Auflage, Stuttgart: Lucius & Lucius/UTB.

Kropf, Thomas (1999): Von den Schwierigkeiten mit dem klassischen Nachrichten-Aufbau – oder: Ein „Andock-Modell" als Alternative zum „Pyramiden-Modell". In: Publizistik. 44. Jg., H. 2, S. 200-216.

Kurz, Josef/Müller, Daniel/Pötschke, Joachim/Pöttker, Horst (2000): Stilistik für Journalisten. Wiesbaden: Westdeutscher Verlag.

Literaturverzeichnis

La Roche, Walther von (2008): Einführung in den praktischen Journalismus. 18., aktualisierte und erweiterte Auflage, Berlin: Econ.

La Roche, Walther von/Buchholz, Axel (Hrsg.) (2009): Radio-Journalismus. Ein Handbuch für Ausbildung und Praxis im Hörfunk. 9., vollständig aktualisierte Auflage, München: Econ.

Leyendecker, Hans (2009): Indien ist zu teuer. VW: Wirbel um Journalistenreise. In: Süddeutsche.de. 14.01.2009. http://www.sueddeutsche.de/wirtschaft/vw-wirbel-um-journalistenreise-indien-ist-zu-teuer-1.380577 (28.08.2012).

Lilienthal, Volker (2010): Wie viel Haltung brauchen wir? In: Message. H. 1, S. 34.

Lindemann, Margot (1969): Deutsche Presse bis 1815. Berlin: Colloquium (= Geschichte der deutschen Presse, Teil I).

Linden, Peter/Bleher, Christian (2000): Glossen und Kommentare in der Printmedien. Berlin: ZV Zeitungs-Verlag Service.

Lippmann, Walter (1964): Die öffentliche Meinung. München: Rütten und Loening.

Lobigs, Frank (2012a): Finanzierung des Journalismus. In: Meier, Klaus/Neuberger, Christoph (Hrsg.): Journalismusforschung. Stand und Perspektiven. Baden-Baden: Nomos, S. 53-74.

Lobigs, Frank (2012b): Durch die Dürre. In: Message. H. 3, S. 32-35.

Löffelholz, Martin (Hrsg.) (2004): Theorien des Journalismus. Ein diskursives Handbuch. Wiesbaden: VS Verlag für Sozialwissenschaften.

Luhmann, Niklas (1996): Die Realität der Massenmedien. 2., erweiterte Auflage, Opladen: Westdeutscher Verlag.

Maier, Michaela/Stengel, Karin/Marschall, Joachim (2010): Nachrichtenwerttheorie. Baden-Baden: Nomos.

Malik, Maja (2004): Journalismusjournalismus. Funktion, Strukturen und Strategien der journalistischen Selbstthematisierung. Wiesbaden: VS Verlag für Sozialwissenschaften.

Mast, Claudia (Hrsg.) (2008): ABC des Journalismus. Ein Handbuch. 11., überarbeitete Auflage, Konstanz: UVK.

Matthes, Jörg/Kohring, Matthias (2004): Die empirische Erfassung von Medien-Frames. In: Medien und Kommunikationswissenschaft. 52. Jg., H. 1, S. 56-75.

McQuail, Denis (1992): Media Performance. Mass Communication and the Public Interest. London/Newbury Park/New Delhi: Sage.

MediaLine (2010): Product Placement (Produktplatzierung). In: MediaLine. Medialexikon. Burda News Group. Letzte Aktualisierung: 07.08.2010. http://www.medialine.de/deutsch/wissen/medialexikon.php?snr=4487 (28.08.2012).

medien-doktor.de (2010): Unsere Bewertungen: „Walnüsse senken stressabhängigen Blutdruck". In: medien-doktor. Ein Projekt des Lehrstuhls Wissenschaftsjournalismus der TU Dortmund. 03.11.2010. http://www.medien-doktor.de/2010/11/walnusse-senken-stressabhangigen-blutdruck/# (28.08.2012).

Meier, Klaus (Hrsg.) (2002a): Internet-Journalismus. Ein Leitfaden für ein neues Medium. Konstanz 3., überarbeitete und erweiterte Auflage, Konstanz: UVK Medien.

Meier, Klaus (2002b): Ressort, Sparte, Team. Wahrnehmungsstrukturen und Redaktionsorganisation im Zeitungsjournalismus. Konstanz: UVK.

Meier, Klaus (2011): Journalistik. 2., überarbeitete Auflage, Konstanz: UVK/UTB.
Meier, Klaus (2012): Crossmedialität. In: Meier, Klaus/Neuberger, Christoph (Hrsg.): Journalismusforschung. Stand und Perspektiven. Baden-Baden: Nomos, S. 119-131.
Meier, Klaus/Neuberger, Christoph (Hrsg.) (2012): Journalismusforschung. Stand und Perspektiven. Baden-Baden: Nomos.
Meier, Klaus/Reimer, Julius (2011): Transparenz im Journalismus. Instrumente, Konfliktpotentiale, Wirkung. In: Publizistik. 56 Jg., H. 2, S. 133-156.
Merten, Klaus/Schmidt, Siegfried J./Weischenberg, Siegfried (Hrsg.) (1994): Die Wirklichkeit der Medien. Eine Einführung in die Kommunikationswissenschaft. Opladen: Westdeutscher Verlag.
Merton, Robert K. (1980): Die Eigendynamik gesellschaftlicher Voraussagen. In: Topitsch, Ernst (Hrsg.): Logik der Sozialwissenschaften. 10., veränderte Auflage, Königstein/Taunus: Kiepenheuer & Witsch, S. 144-161.
Meyen, Michael (2004): Mediennutzung. Mediaforschung, Medienfunktionen, Nutzungsmuster. Erweiterte und vollständig überarbeitete Neuauflage. Konstanz: UVK/UTB.
Meyer, Frank A. (2006): Wir sind auf dem besten Weg, eine Kaste zu werden. In: epd-medien. Nr. 40 v. 24.05.2006, S. 31
Meyer, Philip (2009): Vanishing Newspaper: Saving Journalism in the Information Age. 2., aktualisierte Auflage, Columbia, MO: University of Missouri Press.
Möbus, Pamela/Heffler, Michael (2009): Entwicklungen und Tendenzen. Der Werbemarkt 2008. In: Media Perspektiven. H. 6, S. 278-287.
Möbus, Pamela/Heffler, Michael (2012): Moderates Wachstum. Der Werbemarkt 2011. In: Media Perspektiven. H. 6, S. 298-307.
Mögerle, Ursina (2009): Substitution oder Komplementarität? Die Nutzung von Online- und Print-Zeitungen im Wandel. Konstanz: UVK.
Müchler, Günter (1998): Wie ein treuer Spiegel. Die Geschichte der Cotta'schen Allgemeinen Zeitung. Darmstadt: Wissenschaftliche Buchgesellschaft.
Müller, Ulrich/Klein, Heidi (2009): Jenseits des öffentlichen Interesses. Die verdeckte Einflussnahme der Deutschen Bahn für die Privatisierung und gegen den GDL-Streik. Kurzstudie. In: Lobby Control. 09.06.2009. http://www.lobbycontrol.de/blog/wp-content/uploads/die-verdeckte-einflussnahme-der-deutschen-bahn.pdf (28.08.2012).
Neininger-Schwarz, Norbert (2010): Der Journalist am Fließband. In: Neue Zürcher Zeitung. 05.01.2010. http://www.nzz.ch/aktuell/startseite/der_journalist_am_fliessband-1.4439042 (28.08.2012).
Netzwerk Recherche (2010): Fact-Checking: Fakten finden, Fehler vermeiden. Hamburg: Netzwerk Recherche. http://netzwerkrecherche.de/Publikationen/nr-Werkstatt/16-Facht-Checking/ (28.08.2012).
Neuberger, Christoph (1996): Journalismus als Problembearbeitung. Objektivität und Relevanz in der öffentlichen Kommunikation. Konstanz: UVK Medien.
Neuberger, Christoph (1997): Was ist wirklich, was ist wichtig? Zur Begründung von Qualitätskriterien im Journalismus. In: Bentele, Günter/Haller, Michael (Hrsg.): Aktuelle Entstehung von Öffentlichkeit. Akteure – Strukturen – Veränderungen. Konstanz: UVK Medien, S. 311-322.

Neuberger, Christoph (2003): Zeitung und Internet. Über das Verhältnis zwischen einem alten und einem neuen Medium. In: Neuberger, Christoph/Tonnemacher, Jan (Hrsg.): Online – Die Zukunft der Zeitung? Das Engagement deutscher Tageszeitungen im Internet. 2., vollständig überarbeitete und aktualisierte Auflage, Opladen/Wiesbaden: Westdeutscher Verlag, S. 16-109.

Neuberger, Christoph (2009): Internet, Journalismus und Öffentlichkeit. Analyse des Medienumbruchs. In: Neuberger, Christoph/Nuernbergk, Christian/Rischke, Melanie (Hrsg.): Journalismus im Internet: Profession – Partizipation – Technisierung. Wiesbaden: VS Verlag für Sozialwissenschaften, S. 19-105.

Neuberger, Christoph (2011): Definition und Messung publizistischer Qualität im Internet. Herausforderungen des Drei-Stufen-Tests. Berlin: Vistas.

Neuberger, Christoph (2012): Journalismus im Internet aus Nutzersicht. Ergebnisse einer Onlinebefragung. In: Media Perspektiven. H. 1, S. 40-55.

Neuberger, Christoph/Lobigs, Frank (2010): Die Bedeutung des Internets im Rahmen der Vielfaltssicherung. Gutachten für die Kommission zur Ermttlung der Konzentration im Medienbereich (KEK). Unter Mitarbeit von Martin R. Herbers, Anne Karthaus und Christian Nuernbergk. Berlin: Vistas.

Neuberger, Christoph/Nuernbergk, Christian/Rischke, Melanie (2009a): Crossmedialität oder Ablösung? Anbieterbefragung I: Journalismus im Übergang von den traditionellen Massenmedien ins Internet. In: Neuberger, Christoph/Nuernbergk, Christian/ Rischke, Melanie (Hrsg.): Journalismus im Internet: Profession – Partizipation – Technisierung. Wiesbaden: VS Verlag für Sozialwissenschaften, S. 231-268.

Neuberger, Christoph/Nuernbergk, Christian/Rischke, Melanie (Hrsg.) (2009b): Journalismus im Internet. Profession – Partizipation – Technisierung. Wiesbaden: VS Verlag für Sozialwissenschaften.

Neuberger, Christoph/vom Hofe, Hanna Jo/Nuernbergk, Christian (2011): Twitter und Journalismus. Der Einfluss des „Social Web" auf die Nachrichten. 3., überarbeitete Auflage, Düsseldorf: Landesanstalt für Medien Nordrhein-Westfalen (LfM) (= LfM-Dokumentation, 38). http://lfmpublikationen.lfm-nrw.de/catalog/downloadproducts/L043_Band_38_Twitter.pdf (28.08.2012).

Neuberger, Christoph/Wendelin, Manuel (2012): Mehr Transparenz im Netz? Öffentlichkeit als Raum der Wahrnehmung und (Meta-)Kommunikation In: Springer, Nina/Raabe, Johannes/Haas, Hannes/Eichhorn, Wolfgang (Hrsg.): Medien und Journalismus im 21. Jahrhundert. Herausforderungen für Kommunikationswissenschaft, Journalistenausbildung und Medienpraxis. Konstanz: UVK, S. 121-137.

Niggemeier, Stefan (2006): Der Leser, das unbekannte Wesen. In: Frankfurter Allgemeine Sonntagszeitung. Nr. 13 v. 04.06.2006, S. 33

Noelle-Neumann, Elisabeth (1977): Öffentlichkeit als Bedrohung. Beiträge zur empirischen Kommunikationsforschung. Freiburg: Karl Alber.

Noelle-Neumann, Elisabeth (2001): Die Schweigespirale. Öffentliche Meinung – unsere soziale Haut. 6., erweiterte Neuauflage, München: Langen Müller.

NZZ (2005): Medienschelte als Teil der Selbstinszenierung. Doppelter Wettbewerb von Journalisten und Politikern. In: Neue Zürcher Zeitung. 23.09.2005. http://www.nzz.ch/aktuell/startseite/articleD5UQ0-1.172141 (28.08.2012).

Oehmichen, Ekkehardt (2007): Die neue MedienNutzerTypologie MNT 2.0. Veränderungen und Charakteristika der Nutzertypen. In: Media Perspektiven. H. 5, S. 226-234.

Ordloff, Martin (2005): Fernsehjournalismus. Konstanz: UVK.

Ordloff, Martin/Wachtel, Stefan (2009): Texten für TV. 3., überarbeitete Auflage, Konstanz: UVK.

PEJ (2012): The State of the News Media 2012. Washington, D. C.: The Pew Research Center's Project for Excellence in Journalism. http://stateofthemedia.org/2012 (28.08.2012).

Popper, Karl R. (1980): Die offene Gesellschaft und ihre Feinde I. Der Zauber Platons. 6. Auflage, Tübingen: Mohr (Siebeck).

Popper, Karl R. (1993): Anhang 1: Kübelmodell und Scheinwerfermodell: zwei Theorien der Erkenntnis. In: Popper, Karl R.: Objektive Erkenntnis. Ein evolutionärer Entwurf. Hamburg: Hoffmann und Campe, S. 354-375.

Popper, Karl R. (1994): Alles Leben ist Problemlösen. Über Erkenntnis, Geschichte und Politik. München: Piper.

Pörksen, Bernhard/Detel, Hanne (2012): Der entfesselte Skandal. Das Ende der Kontrolle im digitalen Zeitalter. Köln: von Halem.

Porombka, Stephan (2006): Kritiken schreiben. Ein Trainingsbuch. Konstanz: UVK/UTB.

Pöttker, Horst (2003): Nachrichten und ihre kommunikative Qualität. Die „Umgekehrte Pyramide" – Ursprung und Durchsetzung eines journalistischen Standards. In: Publizistik. 48. Jg., H. 4, S. 414-426.

Prantl, Heribert (2005): Warum der Kanzler sich vergessen hat. In: Süddeutsche Zeitung. Nr. 217 v. 20.09.2005, S. 4

Puppis, Manuel (2009): Organisationen der Medienselbstregulierung. Europäische Presseräte im Vergleich. Köln: von Halem.

Puppis, Manuel (2010): Einführung in die Medienpolitik. 2., vollständig überarbeitete Auflage, Konstanz: UVK/UTB.

Rau, Harald (2006): Qualität in einer Ökonomie der Publizistik. Instrumente zur Qualitätssteigerung und ihre Wirkung in journalistischen Zusammenhängen. Wiesbaden: VS Verlag für Sozialwissenschaften.

Reiter, Markus (2006): Überschrift, Vorspann, Bildunterschrift. Konstanz: UVK.

Reng, Ronald (2010): Robert Enke: Ein allzu kurzes Leben. München: Piper.

Reus, Gunter (1999): Ressort: Feuilleton. Kulturjournalismus in Massenmedien. 2., überarbeitete Auflage, Konstanz: UVK Medien.

Reuter, Edzard (2011): Ins offene Meer des Risikos. In: Süddeutsche Zeitung. Nr. 81 v. 07.04.2011, S. 15

Ridder, Christa-Maria/Engel, Bernhard (2010): Massenkommunikation 2010: Funktionen und Images der Medien im Vergleich. Ergebnisse der 10. Welle der ARD/ZDF-Langzeitstudie zur Mediennutzung und -bewertung. In: Media Perspektiven. H. 11, S. 537-548.

Röttger, Ulrike/Preusse, Joachim/Schmitt, Jana (2011): Grundlagen der Public Relations. Eine kommunikationswissenschaftliche Einführung. Wiesbaden: VS Verlag für Sozialwissenschaften.

Ruß-Mohl, Stephan (2009): Kreative Zerstörung. Niedergang und Neuerfindung des Zeitungsjournalismus in den USA. Konstanz: UVK.

Schalkowski, Edmund (2011): Kommentar, Glosse, Kritik. Konstanz: UVK.
Schenk, Michael (2007): Medienwirkungsforschung. 3., vollständig überarbeitete Auflage, Tübingen: Mohr Siebeck.
Schierl, Thomas (2003): Werbung im Fernsehen. Eine medienökonomische Untersuchung zur Effektivität und Effizienz werblicher TV-Kommunikation. Köln: von Halem.
Schimmeck, Tom (2009): Preis und Wert des Journalismus. Rede beim Mainzer Mediendisput 2009. http://www.schimmeck.de/Texte/mmdrede.htm (28.08.2012).
Schmidt, Siegfried J./Weischenberg, Siegfried (1994): Mediengattungen, Berichterstattungsmuster, Darstellungsformen. In: Merten, Klaus/ Schmidt, Siegfried J./ Weischenberg, Siegfried (Hrsg.): Die Wirklichkeit der Medien. Eine Einführung in die Kommunikationswissenschaft. Opladen: Westdeutscher Verlag, S. 212-236.
Schnedler, Thomas (2008): Getrennte Welten? Journalismus und PR in Deutschland. Wiesbaden: Netzwerk Recherche. http://www.netzwerkrecherche.de/ Publikationen/nr-Werkstatt/08-Journalismus-und-PR-2/ (28.08.2012).
Schönbach, Klaus (1977): Trennung von Nachricht und Meinung. Empirische Untersuchung eines journalistischen Qualitätskriteriums. Freiburg/München: Karl Alber.
Schönbach, Klaus (2005): „Das Eigene im Fremden." Zuverlässige Überraschung: eine wesentliche Medienfunktion? In: Publizistik. 50. Jg., H. 3, S. 344-352.
Schönbach, Klaus (2009): Verkaufen, Flirten, Führen. Persuasive Kommunikation – ein Überblick. Wiesbaden: VS Verlag für Sozialwissenschaften.
Schudson, Michael (2001): The objectivity norm in American journalism. In: Journalism. 2. Jg., H. 2, S. 149-170.
Schulz, Winfried (1976): Die Konstruktion von Realität in den Nachrichtenmedien. Analyse der aktuellen Berichterstattung. Freiburg/München: Karl Alber.
Schütz, Astrid (1996): Selbstdarstellung in der Defensive – Reaktionen in politischen Skandalen. In: Laux, Lothar/Schütz, Astrid: „Wir, die wir gut sind." Die Selbstdarstellung von Politikern zwischen Glorifizierung und Glaubwürdigkeit. München: dtv, S. 114-140.
Schweiger, Wolfgang (2007). Theorien der Mediennutzung. Eine Einführung. Wiesbaden: VS Verlag für Sozialwissenschaften.
Schweiger, Wolfgang/Beck, Klaus (Hrsg.) (2010): Handbuch Online-Kommunikation. Wiesbaden: VS Verlag für Sozialwissenschaften.
Schwiesau, Dietz/Ohler, Josef (2003): Die Nachricht in Presse, Radio, Fernsehen, Nachrichtenagentur und Internet. Ein Handbuch für Ausbildung und Praxis. München/Leipzig: List.
Searle, John R. (1997): Die Konstruktion der gesellschaftlichen Wirklichkeit. Zur Ontologie der Tatsachen. Reinbek bei Hamburg: Rowohlt.
Segbers, Michael (2007): Die Ware Nachricht. Wie Nachrichtenagenturen ticken. Konstanz: UVK.
Shoemaker, Pamela J./Vos, Tim P. (2009): Gatekeeping Theory. New York: Routledge.
Siebert, Fred S./Peterson, Theodore/Schramm, Wilbur (1956): Four Theories of the Press. Urbana: University of Illinois Press.
Siegert, Svenja (2011): Revolution! Social Media. In: Journalist. 01.06.2011. H. 6.

http://www.journalist.de/aktuelles/meldungen/revolution-tagesschau-ard-und-social-media.html (28.08.2012).
Spiegel Online (2002): „Ich muß Sie noch einmal belehren". Reich-Ranicki an Grass. In: Spiegel Online 10.10.2002. http://www.spiegel.de/kultur/literatur/0,1518,217611,0.html (28.08.2012).
Spiegel Online (2007): Deutsche hoffen auf besseren Service. Bahnprivatisierung. In: Spiegel Online. 22.05.2007. http://www.spiegel.de/wirtschaft/0,1518,484362,00.html (28.08.2012).
Staab, Friedrich Joachim: Nachrichtenwert-Theorie. Formale Struktur und empirischer Gehalt. Freiburg/München 1990.
Steingart, Gabor (2007): „Das Unglaubliche geschah", In: Frankfurter Allgemeine Zeitung. Nr. 166 v. 20.07.2007, S. 40.
Süddeutsche Zeitung (2011): WAZ dankt taz. In: Süddeutsche Zeitung. Nr. 83 v. 09./10.04.2011, S. 21.
Taleb, Nassim Nicholas (2008): Der Schwarze Schwan: Die Macht höchst unwahrscheinlicher Ereignisse. München: Carl Hanser.
Ulrich, Bernd (2006): Verstehen oder verachten. In: Die Zeit. Nr. 5 v. 26.01.2006, S. 59.
van Dijk, Jan (2012): The Network Society. 3. Auflage, London u. a.: Sage.
van Eimeren, Birgit/Frees, Beate (2012): 76 Prozent der Deutschen online – neue Nutzungssituationen durch mobile Endgeräte. Ergebnisse der ARD/ZDF-Onlinestudie 2012. In: Media Perspektiven. H. 7/8, S. 362-379.
Vogel, Andreas (2012): Online als Geschäftsfeld und Vertriebskanal der Pressewirtschaft. Auf dem Weg zum zweiten Standbein? In: Media Perspektiven. H. 3, S. 158-172.
Vogl, Joseph (2011): Das Gespenst des Kapitals. Zürich: Diaphanes.
Volkery, Carsten (2007): Gratis Reklame für die Ministerin „ von der Ministerin. Von der Leyens dubiose PR. In: Spiegel Online. 29.08.2007. http://www.spiegel.de/politik/deutschland/von-der-leyens-dubiose-pr-gratis-reklame-fuer-die-ministerin-von-der-ministerin-a-502566.html (28.08.2012).
von Zahn, Peter (1991): Stimme der ersten Stunde. Erinnerungen 1913-1951. Stuttgart: DVA.
Wachtel, Stefan (2009): Schreiben fürs Hören. Trainingstexte, Regeln und Methoden. 4., überarbeitete Auflage, Konstanz: UVK.
Wachtel, Stefan (2009): Sprechen und Moderieren in Hörfunk und Fernsehen. Inklusive CD mit Hörbeispielen. Zusammengestellt von Reinhard Pede. 6., überarbeitete Auflage, Konstanz: UVK.
Wahl-Jorgensen, Karin/Hanitzsch, Thomas (Hrsg.) (2009): Handbook of Journalism Studies. New York: Routledge.
Weber, Max (1968): „Die 'Objektivität' sozialwissenschaftlicher und sozialpolitischer Erkenntnis. 1904". In: Max Weber: Gesammelte Aufsätze zur Wissenschaftslehre. 3., erweiterte und verbesserte Auflage. Herausgegeben von Johannes Winckelmann. Tübingen: Mohr (Siebeck), S. 146-214.
Weber, Max (1972 [1922]): Wirtschaft und Gesellschaft. 5. Auflage, Tübingen: Mohr (Siebeck).

Weischenberg, Siegfried (1983): Investigativer Journalismus und „kapitalistischer Realismus". Zu den Strukturbedingungen eines anderen Paradigmas der Berichterstattung. In: Rundfunk und Fernsehen. 31. Jg., H. 3-4, S. 349-369.
Weischenberg, Siegfried (2001): Nachrichten-Journalismus. Anleitungen und Qualitäts-Standards für die Medienpraxis. Wiesbaden: Westdeutscher Verlag.
Weischenberg, Siegfried (2005): Der Schein trügt. Eine neue Untersuchung über „Journalismus in Deutschland" zeigt: Der Berufsstand ist so professionell wie nie zuvor. Nur eine Handvoll Wichtigtuer fällt aus der Reihe. In: Die Zeit. Nr. 41 v. 06.10.2005, S. 54.
Weischenberg, Siegfried/Bassewitz, Susanne von/Scholl, Armin (1989): Konstellationen der Aussagenentstehung. Zur Handlungs- und Wirkungsrelevanz journalistischer Kommunikationsabsichten. In: Kaase, Max/Schulz, Winfried (Hrsg.): Massenkommunikation. Theorien, Methoden, Befunde. Opladen: Westdeutscher Verlag (= Kölner Zeitschrift für Soziologie und Sozialpsychologie, Sonderheft 30), S. 280-299.
Weischenberg, Siegfried/Malik, Maja/Scholl, Armin (2006): Die Souffleure der Mediengesellschaft. Report über die Journalisten in Deutschland. Konstanz: UVK.
Weise, Manfred (2005): Die Kurzmeldung. Theoretische Grundlagen und praktische Tipps. Wiesbaden: VS Verlag für Sozialwissenschaften.
Wessler, Hartmut. (2008): Investigating Deliberativeness Comparatively. In: Political Communication. 25. Jg., H. 1, S. 1-22.
White, David Manning (1950): The „Gate Keeper": A Case Study In the Selection of News. In: Journalism Quarterly. 27. Jg., H. 3, S. 383-390.
Wieland, Melanie/Spielkamp, Matthias (2003): Schreiben fürs Web. Konzeption – Text – Nutzung. Konstanz: UVK.
Wolz, Dieter (1979): Die Presse und die lokalen Mächte. Eine empirische sozialwissenschaftliche Untersuchung über Pressekonkurrenz und Herrschaft in der Gemeinde. Düsseldorf: Droste.
Wübben, Josy/Klofta, Jasmin (2009): Der Fall Brender und die Konsequenzen. In: NDR Fernsehen, Zapp – Das Medienmagazin. 30.11.2009. http://www.ndr.de/fernsehen/sendungen/zapp/medien_politik_wirtschaft/brender152.html (28.08.2012).
Wyss, Vinzenz (2002): Redaktionelles Qualitätsmanagement. Ziele, Normen, Ressourcen. Konstanz: UVK.
Zehrt, Wolfgang (2005): Hörfunk-Nachrichten. Inklusive Audio-CD. 2., überarbeitete Auflage, Konstanz: UVK.
Ziesemer, Bernd (2011): Keynote: PR und Journalismus. In: Lilienthal, Volker (Hrsg.). PR und Journalismus – zwischen Konfrontation und Kooperation. Dokumentation einer Fachkonferenz der Rudolf-Augstein-Stiftungsprofessur für Praxis des Qualitätsjournalismus, Universität Hamburg und des Netzwerks Recherche, 11./12.02.2011. Hamburg: Universität Hamburg. Fakultät für Wirtschafts- und Sozialwissenschaften, S. 7-10. http://www.wiso.uni-hamburg.de/fileadmin/sowi/journalistik/Schnedler/Fachkonferenz_PR_Journalismus_2011_Doku_FINAL.pdf (28.08.2012).
Zschunke, Peter (2000): Agenturjournalismus. Nachrichtenschreiben im Sekundentakt. Konstanz: UVK.

Journalismus

Klaus-Dieter Altmeppen /
Regina Greck (Hrsg.)
Facetten des Journalismus
Theoretische Analysen und empirische Studien
2011. ca. 250 S. Br. ca. EUR 29,95
ISBN 978-3-531-17524-9

Beatrice Dernbach
Vom Elfenbeinturm ins Rampenlicht
Prominente Wissenschaftler in populären Massenmedien
2012. 280 S. mit 30 Abb. Br. EUR 24,95
ISBN 978-3-531-17853-0

Andreas Baumert / Sabine Reich
Interviews in der Recherche
Redaktionelle Gespräche zur Informationsbeschaffung
2., überarb. u. erw. Aufl. 2012. 200 S. Br. ca. EUR 19,95
ISBN 978-3-531-18159-2

Falk Tennert
Ursachendiskurse in der Wirtschaftskommunikation
Krisenkommunikation und Reputationskrisen: Modelle - Studien - Empfehlungen
2012. ca. 250 S. Br. ca. EUR 29,95
ISBN 978-3-531-17876-9

Klaus Beck / Simon Berghofer /
Leyla Dogruel / Janine Greyer
Wirtschaftsberichterstattung in der Boulevardpresse
2012. 194 S. mit 16 Abb. Br. EUR 29,95
ISBN 978-3-531-18615-3

Josef Trappel / Stefan Gadringer /
Sabrina Kweton / Teresa Vieth
Redaktion und Werbung
Theoretisch modelliert. Empirisch geprüft.
2012. ca. 300 S. Br. ca. EUR 29,95
ISBN 978-3-531-18773-0

Beatrice Dernbach / Wiebke Loosen
Didaktik der Journalistik
Konzepte, Methoden und Beispiele aus der Journalistenausbildung.
2012. 473 S. mit 9 Abb. Br. EUR 49,95
ISBN 978-3-531-17460-0

Claudia Mast
Neuorientierung im Wirtschaftjournalismus
Redaktionelle Strategien in Presse, Rundfunk und Onlinemedien
2012. ca. 300 S. Br. ca. EUR 29,95
ISBN 978-3-531-18200-1

Erhältlich im Buchhandel oder beim Verlag.
Änderungen vorbehalten. Stand: Januar 2012.

Einfach bestellen
SpringerDE-service@springer.com
tel +49(0)6221/345-4301
springer-vs.de

The manufacturer's authorised representative in the EU is Springer Nature Customer Service Centre GmbH, Europaplatz 3, 69115 Heidelberg, Germany. If you have any concerns regarding our products, please contact ProductSafety@springernature.com

Printed and bound by CPI Group (UK) Ltd, Croydon, CR0 4YY

23/03/2026

02076746-0001